“十二五”国家重点图书出版规划项目

北京大学中国经济研究中心研究系列

中国县级正规金融的发展与转型

——来自微观数据的证据

■ 沈艳/著

北京大学出版社
PEKING UNIVERSITY PRESS

图书在版编目(CIP)数据

中国县级正规金融的发展与转型:来自微观数据的证据/沈艳著.—北京:北京大学出版社,2011.3
(北京大学中国经济研究中心研究系列)
ISBN 978-7-301-18645-9

Ⅰ.①中… Ⅱ.①沈… Ⅲ.①县-地方金融-研究-中国 Ⅳ.①F832.7

中国版本图书馆 CIP 数据核字(2011)第 040825 号

书　　名:中国县级正规金融的发展与转型——来自微观数据的证据
著作责任者:沈　艳　著
策 划 编 辑:朱启兵
责 任 编 辑:贾米娜　刘　敏
标 准 书 号:ISBN 978-7-301-18645-9/F·2744
出 版 发 行:北京大学出版社
地　　址:北京市海淀区成府路 205 号　100871
网　　址:http://www.pup.cn　电子邮箱:em@pup.cn
电　　话:邮购部 62752015　发行部 62750672　编辑部 62752926
出版部 62754962
印　刷　者:三河市富华印装厂
经　销　者:新华书店
965 毫米×1300 毫米　16 开本　18.5 印张　307 千字
2011 年 3 月第 1 版　2011 年 3 月第 1 次印刷
印　　数:0001—3000 册
定　　价:39.00 元

北京大学中国经济研究中心研究系列
总　　序

自1776年亚当·斯密出版《国富论》，经济学脱离哲学成为一门独立的社会学科以来，研习者日众，影响日远，已经蔚然成为社会学科中的显学。经济理论是用来解释人类社会经济现象的一个简单的逻辑体系，和任何其他社会学科的理论一样，经济理论来自于对人类社会经济现象的观察和总结，必须随着人类社会的演进而不断创新；经济学的理论也必须不断经受各种过去的和新发生的现实经济现象的检验，才能去芜存菁，知道何者可以暂时被接受、何者应该存疑或是被摒弃。从上述角度来说，中国自20世纪70年代末开始进行的改革开放对当前的主流经济学理论提出了许多挑战：不管是农村的家庭联产承包责任制，国有企业的放权让利、明晰产权、现代企业制度，还是资源配置和流通领域的双轨制，这些改革所取得的成就及其所伴随的问题，有不少是现有的经济学理论所不曾预料到，也难以用现有的理论来解释的现象。但是任何经济现象背后总有产生这个现象的逻辑，对于不能用现有的经济理论解释的现象总可以构建新的理论来解释。因此，中国的改革开放给经济学理论的创新提供了一个大好的机会，是经济理论研究的金矿。

自改革开放以来，随着市场经济体系的逐渐建立和完善，当代经济学在我国的影响也是方兴未艾。不管是在国内还是在国外，经济学研究的目的是更好地了解现实的社会经济现象，进而运用理论、制定政策、改造社会，以推动社会的进步。随着我国市场取向改革的深化，各种矛盾和利益交织在一起，经济现象越来越复杂。面对一个问题，何者为因？何者为果？推行一项改革措施对激励机制、资源配置、收入分配等在局部和整体上会产生什么影响？要是没有合适的理论作为分析工具，那就很难认识清楚，制定的政策不仅难以对症下药，还可能制造出更多新的问题。所以，根据中国改革开放进程中出现的新现象，在经济理论上进行创新，不但是为了对当代经济学理论的发展作贡献，也是为了推动中国改革和发展的顺利进行，对此，中国经济学家责无旁贷。

北京大学中国经济研究中心于1994年在北京大学校领导和社会各界的关心、支持下，由我和几位接受过完整经济学教育的青年学者回国创立。虽然在国外工作可以有优越的研究条件和丰厚的薪酬，然而，国内改革开放在经济理论研究上提供的机会吸引着我们，我国在向市场经济体系转型过程中对理论创新的需求也激励着我们。我们希望通过中国经济研究中心的新体制、新理念聚集一群有理想、有热情、学有专长的经济学家，为中国经济学的教育、经济理论和政策的研究以及国家的现代化奉献一点力量。

中国经济研究中心成立十余年来，研究人员从创立之初的六位增加到现在的近三十位，已经成为国内经济理论和政策研究的一个重要基地。这十余年间，中国经济研究中心的许多研究人员深入农村、企业等基层改革的第一线做了大量的调研，也参加了不少政府高层的政策研究和讨论，形成了许许多多有分量、有鲜明观点、在国内外都有一定影响的学术论文和政策报告。这些研究对我国的农村、国企、金融、财政、外贸、电信等领域的改革产生了一定的影响。中国经济研究中心还利用和国内外学术机构联系较密切的优势，邀请了许多著名的学者，包括多位诺贝尔经济学奖获得者前来讲学和参加会议，深入探讨了金融体系、农村劳动力流动、城乡收入分配、土地、社会保障制度等我国改革发展中的重要问题，积累了许多简报和论文。在北京大学出版社的支持下，中国经济研究中心于2004年开始出版《中国经济研究中心研究系列》丛书。一方面，以此向关心、支持中国经济研究中心的各界人士汇报中心的研究成果；另一方面，也以此求教于海内外学界的专家，希望这套丛书的出版能吸引更多的国内外学者来关心、研究中国的改革和发展问题。此系列第1辑共13本著作已于2004年出版，此次出版的第2辑将会收录中国经济研究中心研究人员最新的学术成果、中心的简报、讨论稿等，以飨读者。

就中国的历史长河而言，十余年只是一瞬；就中国改革开放所提供的研究机会以及需要在理论上解决的问题而言，中国经济研究中心所做的工作也只是沧海之一粟。展望未来，中国经济研究中心的所有人员将会秉持中心成立的初衷，和海内外学界的朋友携起手来为中国经济的理论和政策研究、为中国经济学科的发展而努力！相信在我们的共同努力下，一定会迎来中华民族在21世纪的伟大复兴，也一定会迎来经济学大师在中国辈出的时代！

林毅夫

2007年7月

目录

绪言　中国县域正规金融研究的几个问题

本书是一项实证研究，旨在描述中国县域正规金融改革的过去、现状，分析其发展与转型对企业特别是中小企业的影响。通过这些研究，我们可以加深对农村经济发展中金融供需的了解，进一步探讨正规金融改革的方向和可能的选择。在这些研究的基础上，本书提出对中国农村金融改革的政策建议。

一、现阶段中国农村金融改革的特点

过去的金融改革没有根本改变中国农村金融的基本格局，主要表现在：第一，政府控制农村金融的局面没有根本改变，农村地区正规金融机构的商业化仍然面临政策性贷款和低利率的双重制约；第二，虽然2007年开始试点村镇银行并成立邮政储蓄银行，但是农村信用市场结构仍然比较单一，在大多数地区中国农业银行和信用社仍然垄断县域正规金融，农村金融机构的构成没有根本改变；第三，金融机构的绩效虽然有所好转，但和过去三十多年整个经济的蓬勃发展极不相称。

如果说传统的农村金融体系曾经支持了中国农村经济的发展，那么这种"透支式"的金融支持方式已经很难再持续下去了。农村金融改革的滞后不仅不能继续支持农村经济的发展，其低效率还可能会成为农村经济发展的障碍。因此，全面改革现有的传统农村金融体系势在必行。现阶段农村金融的改革具有以下三个特点：

第一，符合当地市场经济特点的改革和创新将居今后金融改革的主导地位，改革决策的多元化是一个趋势。下一轮农村金融改革需要创造这样一个市场制度和政策环境，在这个环境中，自上而下的改革与自下而上的创新并举，国有金融与非国有金融并举，市场手段与政府干预并举，东中西部各自发挥自身的优势。

第二，改革决策的多元化必然带来改革形式的多样化，使得企业和农户对金融需求的多样化在农村金融体系中得到充分反映。这种多样性和灵活性提出了以下几个方面的需求：

首先，打破地域垄断，允许跨地区经营，特别是要允许经营好的金融机构跨地区兼并经营不良的金融机构。

其次，在打破地区垄断的基础上消除进入壁垒，允许多种形式的金融机构并存，适合什么样的金融机构就发展什么样的金融机构，这包括民间金融的合法化以及允许以农民和农民专业技术协会为依托的互助金融组织形式，确保农民以相对廉价的方式获得所需的金融服务。

再次，行政和司法在金融改革中的角色需要进一步明确。政府和监管机构可以着力于规范、调整金融机构的进入及退出机制，同时要努力避免直接干预金融机构的经营活动。现有的商业银行法对商业银行的限制过死，使得商业银行本身的优势难以发挥。几乎所有的贷款都必须有足额的抵押，这样的限制把商业银行的功能降低到我国自古就很发达的当铺功能的程度。一律要求足额抵押是对商业银行资源的浪费，同时也逼迫农户或中小企业舍去相对便宜的银行贷款而寻求相对昂贵的商业信用或民间信用。

最后，放开利率管制，让市场利率成为调节金融资源配置的主要手段。

第三，改革决策的多元化和改革形式的多样化所带来的示范作用是深化农村金融改革的重要推动力量，也是改革成功的保证。改革是有风险的，允许一部分具备改革条件的地区先行改革，在此基础上总结改革的经验，供后来的改革借鉴，可以降低改革的风险，使改革更贴近市场。同时，多元化的改革也会激励地方政府改革的决心，减少改革的阻力。

但是，要推动中国农村金融改革，需要实现金融支持经济发展方式的根本转变，建立起一个符合市场经济需要的、有自生能力的、能够与中国经济发展同步成长的现代农村金融体系，这就必须首先对于中国农村金融体系有相对客观、全面的了解。在公开可得的数据中，对于全国金融机构总体状况以及省层面金融机构状况的记录描述较多，而对于与农村金融改革关系最为密切的县级金融机构的状况的记录甚少，这给金融改革措施到位的及时性、准确性提出了很大的挑战。

二、需要研究的问题

本书正是在中国农村金融改革的关键时刻提出来的，对中国农村金融改革、金融转型和金融发展中出现的重大问题，结合现有的经济学和金融学理论，在扎实的实证研究的基础上，提出我们的判断和相关政策建议。中国农村金融发展的地区差异为我们的研究提供了很好的机会，分析这些差异产生的原因具有重要的政策含义。根据问题的紧迫性与重要性，我们将研究的重点集中于以下五个方面，即中国县级正规金融的现状研究、中小企业贷款难与金融机构规模之间的关系研究、银行业市场结构与我国县级金融机构效率的关系研究、县域资金流失程度影响因素研究，以及转型过程中金融发展与开放的作用研究。

（一）中国县级正规金融的现状研究

银行（信用社）作为金融中介有其他金融组织所不能替代的作用。一个有效的金融中介能够克服融资中普遍存在的信息不对称和道德风险问题，提高贷款的质量。由于缺乏可靠的资料，现有文献在借款人的筛选、贷款使用的监督和贷款合约的履行等方面对银行（信用社）的金融中介功能等缺少翔实的描述，而考察影响这些功能发挥的主要原因（如银行治理结构、激励机制、政府干预、市场制度等）及其与银行（信用社）绩效之间的关系的文献就更加缺乏。

我们首先必须对于县级金融的历史和现状有所了解，才能对县级金融中遇到的各项问题进行更深入的研究。这里所涉及的现状，既包括金融机构所在的县的总体社会经济发展状况，也包括机构内部的各种特征，比如金融机构负责人和职工的基本情况、县支行所属机构的状况等。金融机构的治理结构和激励机制影响了它们在存贷款方面的决策，但是现有文献很少能够详细全面地涉及金融机构内部治理结构和激励机制的实际状况，本书将在这些方面补充现有文献。

（二）中小企业贷款难与金融机构规模之间的关系研究

中小企业贷款难是一个共识，但对其贷款难的程度如何、贷款难的主要原因是什么、如何解决等问题的研究仍然很不充分，定量研究就更少了。

要研究这一问题可以从两个角度，一个是从企业角度，需要了解中国中小企业融资的主要渠道有哪些，这些融资渠道的特点是什么，在中小企业融资中的重要性如何，克服中小企业贷款难有哪些途径等；另一个则是从金融机构角度，现有的普遍看法是中小企业贷款难的一个重要原因，就是银行在放贷之前，需要花大量的时间、人力和财力调查中小企业的资信情况和还款能力，这比贷款给大企业产生更高的成本，但同时也面临着更大的风险。因此，要解决中小企业贷款难问题，重点就是要解决银行给中小企业贷款时面临的交易成本较高的问题。相应的政策解决方案往往有两个方面，一是认为中小银行贷款给中小企业的交易成本较低，会更有积极性贷款给中小企业，因此应大力发展中小银行；二是为中小企业建立信用体系，解决银行收集信息用于决策的成本的问题。我国央行从 1998 年起就开始启动了企业征信体系建设，由专门机构采集、保存、整理、分析、使用企业的信用信息，以防范信用风险，保持金融市场稳定。从 2006 年开始，央行又着手建立中小企业信用体系，希望把征信体系覆盖到那些和金融机构没有信贷关系的中小企业。但是现有证据显示，为中小企业建立信用体系的工作进展得并不顺利。

是否大力发展中小银行就能解决中小企贷款难问题？或者说，大力发展什么样的中小银行，才能解决中小企业贷款难问题？为什么为中小企业建立信用体系的工作会进展不顺利？除了媒体认定的中小企业信用观念淡薄之外，是否有更深层次的符合经济规律的原因？唯有从本源上把握中小企业贷款难的缘由，我们的对策才能切中时弊。但是，相应的基于微观数据的实证研究相当缺乏，需要相应研究来填补空白。

（三）银行业市场结构与我国县级金融机构效率的关系研究

在有关中小银行和中小企业贷款关系的研究中，我们侧重于考察中小银行和中小企业之间的互动。在上述研究中我们看到，当地金融竞争环境的优劣对中小银行是否会给中小企业贷款有直接的影响。当金融市场结构对于金融机构的客户的影响越来越显著的时候，另一个值得研究的课题就是金融市场结构对于金融机构自身的绩效会产生什么样的影响。改革开放以来我国银行业市场结构发生了深刻的变化。在我国原有的经济体制下，银行业处于国有银行的高度垄断下，金融机构的行为受到行政命令的影响很大，表现为面临预算软约束和绩效低下。随着我国经济开放程度的逐渐提高，金融行业的改革也越来越深入。在改革的过程中，有很多全国性和地方性的股份制商业银行加入到银行业的竞争中；再加上外资银行、民间金融等金融机构的参与，使得我国银行业的垄断程度逐步降低，竞争程度逐步上升。

国外的很多研究发现，一家银行的盈利能力（或绩效）与银行业市场结构（集中度或者市场份额）存在着密切的关系。在现有的有关银行绩效的文献中，主要存在两种关于市场结构的假说，即市场力量假说和效率结构假说。其中，市场力量假说包含了传统的结构绩效假说与相对市场力量假说。值得注意的是市场力量假说与效率结构假说具有完全相反的政策含义。如果实证数据支持前者，那么政策制定者应该支持反垄断的政策；而如果证据支持后者，就不应该简单地对集中度较高的市场采取反垄断的措施。这是因为，如果市场力量假说得到数据支持，那么市场集中度越高，则由垄断带来的社会福利的损失也越大。但是如果数据支持了效率结构假说，那么市场集中度的增加是竞争的自然结果，并没有产生不必要的社会福利损失，因此不应当被视为洪水猛兽。由于这两类假说的政策内涵截然不同，我国有关市场结构对金融机构绩效影响的实证证据究竟支持哪类假说，对于政策制定者就至关重要，这也是我们研究市场结构和金融机构绩效两者关系的原因。

（四）县域资金流失程度影响因素研究

对中小银行和中小企业的关系研究，以及金融机构绩效和市场结构的研究都表明，尽管行政干预在一定程度上可以影响金融机构的决策，但是最终对金融机构决策起主导作用的仍然是经济规律。只要金融机构以利润最大化为主要目标，那么它们对客户的选择、资金的调配等，都将服务于这个主要目标。而金融机构的这些行为，不仅仅影响本机构的绩效，还会在更广泛的层面上影响我国的资金流动。其中，资金从本来就很缺乏资金的农村向资金相对充裕的城市的流动的现象被称为金融"失血"问题。从流动方向的角度定义金融"失血"问题虽然比较清晰，但是对于金融"失血"的成因，学者和政策制定者还没有形成统一、清晰的看法。

比如，部分学者甚至政策制定者认为，由于邮政储蓄只存不贷，并将资金上存央行，因此邮政储蓄是金融"失血"的主因。据《中国经济时报》报导，1997—1999 年，出于解决邮政储蓄"只存不贷"导致农村金融"失血"等问题，央行两度提出组建邮政储蓄银行，但均被搁浅；2007 年正式挂牌成立的邮政储蓄银行,也仍以改"失血"为"输血"为己任。[①] 再比如,2009 年邮政储蓄银行总行长陶礼明在接受采访时说:"过去我们有很多压力,邮储网点多、信誉好,农民愿意来存钱,但由于只存不贷,被批评是'抽血机'。成立银行后,为什么我们先办小额信贷这件事?就是希望利用二十多年积淀下来的零售客户、优势和经验,尽快地依靠农村网点,把支持三农的贷款服务办起来,向农村返还资金,给农村'输血'。"[②]因此,研究金融"失血"现象的发生程度和相应影响因素是亟待着手的研究课题。

(五) 转型过程中金融发展与开放的作用研究

前面提及的三个研究课题,基本都从微观的层面,研究经济基本面、基础设施、法制环境等如何与金融机构内部的实际相结合,分别研究了金融机构和企业的关系、金融机构自身的绩效,以及它们和资本流动之间的关系。相应地,在宏观层面,我们关心的就是金融市场和机构的发展与经济增长之间的关系。现有国内外文献表明,金融中介的发展在很多方面都应该与经济表现存在正相关关系。一方面,金融机构提供的金融服务使资本向高收益部门流动,从而成为经济增长必需的催化剂。为应对提供这类服务可能带来的巨大风险,金融部门必须通过动员储蓄、推动对冲和分散风险、获取信息、监督管理者等措施,以期避免道德风险、逆向选择,在降低交易成本的同时推动商品和服务的交易。另一方面,经济的发展对专业化、多样化和高品质的金融服务存在巨大的需求,而金融系统则会通过自我评估、自我创新等对这些需求做出反应。除此之外,经济增长和金融发展都会受到其他因素的共同影响,如政治体系、法律体系和制度安排的不同。

但是,在国外实证研究中普遍见到的经济增长和金融发展之间的正向关系对中国似乎并非完全成立。自 1978 年以来,中国经济年增长率接近 10%,已成为世界上经济增长最快的国家。然而,其金融机构和金融系统的发展却远远滞后。一方面,非金融企业外部融资渠道有限,外部融资规模也比较小。2005 年,全国固定资产投资中 74% 来自自筹资金,17% 来自国内贷款,股市融资仅占 4%。这与中国企业,特别是中小企业和私营企业,不仅很难发行公司债券和股票,而且也不容易从在中国银行业占主导

① 作者注:下面引用的采访实录就是上述看法的证据支持。

② 新浪财经,3 月 31 日,http://finance.sina.com.cn/money/bank/yhpl/20090331/13056047313_2.shtml。

地位的大型国有银行获得银行贷款的事实相符(林毅夫等,2006)。2002年,中国全部企业银行贷款、国债、公司债和股权融资比例分别为80.2%、14.4%、1.4%和4%。其中,虽然国有银行贷款比例持续下降,但仍占到了国内贷款的60%。另一方面,在中国金融市场占主导地位的银行系统发展不健全,效率低下,背负大批不良贷款,其中国有银行表现尤甚。因此,理解过去三十多年中国如何凭借效率较低的银行系统实现快速的经济增长,对评估我国金融系统在支持经济的可持续发展方面可能面临的挑战具有重大的现实意义。中国上个世纪最后二十几年内何以能凭借低效的金融部门来实现经济的快速增长,以及为了使经济增长模式可持续,金融发展应当采取何种模式就是值得研究的话题。

三、结构与主要内容

研究中国农村金融的改革现状与未来发展趋势可以从微观层面入手,也可以从宏观层面入手。宏观视角分析采用的数据往往从微观数据加总而来,而加总时往往需要动用"代表性个体"(representative agent)假设,也就是说,被加总的个体之间没有太大的差距,因此加总数据特征也可以代表用于加总的个体数据特征。换句话说,当个体之间存在较大差异时,对于同一问题,采用宏观数据和采用微观数据分析的结论可能完全不同。比如,萧政、沈艳、Fujiki(2005)估计日本货币需求方程时,就发现如果采用加总的国别数据,则找不到稳定的货币需求方程;但如果采用省级数据,就可以找到稳定的货币需求方程。他们的研究进一步发现,由于微观层面的数据允许地区间存在较大差异,采用微观数据的模型在预测方面也比仅采用宏观加总数据的模型要好得多。这一研究表明,由于微观数据在处理个体差异方面有更大的优势,采用微观数据来研究宏观层面关心的问题可能更贴近现实。我国地域辽阔,各地区间经济发展水平差异大,因此,"代表性个体"假设未必适用。分析金融发展状况及其对经济的影响不应忽略个体之间的巨大差异。

我国地域辽阔,东中西地区在经济发展水平、执法力度、制度建设等方面均存在较大差异。如果对我国微观数据采用"代表性个体假定",就相当于假定全国所有金融机构的数据是由同一个分布生成的,本质上是忽略了地区间的异质性(heterogeneity)对金融机构的治理结构、激励机制等方面的影响。采用这一脱离实际的假定,会给我们从全局把握金融发展状况的准确性带来巨大的挑战。为应对这一挑战,本书主要是从县级正规金融机构以及当地经济环境的角度入手来考察宏观问题;但是为了帮助读者从宏观层面对问题有所把握,在第八章我们也采用总量数据,分析经济增长与金融发展之间的关系。

本书采用的微观层面数据来自北京大学中国经济研究中心于 2005 年进行的对县级金融机构状况的调查。该调查涉及 12 个省级行政区内、80 个县的所有县级正规金融机构。样本省份的选取考虑了经济发展程度的不同以及地域差异。包括县域所有金融机构,就有利于我们对于当地信用市场的结构有较全面的把握与了解。本书采用的宏观数据则是出于统计年鉴的全国性总量数据,由于数据来源于公开渠道,其准确性可以得到较好的保证。搭配利用两类数据,我们既可以运用微观数据的丰富信息,又可以利用宏观数据的时间跨度长、测量误差相对较少的优点,有助于读者对县域金融发展的全局形成通盘把握。

从研究对象的角度看,非正规金融对农村金融的重要性不可否认。但是要研究非正规金融,也需要先对当地的正规金融状况有全面准确的认识,这样才能认识到非正规金融的地位以及非正规金融与正规金融之间的互动。另外,由于非正规金融往往处于半公开或者地下状态,数据的可得性与准确性对研究而言构成较大挑战,因此,本书着重研究县域正规金融。

本书分为上下两篇。上篇共四章,着重介绍县级金融机构的基本状况。对县域金融机构状况的描述主要从四个角度展开。首先是金融机构概貌,其次是它们的治理结构和激励机制,再次是存款状况,最后是贷款的发放与管理。其中,第一章介绍调查所涉及金融机构的基本情况,包括样本的抽取与构成、金融机构负责人与职工基本情况、县级金融机构所属分支机构的基本情况等。第二章重点介绍金融机构的治理结构与激励机制,主要从上级主管部门的主要考核指标、上级主管部门对本机构存贷款规模的管理、本机构的经营目标、对信贷人员的奖励机制,以及对基层机构的管理等五个角度来研究县支行的治理结构和激励机制之间的关系。

吸收存款、发放贷款是我国金融机构的主要业务,我们在第三章、第四章介绍金融机构的存贷款状况。第三章涉及金融机构的存款与资金来源,重点讨论了县支行组织存款的压力状况、存款市场的竞争状况、金融分支机构内部的存款结构、存款成本以及金融机构的其他资金来源。而第四章则侧重于金融机构的贷款与资金运用状况。由于存贷比是上级机构考核县级金融机构绩效的关键工具之一，我们首先重点考察了存贷比与贷款审批权限之间的关系、金融分支机构内部贷款的期限结构与客户结构等，其次重点描述了不良贷款的历史包袱与现状，最后对金融机构的绩效给予一定的评估。

本书的下篇则在上篇提到的研究论题的基础上，分专题研究了金融机构规模、市场结构、当地经济环境等对金融机构借贷行为以及绩效产生的影响。其中，第五章探讨了影响金融机构给中小企业贷款决策的因素，目的是回答大力发展中小银行能否解决中小企业贷款难的问题。我们的研究表明，中小企业贷款难主要是因为金融机构贷款给中小企业的交易成本高因而相应的贷款成本较高的看法有一定的道理，但是仅考虑交易成本而提倡大力发展中小银行或者建立起中小企业信用体系未必就能解决问题。这是因为即使中小银行在了解当地中小企业方面可能比大银行有优势，但是中小银行是否有积极性利用这些信息，却取决于银行内从负责人到信贷员是否都有恰当的激励机制。如果负责人可以动员的资金比较充足，上级更重视利润这一绩效指标，本级机构也将工资与贷款质量挂钩并实施成本控制措施，那么当地银行可能更有积极性加强对当地企业的了解，以寻找高品质的客户。

我们的研究还表明，大力发展中小银行是否能够缓解中小企业贷款难关键在于当地是否因为金融机构数目的增加而促进了金融市场的竞争。文献通常讨论的“软信息”的重要性只有在金融机构有恰当的治理结构、激励机制和较高的资金自主权的情况下才能发挥作用。由于风险较低的企业已经成为已有金融机构的客户，竞争使得新兴的金融机构不得不更积极地寻求风险和回报相对较高的中小企业作为自己的客户。另外，竞争会促进新老金融机构都改善内部治理结构、设定合理的激励机制。

除了分支机构的规模，我们还考察了自身贷款审批权、对信贷人员的激励制度（激励评价中的利润权重和支付机制）、分支机构面临的竞争，以及所处地域的制度等因素如何影响中小企业贷款比重。我们发现，一方面，在控制了内部激励机制和外部环境以及制度安排之后，银行规模对中小企业贷款并不具有统计上显著的影响。另一方面，如果一个分支机构有更多的自主贷款审批权将信贷员的工资与贷款质量挂钩，并使其面临更激烈的竞争，则该分支机构倾向于给中小企业更多的贷款。从体制角度看，我们发现，薄弱的执法力度会导致中小企业贷款的减少。

第六章全面检验了关于市场结构与银行绩效之间关系的三个不同的

假说，即传统的结构绩效假说、相对市场力量假说和效率结构假说。在该章中，我们就这一问题的研究主要有以下四个方面的贡献。首先，该章将三个假说放在统一的框架内检验，完善了文献在这方面的不足。其次，除了采用文献中常用的资产收益率之外，该章也以不良贷款占比作为金融机构绩效的一个重要衡量指标，使读者可以对金融机构的绩效有更为全面的把握。在该章中，我们还首次以不良贷款占比作为绩效的一个衡量指标。根据我们的了解，现有数据往往只能披露金融机构总体不良贷款率而无法具体到支行信息，本调查采用的数据却允许我们从微观层面全面衡量不良贷款和金融机构效率以及市场结构之间的关系。再次，在本研究中一个重要的问题是如何衡量金融机构的效率。传统研究方法常用数据包络法或者计量边界法估算金融机构的效率，但数据包络法忽略了随机误差，计量边界法又对于效率因子的分布作出过强的假定，因此难以给出对效率因子的一致估计。该章采用自由分布法来估计效率因子，并且在估计效率的过程中，分别采用随机效应和固定效应两种方法估计效率，这样不仅未对效率因子本身的分布加以限制，而且也允许效率因子和影响绩效的其他解释变量之间存在相关关系，有效克服了前面文献的缺陷。最后，对金融机构行为进行检验的最大难点在于数据，该章的检验基于全国 70 个县 2000—2004 年的问卷调查资料，相对大规模的样本观察值和面板数据结构使得估计结果更加可靠。

我们的研究发现，和发达国家的银行业一样，相对市场力量假说在中国也获得了一定的实证支持。在控制了当地的经济环境变量和效率变量后，市场份额和市场集中度仍然对资产回报率有很强的解释力。我们的研究表明，在市场集中度越低的市场中，银行的资产回报率反倒越高。我们认为这可能是因为在比较成熟的市场中，市场集中度已经很低，进一步开放市场对提高银行的效率的作用有限。而在中国这样高度垄断的市场中，只要有几家新的银行加入竞争，降低市场的集中度，就会对原来的垄断者有很大的刺激作用，从而提高所有市场参与者的效率。同时，我国新成立的银行大多是具有较好的治理结构、管理水平和技术水平的股份制商业银行、外资银行和合资银行，这些银行本身的效率就比占有市场大多数份额的国有银行高。这也使得进一步开放市场对银行效率的提高有很大的促进作用。

综合起来，由于较高的市场份额会赋予银行一种垄断的市场力量，因此终究不利于银行业的健康发展，但是这并不意味着政府一定需要动用反垄断措施拆分占有较高市场份额的机构。政府可以鼓励更多金融机构进入金融市场,为现有金融系统输入新鲜血液。我们的研究表明,在市场集中度较低的市场中,由于竞争比较充分,银行的效率较高;效率对提高金融机构的绩效有显著的正向作用,因此金融机构的盈利能力也更强。这说明,激烈的竞争并没有对国有银行造成显著的负面影响;相反,竞争促使银行将更多的资源用于提高管理和技术水平,提升了金融机构的生存能力和盈利能力。所以,我们建议进一步开放银行业,降低准入门槛,允许更多的参与者进入。

中国农村金融"失血"问题长期以来受到政府和学界的广泛关注,具有重大的现实意义。在第七章,我们结合县级金融机构数据和当地经济状况,重点分析了金融"失血"的基本态势和可能的成因,并提出相应的政策建议。我们首先厘清了资金可能外流的几个渠道,包括财政渠道、金融机构和邮政储蓄、企业和个人等。由于资金外流中的大部分都要通过金融机构和邮政储蓄,我们在描述中具体分析各县金融机构未在当地使用资金的总和以及邮政储蓄未在当地使用资金的总和占该县存款市场的比重。我们看到,未在县域使用的资金由 2001 年的 34% 上升到了 2004 年的 38%。而从地域上来看,则呈现东部地区未在当地使用的资金比重逐年下降、中西部地区逐年上升的态势。其中,中部地区未在当地使用的资金一直维持较高的水平(各年平均达 46%),上升幅度较西部地区和缓;西部地区值得关注的则是四年间未在当地使用资金的大幅度上升,未使用资金占比达到年均 20% 的增长率。

从讨论金融"失血"的渠道看,我们对成立邮储银行是否能够解决农村金融"失血"问题持审慎乐观态度,原因有二。其一,根据我们的估算,邮政储蓄存款对于金融"失血"的贡献率大约在三分之一上下,在不少地区邮政储蓄并不是金融"失血"的主要原因。上世纪 90 年代中期以来,由于国有银行和全国性股份制商业银行都面临信贷支农成本高、风险大的困难,它们选择大规模在农村减少分支机构,剩余的分支机构在当地吸收的存款中相当一部分则通过上级分行流向资本回报率更高的地区和行业。因此,金融"失血"是农村金融改革滞后于国有商业银行改革的必然结果。其二,既然在不少地区,资金主要通过商业银行离开当地,很难看出新成立的邮政储蓄银行作为商业银行,为什么就可以比其他金融机构更致力于将农村地区的资金运用于农村。

我们的研究显示,宏观角度的经济基本面和微观角度的金融机构治理结构激励机制，是影响资金在地区间流动的主要因素。这里，经济基本面可以从几个方面来看。首先，一个地区的金融深化程度。一个地区的金融深化程度越高，当地的存贷比就会越高。该变量的估计结果相当稳健，在所有回归中，都是影响存贷比的显著因素。其次，人力资本对于存贷比的影响耐人寻味。我们看到，如果用中学数目来近似当地的人力资本状况，那么人力资本状况在短期内对于存贷比的提升并没有显著的作用，但是人力资本状况比较好的地区，存贷比上升的速度较快，意味着金融机构对于当地未来的前景更有信心。

由于资金在地域间流动离不开每一家金融机构的决策，因此，从金融机构内部特征出发，可以帮助我们对于地区信贷资金流动的特点有更全面的认识。从金融机构内部存在的可能影响存贷比的因素中我们看到，金融机构的绩效对于存贷比的水平及其增长都有深刻的影响。历史上，不良贷款占比较高的金融机构，不仅现今的存贷比较低，存贷比增长的速度也会放缓。而拥有更多贷款审批权以及深刻体会到“软信息”重要性的金融机构，依旧倾向于将更多的资金用在当地。

金融市场的结构也会影响金融机构将资金运用在当地的意愿。研究结果显示，在当地存款市场垄断能力较强（存款市场份额较大）的金融机构的存贷比较低。也是说，在金融市场竞争性比较弱的地区，资金被运用在当地的可能性反而比较小。结合前面的研究可知，与国有商业银行相比，地区性中小银行和其他形式的金融机构搜集信息的成本相对较低，更容易克服由于信息不对称所带来的风险；因此，促使这类中小金融机构蓬勃发展、改善当地市场竞争环境的举措，会在缓解信贷资金外流方面有切实的效果。

从行政力量和法制环境的角度看，如果财政支出中政府用于公共建设的资金比例较大，则可以提高资金在当地的使用效率。除了高的公共建设比例会提高基建设施、吸引更多投资之外，我们的研究显示，在中学数目较多的地区，资金在当地使用的比例会上升得比较快。如果一个地区法律执行力度较强，金融机构和企业存在有关资金的纠纷时可以快捷地从法律途径获得解决，那么该地区的资金使用效率相对也比较高。

总体看来，一个地区资金在当地使用的比例和当地金融深化程度之间存在密切的关系。如果当地投资机会不充分，投资回报率不高，但是政府急于提高资金使用率，采取各类措施将资金截留在当地并吸引其他地区的资金，那么这些资金仍然可以通过其他途径离开当地。在有内资投入的地区存在一定的“挤出”效应这一点，就是一个很好的说明。

因此，要提高欠发达地区的资金的使用效率，就需要地方政府尊重资金流动的客观规律，依赖于市场机制，从优化地区产业结构、维护和建设良好的金融市场秩序和信贷环境，以及扩大本地投资机会着手，鼓励金融机构提高自身经营能力和风险管理能力，切实保障信贷机构市场主体的权利，建立长期、有效的资金回流机制。如果地方政府不能从提高本地经济生产率入手，那么直接干预金融机构信贷决策以增加欠发达地区资金的措施不仅不能解决欠发达地区金融“失血”的问题，反而会起到反作用，资金依然会通过更为隐蔽和扭曲的方式外流。

除了采用微观数据刻画金融发展现状外，我们在第八章也结合宏观数据，来分析转型过程中金融发展和开放与改革的作用。该章研究了1978—2003年中国的真实GDP、贷款总额和外国直接投资(FDI)之间的长期关系，得出了两个主要结论。第一，中国金融部门的发展确实促进了经济增长，金融系统中效率较高的非国有银行对经济增长的促进作用尤为明显，但并没有证据显示快速的经济增长显著促进了金融部门的发展。第二，考虑结构变化(structural change)在研究转型经济时显得格外重要。如果不考虑结构变化，GDP和各种形式的贷款之间似乎并不存在长期的协整关系。然而，在控制了结构变化的因素后，这些变量之间长期稳定的正协整关系就变得明显起来。

总体看来，在从改革开放到本世纪初这一段经济发展的关键时期内，虽然在考虑结构变动因素后，国有银行贷款与经济增长仍然呈现长期稳定的相关关系，但这些贷款的作用并不像非国有银行贷款促进经济增长的作用那样大。在很大程度上，支配着信贷配给的国有银行贷款不仅受到预算软约束的影响(Lardy, 1998)，并且它们在发放贷款方面，也会更偏好于国有企业。这造成了信贷配给效率和资本回报率上的双重损失。我们对数据的进一步分解显示，非国有银行贷款虽然总体贷款规模较小，但是作为金融系统中较有效率的部门，它们对于经济增长的贡献更为明显。另外，虽然1978—2003年FDI与经济增长存在正向协整效应，但由于资本控制政策和中国金融市场的独立性，这种效应与国内金融市场对经济增长的作用相比要小得多。这虽然表明资本控制政策在一定程度上将中国国内金融市场与国际金融市场隔离，导致样本时期内国际金融的影响并不像国内金融部门的影响那样显著，但是未来随着中国经济更大幅度地融入世界经济，FDI和国内资本的相互作用会如何影响中国经济的长期发展值得政策制定者和学界持续关注。

第九章为本书结束语，分为两部分。第一部分介绍了有关县域金融的仍待研究的问题，这既是作者未来可能的研究方向，也可供读者进一步思考，为感兴趣的读者提供研究课题。第二部分总结了本书研究成果的启示，并在此基础上提出相关政策建议。

上　篇

第一章　基本信息

本书上篇旨在采用北京大学中国经济研究中心课题组于2005年收集的数据，刻画上世纪90年代到本世纪初中国县级行政区域正规金融机构的运转状况和当地的金融环境。我们关注县级行政区划，是因为县（区）是我国国民经济最基本的运行单元。目前，全国县级行政区划有2 861个，县级经济的GDP总量达到5.4万亿元，占全国GDP总量的56%，全国县域人口总数9.35亿，占全国总人口的73%。基于县级经济在全国经济中的基础地位，透彻了解县级金融的发展对理解县级经济对于我国金融改革的成败具有重要的作用。

县级金融体系是我国正规金融体系的基础。我国的正规金融体系主要由中央银行（中国人民银行）、四大国有商业银行（中国工商银行、中国农业银行、中国银行和中国建设银行）、全国性股份制商业银行（交通银行、中信实业银行、中国光大银行、恒丰银行、深圳发展银行、上海浦东发展银行、招商银行、民生银行、福建兴业银行、广东发展银行、华夏银行、渤海银行和浙江商业银行等[①]）、城市商业银行、政策性银行（国家开发银行、中国进出口银行和中国农业发展银行），以及其他类型的金融机构（农村商业银行、农村合作银行、村镇银行、城市信用社、农村信用社、企业集团财务公司、信托投资公司、金融租赁公司、汽车金融公司、货币经纪公司、邮政储蓄银行和外资金融机构等）等。

除了上面提及的各类银行外，在各类金融机构中特别值得一提的是合作金融机构。合作金融机构是我国县域金融体系的运转中不可或缺的组成部分。截至2005年年末，全国农村合作金融机构（含农村信用社、农村商业银行和农村合作银行）的资产总额达37 206亿元，其中各项贷款余额22 008亿元（占全部金融机构的10.9%）。另外，我国原有约5 000家城市信用社，其中的大部分已失去合作性质，实际上已成为小型商业银行。为规

① 这里列出主要的13家全国性股份制商业银行。银行选取标准参照银监会统计数据。

避风险、形成规模,1995 年国务院决定,在城市信用社清产核资的基础上,通过吸收地方财政、企业入股组建城市合作银行。1998 年,城市合作银行全部改名为城市商业银行。截至 2005 年第二季度,全国共有 114 家城市商业银行①,总资产为 66 095 亿元,占银行业金融机构的 5.2% 。附录 A 给出了关于我国金融体系的更详细的描述。

本世纪初也是农村信用合作社改革的关键时机。2003 年 6 月 27 日,国务院印发了《深化农村信用社改革试点方案》(国发[2003]15 号,以下简称国务院 15 号文件)。经国务院同意,吉林、山东、江西、浙江、江苏、陕西、贵州、重庆等 8 个省(市)作为第一批试点单位,参加深化农村信用社改革试点工作。在充分总结 8 省(市)改革试点经验的基础上,2004 年 8 月,国务院决定将深化农村信用合作社改革试点扩大到另外 21 个省(区、市)。为明确银监会、人民银行、省级政府和省级联社在农村信用社监督管理和风险防范中的权利与责任等,银监会、人民银行拟定了《关于明确对农村信用社监督管理职责分工的指导意见》,并由国务院办公厅以国办发[2004]48 号文件转发。第一批试点的 8 个省(市)农村信用合作社改革已七年多,但目前社会各界对农村信用社改革成效的评价分歧较大。中国人民银行行长周小川在农村信用合作社改革之初就提出农村金融改革要“花钱买机制”,其主要目标包括三个方面:一是完善农村信用社的治理结构;二是创造农村信用社商业可持续发展的生态环境,具体包括:避免地方政府干预信用社的经营,地方政府帮助信用社清收不良贷款,打击逃、废债;三是在农村信用社治理结构完善、商业可持续发展的基础上,支持当地经济发展,使当地经济金融良性循环。换言之,评价信用社试点改革能否达成“花钱买机制”的目标的一项核心内容是,是否建立了一个商业可持续发展的信用社体制。因此,了解农村信用社经营状况,全面评价农村信用合作社绩效,将有利于进一步推进信用社改革,为农村金融配套改革提供思路。

现有文献缺乏对于我国金融体系微观层面的细致描述;而在这类描述的基础上,结合现有经济与金融理论,探讨有关中国金融改革与发展的细致研究更属凤毛麟角。本书致力于填补这一空缺。在研究对象上,本书致力于研究四大国有银行、股份制银行、城市商业银行和农村信用社的县级分支机构的运转与绩效。中国四大国有银行虽然已经上市成为股份制银行,但在本书中依然依习惯称其为国有银行。因为政策性银行不以盈利作

① 到 2010 年第二季度城市商业银行总数达 147 家。

为主要目标，它们的激励机制与绩效和其他银行有显著的不同，故我们不将政策性银行包括在研究范围之内。[①]

本章介绍样本所涉及金融机构的一些基本信息。我们在第一节介绍样本的抽取与构成，使读者对于样本的代表性有所认识。第二节则介绍县级金融机构负责人和职工的基本情况，第三节介绍县级机构以及其所属机构的状况。

一、样本的抽取与构成

（一）样本的抽取

本书采用的微观层面数据来自北京大学中国经济研究中心课题组于2005年进行的对县级金融机构状况的调查。该调查涉及12个省级行政区域内、80个县的所有县级正规金融机构。在选取样本省份时，调查组考虑了经济发展程度的不同，按东、中、西三个地区分别选定调查省份。这12个省级行政区分别是浙江、江苏、福建、山东、湖北、吉林、江西、四川、重庆、贵州、陕西和宁夏。这12个省级行政区包括10个省、1个直辖市（重庆）、1个自治区（为行文简便，在后文中我们将其简称为12个省），其中浙江、江苏、福建、山东为东部地区省份，湖北、吉林、江西为中部省份，四川、重庆、贵州、陕西和宁夏则为西部省份（市）。图1.1.1给出了调查省的分布。该图表明，本调查涉及的县级经济对于全国状况有较好的代表性。

在选定省份之后，课题组再按经济水平的高、中、低将样本省内所有县级行政区域分层，然后在每一个选定的层级内随机抽取2—3个样本调查县。表1.1.1给出了调查县县级行政区域的分布。[②] 这样，共有26个东部地区县级行政区域、32个中部地区县级行政区域以及32个西部地区县级行政区域入选。

值得注意的是，该调查抽取样本时是以县级行政区域而不是以县为单位的。这主要是因为一些金融机构在县内没有相应的基本分支机构，如果

① 由于2001—2004年间尚未成立邮政储蓄银行，故邮政储蓄银行的支行也不在研究之列。

② 课题组计划调查80个县内的所有金融机构，但是有3个县只报告了1家金融机构的情况，从而存在疏漏，我们将其从样本中删去。因此，后面的所有分析都将针对77个县。

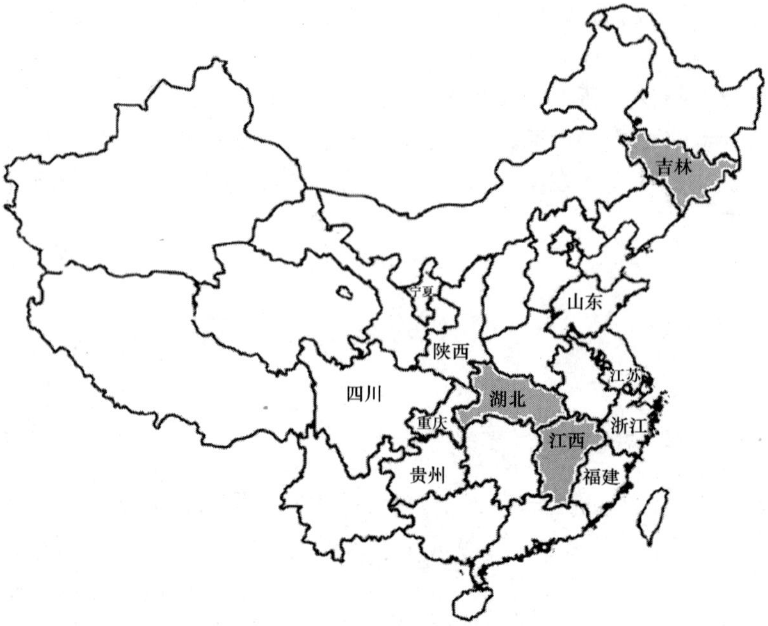

图 1.1.1 调查省的样本分布

表 1.1.1 金融机构调查县分布

省名	调查县名					
浙江	桐乡	慈溪	宁海	瑞安	苍南	温岭
	三门	江山				
江苏	常熟	太仓	丹阳	扬中	东台	大丰
福建	福清	连江	泉港区	石狮	邵武	永春
	政和					
山东	文登	沂水	沂源	栖霞	荣成	
湖北	监利	松滋	夷陵	秭归	丹江口	谷城
	宜城	赤壁	嘉鱼	郧西		
吉林	德惠	东丰	抚松	公主岭	集安	图们
江西	石城	南昌	宜丰	修水	龙南	南丰
四川	温江区	双流	长宁	珙县	壤塘	黑水
重庆	巴南区	合川	城口	垫江	酉阳	江津
	永川	长寿				
贵州	湄潭	凤岗	丹寨	台江	织金	大方
陕西	汉阴	丹凤	大荔	华阴	长安	府谷
宁夏	隆德	平罗	青铜峡			

我们仅在县层面抽取数据，样本的代表性会受到影响。利用统计局给出的县级行政区域的代码将农村的县和城市的县级区加以区分，我们的数据可以被分为43个农村的县和37个区。为简化行文，我们在后文中将“县级行政区域”简称为县。

（二）数据代表性和调查内容

由于县域金融机构是从12省（市）中随机抽取的，因此将研究这些金融机构的结论推广到全国所有县域金融时，需要了解样本数据的代表性，也就是样本数据中的信息是否和全国层面的信息一致。我们的对比发现本数据的代表性较好。举例来说，我们利用表1.1.2a—1.1.2b的信息分别比较了Park和Sehrt（2001）中省级金融机构的贷款和存款市场占比以及样本数据对应的县级数据。在这两张表中，列（1）均为Park和Sehrt（2001）报告的省级平均值，列（2）—（5）是基于调查数据计算出的市场占比。这两张表显示，在整体上省级和县级市场金融机构在存贷款市场上的占有率是类似的。当然，由于县级调查数据倾向于赋予农村地区更多权重，对比省级和县级数据可以发现，中国农业银行和农村信用合作社在县级区域中的存贷款市场中更为重要，而工商银行和建设银行等的存贷款占比更多集中于省级。这一例证说明，调查数据在刻画存贷款市场份额方面和全国情况是一致的，但同时它们之间的差异也可以由县域经济和省级经济之间的差别表述，因此可以认为该调查数据是全国县域经济状况较好的代表。

表1.1.2a　县级和省级贷款市场结构比较　　单位：%

金融机构名称	省级贷款比重	县级贷款市场占比			
	1997(1)	2001(2)	2002(3)	2003(4)	2004(5)
国有商业银行	65	57.7	56.7	54.9	52.6
农业银行	14	26.5	25.8	24.2	22.7
工商银行	28	17.2	16.3	15.5	14.6
中国银行	7	5.3	5.8	6.5	6.2
建设银行	16	8.6	8.7	8.6	9.1
股份制商业银行	8	1.4	1.5	1.9	2.1
农信社	13	24.4	26.0	27.7	31.8
其他金融机构	11	10.5	9.5	9.8	9.9

注：列（1）是由Park和Sehrt（2001）计算的省级金融机构平均贷款市场占比，列（2）—（5）是由样本数据计算出的县级金融机构平均贷款市场占比。

表 1.1.2b 县级和省级存款市场结构比较 单位:%

金融机构名称	省级存款比重	县级存款市场占比			
	1997(1)	2001(2)	2002(3)	2003(4)	2004(5)
国有商业银行	62	60.1	59.9	58.4	56.6
农业银行	13	23.6	23.7	23.2	23.0
工商银行	26	16.8	16.2	15.2	14.6
中国银行	7	7.8	7.9	8.1	7.7
建设银行	15	12.0	12.1	11.9	11.1
股份制商业银行	4	1.7	1.8	1.8	2.1
农信社	10	24.2	23.6	24.2	24.7
其他金融机构	12	12.8	14.0	14.8	16.0

注:列(1)是由 Park 和 Sehrt(2001)计算的省级金融机构平均存款市场占比,列(2)—(5)是由样本数据计算出的县级存款市场占比。

在调查内容方面,“金融生态调查”主要分为两个部分:县经济调查和金融机构调查。因此,对于选取的每一个县,课题组调查了县内所有县级金融机构,并调查了相应的县域经济情况。县经济调查主要包括样本县(市)的基本经济情况、金融及投资环境、人口和教育、财政、税收等各个方面,本书使用的金融机构市场份额和县(市)贷款总额及其增长率来源之一,就是从县经济角度看到的相应份额。金融机构调查则分为三大部分,即金融机构基本情况、信贷基本情况和财务基本情况。其中,在机构基本情况问卷中,问卷询问了负责人基本情况、治理结构与激励机制、不良贷款历史,以及中小企业融资环境中法律环境和政府行为等方面的情形;在信贷基本情况问卷中,问卷询问了金融机构的贷款审批权限、贷款结构和贷款质量,以及企业客户相关问题;在财务基本情况问卷中,问卷考察了财务基本情况、存款与资金来源,以及贷款及贷款以外的资金运用等。因此,金融机构问卷为我们全面了解县级正规金融机构的基本状况提供了数据层面的翔实基础。

由于县级金融机构是本书分析的主体,因此我们先从数目的角度了解金融机构的状况。表 1.1.2 列出了每个县调查的金融机构数,其中东部四省共调查了 146 家县级金融机构,中部三省共 105 家,西部五省(市)共 119 家。这 370 家金融机构按照类型分为中国农业银行(农行)、中国工商银行(工行)、中国建设银行(建行)、中国银行(中行)、城市商业银行(城商行)、其他股份制商业银行和农村信用合作社县联社(农信社)。就金融机构数目的比重看(图 1.1.2),四大国有银行县支行占所有金融机构数目的 71%,农信社占金融机构数目的 19%,股份制商业银行和城市商业银行因此占金融机构数的比重为 10%。

表 1.1.2 各省调查金融机构数

省(市、自治区)	农行	工行	建行	中行	城商行	其他商行	农信社	总计
福建	7	6	7	6	2	3	5	36
贵州	6	4	3	0	0	0	6	19
湖北	10	6	10	8	0	0	10	44
吉林	7	6	6	6	0	0	6	31
江苏	6	6	6	5	1	2	6	32
江西	6	6	5	6	0	1	6	30
宁夏	2	2	3	1	1	0	2	11
山东	5	5	5	5	2	3	5	30
陕西	6	5	3	4	1	0	6	25
四川	6	4	3	2	2	2	6	25
浙江	8	8	8	8	5	3	8	48
重庆	8	6	6	6	3	4	6	39
总计	77	64	65	57	17	18	72	370

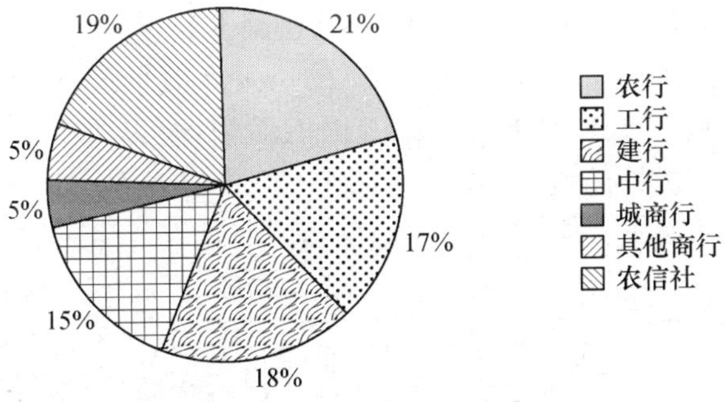

图 1.1.2 县级金融机构数目占比

本调查中变量涉及的时段可以分为三类。第一类变量从 20 世纪 90 年代中期开始调查。由于调查于 2005 年展开,因此该调查请金融机构负责人回顾了一些关键变量的情况,比如贷款中中小企业贷款占比、私营企业贷款占比、不良贷款的历史根源等。第二类则是大部分变量,我们请金融机构负责人或者最熟悉相关信息的人提供了这些变量在 2001—2004 年间的情况,比如资产负债表、损益表等。这段时期是我国金融改革的关键时期,因此是我们研究关注的重点时期。最后一类变量只有2004年的信息,这些变量涉及负责人对于一些形势和状况的主观判断,比如机构的主要竞争对手、对当地的法律环境和政府行为的评估等。由于数据收集时考虑了三种不同时段,使问卷可以在尽量简短的篇幅内包含足够丰富的信息。

二、金融机构负责人与职工

(一)金融机构负责人描述

由于金融机构的负责人与人员组成状况决定了管理团队的效率和员工的士气,也就在很大程度上决定了金融机构的绩效,我们在本节首先介绍县级机构负责人以及他们管理的职工的特点。具体而言,我们从性别、年龄、教育程度、是否本地人、在当地工作时间、之前的工作经验和平均任期长短这几个角度,来刻画金融机构负责人的特征。这里,金融机构负责人是指县级支行的行长或者农信社的主任。

我们的调查显示,县级金融机构的负责人多为年富力强的男性。从性别组成上看,负责人中男性占了90%;从年龄上看,最小的为30岁,最大的为58岁,平均年龄为42岁,并且90%的负责人的年龄在35岁至50岁之间。这批人中,有356人接受过大专以上的教育,占所有负责人的96%。因此,县级金融机构的负责人的主体生于20世纪五六十年代,他们的教育程度较高,因而属于比较容易接受新事物的一批人。

我们考察一家县级金融机构的负责人特征的一个重要角度,是这位负责人是否是本地人,以及他在本地居住的时间。这主要是因为,金融理论对于借贷行为究竟主要是依赖于"软信息"还是依赖于"硬信息"非常感兴趣。所谓"硬信息"是指相对比较容易收集、存储、传输的一类信息,这类信息的收集人和使用人往往不同;而"软信息"则相反,这类信息不易于收集,更不易于传输,因此收集人和使用人往往是同一个人。Berger and Udell (2002)将给小企业的贷款分为四类,其中前三类被 Perterson (2004)称为基于"硬信息"的贷款,而关联贷款(relationship lending)被称为基于"软信息"的贷款。中小企业贷款难一直是金融发展中的难题。由于中小企业规模小、信息不够透明，大银行收集企业贷款资质信息的成本较高，文献提出的“小银行优势”假说，意指地方银行由于和地方企业同处一地，比较容易收集到中小企业信誉资质发展潜力方面的信息，因此在贷款给中小企业方面存在优势。要从实证角度考察这一理论多大程度上能够解释中国的借贷行为，就需要有衡量“软信息”的能力。这里，负责人是否为本地人以及他在当地居住的时间，可以反映出负责人对于当地“软信息”的掌握程度；而上级机构任用什么样的人作为负责人，也反映了上级机构对于“软信息”的重视程度。

图 1.2.1 和图 1.2.2 分别刻画了县级机构负责人中本地人的比例及其在当地平均居住时间的差异。从图 1.2.1 可以看出，城市商业银行的县级支行负责人中 80% 为本地人；全国性股份制商业银行、农信社和工行在外地人与本地人的任用上平分秋色；而其他三家国有银行任用本地人为负责人的支行在各自体系中都不到一半，其中建行的比例最低，为 30%。但是，负责人是否为本地人本身并不能充分说明他对于当地的了解程度，因为一方面，一个人可以在籍贯上属于当地，但是并未长期在当地生活；而另一方面，不管一个人是否是当地人，在该地居住的时间足够长也足以增加他对当地的了解。因此，我们需要从平均居住时间的角度增加对负责人的了解。图 1.2.2 表明，城市商业银行的负责人在当地的平均居住时间最长，超过了 30 年；工行和农信社负责人的居住时间也有 23 年，全国性股份制商业银行负责人的平均居住时间也超过了 20 年，而建行负责人在当地的平均居住时间最短，为 15 年。

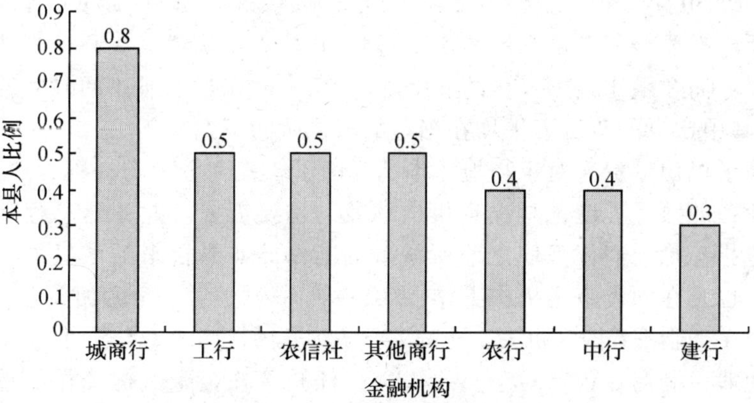

图 1.2.1　负责人为当地人的比例

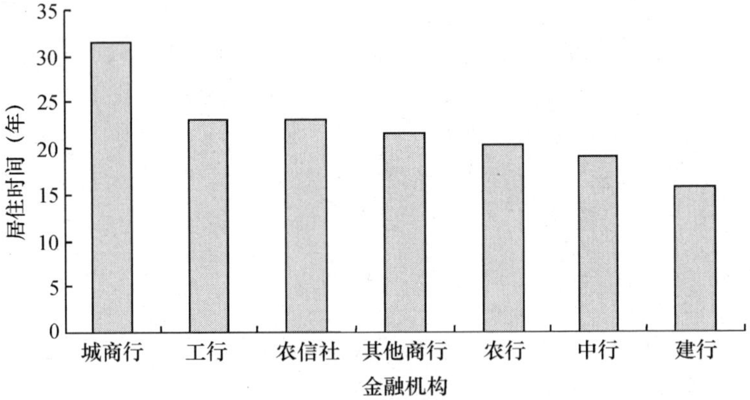

图 1.2.2　负责人在当地的平均居住年份

从图 1.2.1 和图 1.2.2 可以看出，股份制商业银行和国有商业银行在是否任用当地人方面的态度有很大差异。任用当地人的益处在于，其能够更好地识别最有潜力的投资机会；而任用当地人的弊端在于，其出于自身利益的考虑，在决策中可能受到政府或者其他利益集团更深的影响。事实上，四大国有银行平均任用当地人为负责人的比例为 40%，而股份制商业银行的任用比例却达 60%；股份制银行负责人平均在本地的居住时间也比国有银行负责人要多出 7 年。这反映出国有银行和股份制商业银行在利用当地人的利弊方面的衡量不同。另外，是否任用当地人也存在地域差异。图 1.2.3 表明，在经济金融都比较发达的江苏和浙江，金融机构负责人平均在当地的居住时间最长，其中江苏省的机构负责人平均在当地居住的时间近 30 年，浙江也接近 25 年。在该地区居住的时间越长，负责人决策时就越需要全面考量当地的切实需要，其决策可能就更有利于当地的长期发展。而金融比较不发达的西部地区，负责人在当地居住的时间普遍比较短，其中宁夏的负责人平均在当地的居住时间不到 9 年。

除了机构负责人对于当地基本情况的了解程度会影响机构的绩效外，他对业务的熟悉程度也是决定机构绩效的重要因素。业务熟悉程度的一个衡量指标是他们任现职之前所从事的工作。如果在来到该机构之前该负责人也是在同类金融机构工作，那么一般而言，他对于金融相关业务应当比事前在企业或者国家机关工作的人员更为熟悉。图 1.2.4 表明，国有银行与其他股份制商业银行对于负责人上一任是否在金融机构工作的重视程度有较大差异。任现职之前，有金融机构工作经验的国有银行支行负责人不到所有负责人的 30%，而全国性股份制银行的县级机构负责人中，有

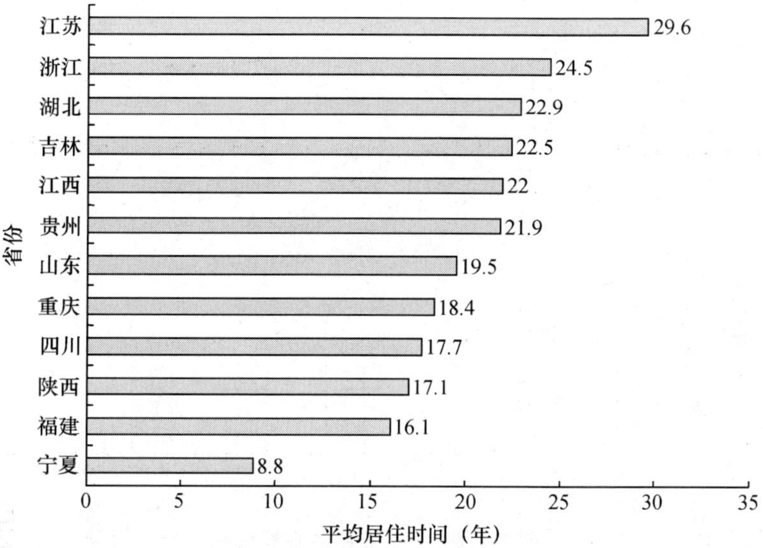

图 1.2.3 各省金融机构负责人在当地平均的居住时间

60%之前也在金融机构工作，城市商业银行支行负责人该比例却高达80%。这一指标也存在地域差异，其中，东部地区现任负责人之前有相关工作经验的比例达40%，这比中西部地区高出10个百分点。

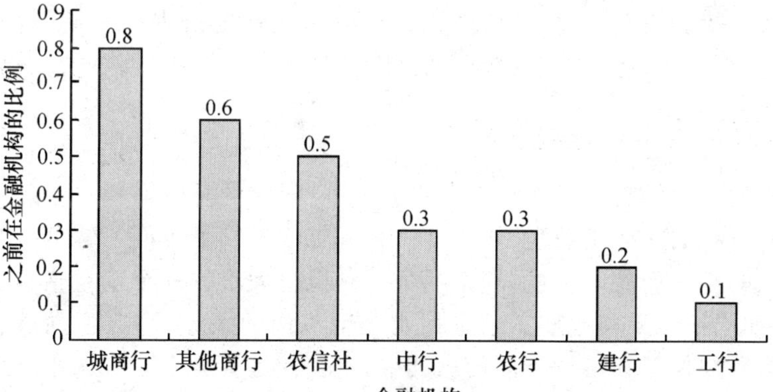

图 1.2.4 负责人上一任在金融机构工作的比例

最后，平均任期的长短会影响金融机构负责人在决策中更注重长期事务还是短期行为。问卷收集了1990年以来共有几任负责人的信息，据此我们可以计算出每一个分支机构1990年以来负责人的平均任职年限。如图1.2.5所示，城市商业银行支行行长的平均任职期限最长，将近12年；

其次是全国性商业银行，平均任职期限也超过了7年；农信社主任的平均实际任期约5年；四大国有银行中只有中行的支行行长平均任职超过4年，其余的都在4年以内。

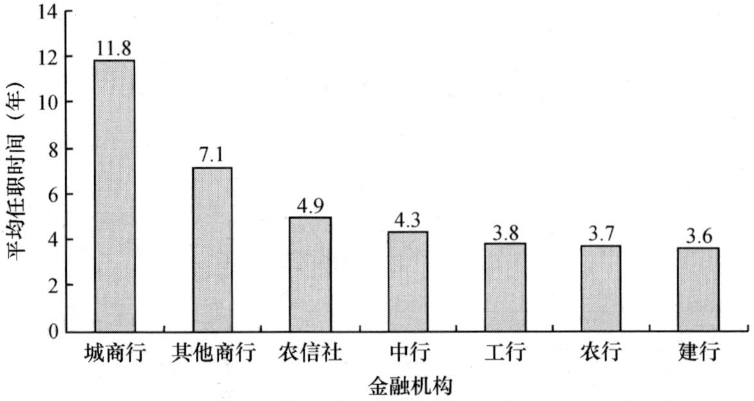

图1.2.5 负责人平均在职时间

因此，各类金融机构负责人的共同特点是多为年富力强、教育程度在大专以上的男性。但是，在是否选用本地人、负责人在当地居住年限、之前是否有相关工作经验，以及平均任期方面，不同所有制的机构会有不同的偏好。其中，城市商业银行和全国性股份制商业银行更重视选用在当地居住较久，并且有相关工作经验的人，并且，一旦选定负责人之后，就不轻易更换，使得各类政策措施有较好的延续性。

（二）职工结构与收入

机构的运转除了需要选定负责人之外，职工的总体面貌也会影响机构的绩效。我们从职工数量、职工结构和职工收入三个方面了解负责人领导的职工的基本面貌。首先，职工的数目是机构大小的一个衡量指标。我们看到，如果按照平均总职工数来评判金融机构的大小，那么不同所有制金融机构的规模差异可达十多倍。其中，农信社是县级金融机构中最大的机构，平均每家县联社有345名职工；其次是农行，平均也有近200人。四大国有银行中工行最大，平均有127名职工，其余三家国有银行的职工数都在100人以内。全国性股份制商业银行与城市商业银行的规模最小，平均职工数分别是36人和28人（图1.2.6）。

由于2000—2004年间四大国有银行开始筹备上市的工作，而农信社也于2003年启动了新一轮改革，因此我们希望了解这些变革是否会导致

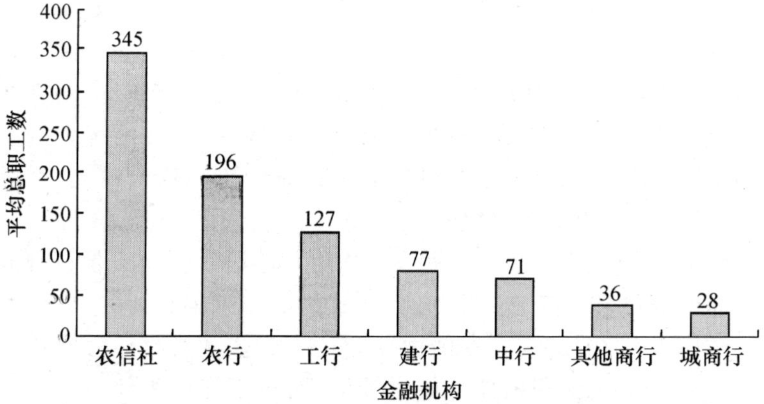

图 1.2.6　各金融机构平均总职工数

金融机构裁撤冗员,减少在职职工人数。根据图 1.2.7,在 2001—2004 年间,金融机构总职工数的平均值有比较平缓的变化,但是不同机构职工人数变化的趋势仍存在些微差异。其中,农信社职工数一直处于 350 人上下的高位,并在 2003 年达到最高;2004 年人数略低于 2003 年。除了工行以外,其他三大国有银行的总职工数在四年间略有下降,仍然是农行平均职工数最多,工行其次,中行和建行则相当。股份制银行和城市商业银行的平均职工总数基本持平。因此,新一轮改革总体上并没有导致县级金融机构大幅削减工作人员。

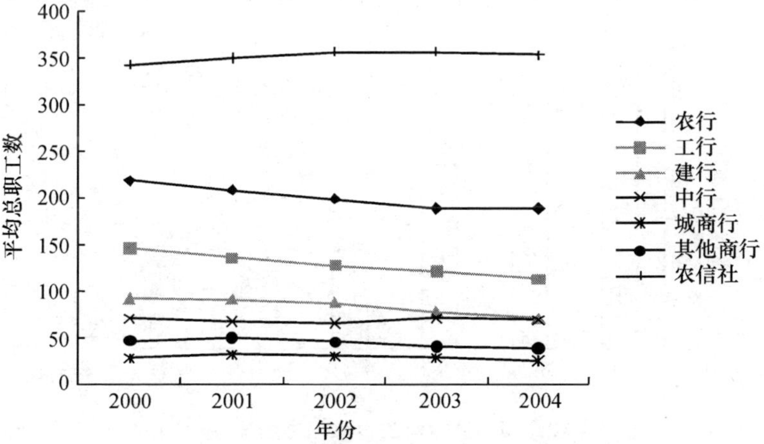

图 1.2.7　金融机构 2000—2004 年平均总职工数

当然,仅了解职工规模并不足以判断金融机构在人员使用方面的效率,因为总人数相同的两家金融机构,如果正式职工所占比例不同,他们的工作效率仍然能存在很大差异。为了更清晰地了解职工结构,我们首先描述退休职工究竟在正式职工中占有多大的比重。退休职工虽然算在职工总数内,但是由于他们不再参与当前的经营管理活动,在一定程度上反映了机构本身的历史性负担,因此退休职工占总职工的比例越高,金融机构在人员任用方面的历史性负担就会越重。

其次,在金融机构中活跃的另一类人群是临时工。由于他们并非正式职工,在福利待遇以及工作的稳定性方面和正式职工有所区别,因此这对他们的工作积极性的影响存在两面性。对于那些认为自己无望成为正式职工的人,他们的工作积极性可能比较低;而对于那些为使自己成为正式职工而努力工作的人而言,临时工的身份会使他们可能比正式职工更为努力地工作。究竟哪种力量会占主导地位,显然和机构的激励机制以及治理结构存在密切的关系。

图 1.2.8a 描述了不同金融机构中退休职工分别占总职工数的比重。从退休职工的比重上看,工行、农行和农信社退休职工比重高,其中工行退休职工占近 35%,农行也超过了 30%,农信社退休职工的比重也在 20% 以上。四大国有银行中,建行和中行的退休职工比重和城市商业银行相当,在 6% 到 10% 之间,而退休职工比重最低的是其他全国性股份制商业银行(1.4%)。这表明,不同金融机构的退休职工负担存在较大的差异。

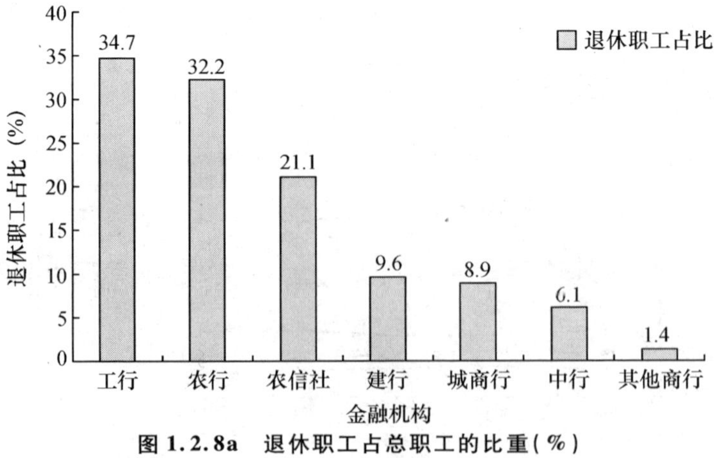

图 1.2.8a　退休职工占总职工的比重(%)

职工结构的第二个角度是计算临时工数量占总职工的比重(图 1.2.8b)。可以看到,各机构都任用不少临时工,其中临时工比重最低的是农行(13.9%)

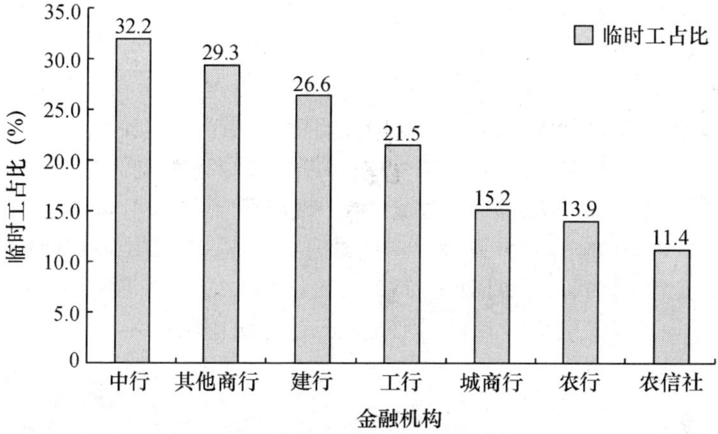

图 1.2.8b　临时工占总职工的比重(%)

和农信社(11.4%),而中行和全国性股份制商业银行使用临时工比重最高,占正式职工数的30%左右。

从总职工数中减去退休职工和临时工,可以计算全职职工占比。全职职工是年富力强、工作前景较为稳定的职工,应为金融机构的中坚力量,他们比重的高低对于金融机构的绩效会有直接的影响。图 1.2.8c 说明城市商业银行、其他商业银行和农信社的正式职工占比高于四大国有银行,其中城市商业银行职工中75.8%为全职职工,而工行全职职工数仅占总职工的43.8%。

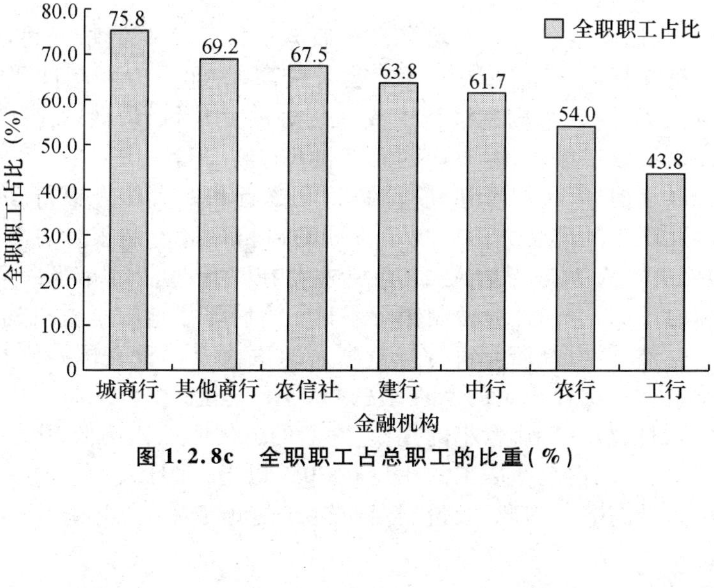

图 1.2.8c　全职职工占总职工的比重(%)

进一步比较金融机构的退休职工和临时工的相对比重会发现,农行、工行和农信社的退休职工数往往超过临时工数。其中,农行退休职工数是临时工数的2.31倍,农信社为1.86倍,工行则为1.61倍。但是,城市商业银行、建行、中行和其他商行的退休职工却远远少于临时工。其中,城商行退休职工数大致是临时工数的59%,建行则为36%,中行为19%,而其他商业银行中退休职工数仅为临时工数的5%(图1.2.8d)。综合图1.2.8a—1.2.8d的信息可以发现,非国有金融机构在员工方面的历史负担比国有金融机构轻,它们对待临时工的任用也存在不同的策略,有的选择让正常职工占比最高,而有的则倾向于更多使用临时工。

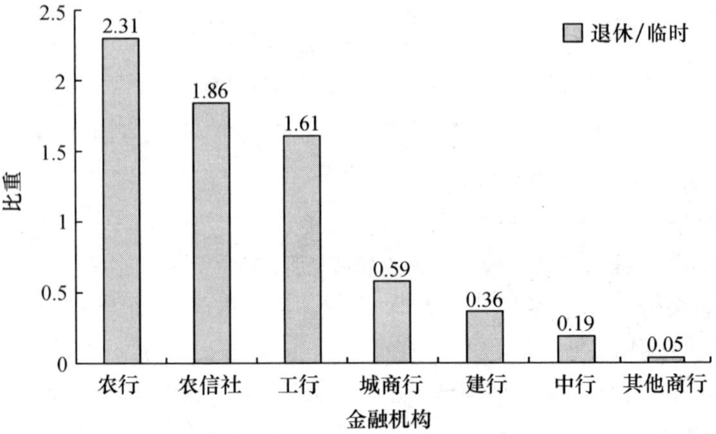

图1.2.8d　退休职工与临时工的相对比重

最后,我们考察职工的平均名义年收入。图1.2.9清晰地显示,股份制商业银行支行职工的人均名义年收入最高,2000—2004年间平均每人在20 000元以上;四大国有银行中收入较好的是建行,最低的是工行。虽然农信社人员数目最多,但人均名义年收入也在工行之上。

综合以上信息,我们看到,股份制商业银行和四大国有银行在负责人的任用以及职工的规模方面体现了不同的风格。股份制银行更多使用当地人,即使负责人不是当地人,也会要求他在当地生活过相当一段时间。在工作经历方面,全国性股份制银行明显更青睐于之前在金融机构工作过的人选。另外,股份制商业银行在负责人的更换上远没有国有银行频繁,从而维持了相对比较稳定的治理结构与人事任用制度。从职工人员数目方面,股份制银行维持比较小的规模,它们的退休职工比例低,历史性负担比较轻,正式职工占全体职工的比例在70%以上,并且人均年收入在各类银行中也是最高的。因此,股份制商业银行在负责人的任用方面不仅强调

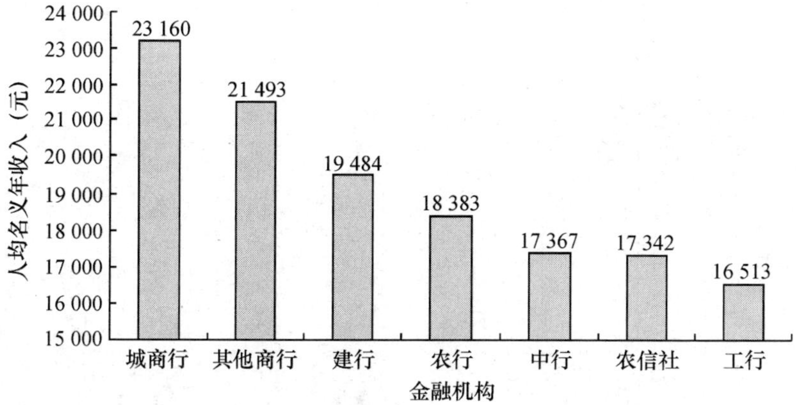

图 1.2.9　各金融机构人均名义年收入(元)

其要了解当地情况、了解业务,并保证其工作的稳定性,同时也给予职工比较稳定的工作环境与相对优厚的薪酬。

三、所属机构情况

在 2001 年以前,我国国有银行实行“总行—一级分行—二级分行—区县支行—网点”这样的分级管理体制。由于层级比较多,容易导致信息沟通不畅和管理体制臃肿等问题。“十五”期间,中国金融改革的重要举措是推动国有独资商业银行的股份制改革,以应对 2006 年加入 WTO 后银行业对外资开放带来的冲击。金融改革在体制上的举措是提出“扁平化管理”,主要是将四级管理体制改造成“总行—一级分行—二级分行”、县支行和网点都直接对二级分行负责的三级管理体制。2001—2004 年是这一管理体制在四大国有银行中积极推行的阶段:中国建设银行于 2002 年,中国银行于 2003 年,中国农业银行和中国工商银行于 2004 年开始实施扁平化管理。这一管理体制减少了管理层级,但是实践中的一个常见结果是分支机构数目减少和贷款审批权的上收。贷款审批权上收对激励机制的影响在第二章重点讨论,本节的重点是描述分支数目的变化特征。

在本调查数据中,金融机构可以拥有贷款审批权的历史可以追溯到 1996 年。从图 1.3.1 可以看出,农信社下面的分支机构最多,1996 年时有贷款审批权的分理处平均超过了 30 个;其次是农行,平均有 14 个有贷款审批权的网点,再次为工行、建行、中行和股份制银行。

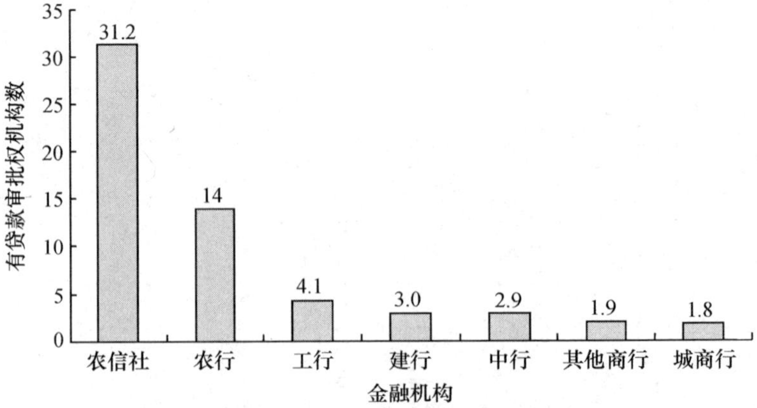

图 1.3.1　1996 年有贷款审批权的机构数

1996—2004 年间,我国经济高度发展,名义 GDP 从 1996 年的 4.67 万亿元人民币成长到 2004 年的 13.69 万亿元人民币;但是对于县域金融机构而言,其分支机构并没有增加。图 1.3.2 显示了 1996—2004 年以及 1996—2000 年间,下属机构的贷款审批权未见增加的支行占所有支行的比例。我们看到,1996—2004 年的八年内,超过 70% 的农行支行与农信社下属机构出现贷款审批权减少或者持平的状况;其他三大国有银行则有一半以上处于分支机构数减少或者持平的状况。而 2000—2004 年间,出现下属机构贷款审批权减少或者持平的现象更为普遍。

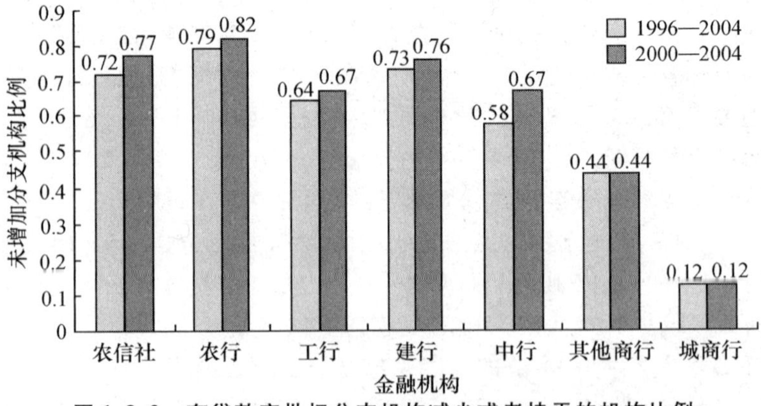

图 1.3.2　有贷款审批权分支机构减少或者持平的机构比例

进一步从图 1.3.3 可以看到,在县支行中有贷款审批权的分支减少的支行占所有支行的比例中,农行与农信社的分支呈现减少态势的比例最高。比如,1996—2004 年间,有 53% 的农信社削减了分支机构的贷款审批权,而这些削减中有 42% 是发生在 2000—2004 年间的。农行的情况更为严重,1996—2004 年间,削减分支机构贷款审批权的农行县支行达 66%,而这些削减至少有 57% 发生在 2000—2004 年间。其他三大国有银行县支行对分支机构的贷款审批权都存在不同程度的削减,只有其他全国性股份制商业银行和城市商业银行未减少分支机构的贷款审批权。

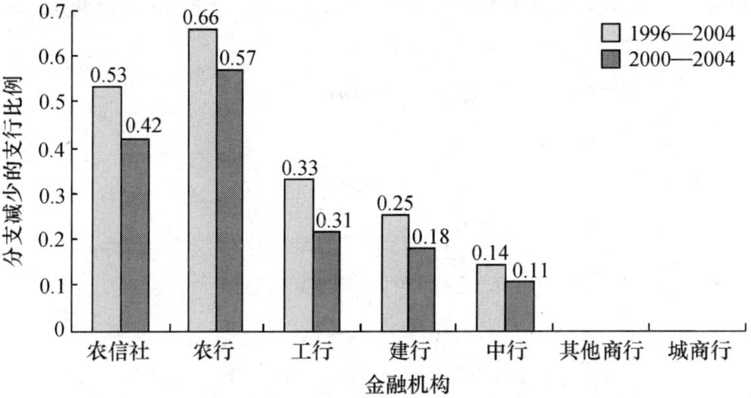

图 1.3.3 有贷款审批权分支机构减少的机构比例

由于现有金融体制中一级分行对总行负责,因此不同省份的一级分行对于本省基层网点的收缩程度安排可能有所不同。从图 1.3.4 中可以看到,中西部地区在网点收缩方面的力度最大(吉林省除外),其中中部湖北省有近 60% 的县级支行都在 1996—2004 年间出现收缩网点的现象。东部

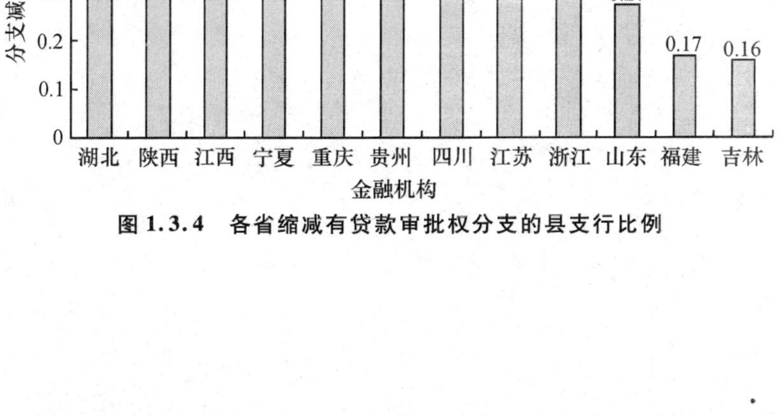

图 1.3.4 各省缩减有贷款审批权分支的县支行比例

地区的江苏、浙江、山东、福建等网点收缩的程度最低。

上述统计数据是拥有贷款审批权的分支机构数，并不是某家县支行所有的分支机构数。总体上，分支机构的缩减可以从县经济的问卷中看出。县问卷调查了在该县区四大国有商业银行以及股份制商业银行分别拥有的网点总数。图 1.3.5 刻画了 2000—2004 年间国有银行分支机构总数的变化，我们看到，四大国有银行的分支机构由 2000 年的平均 35.6 家下降到 2004 年的 30 家，其中 2001—2003 年是下降最厉害的一段时期。

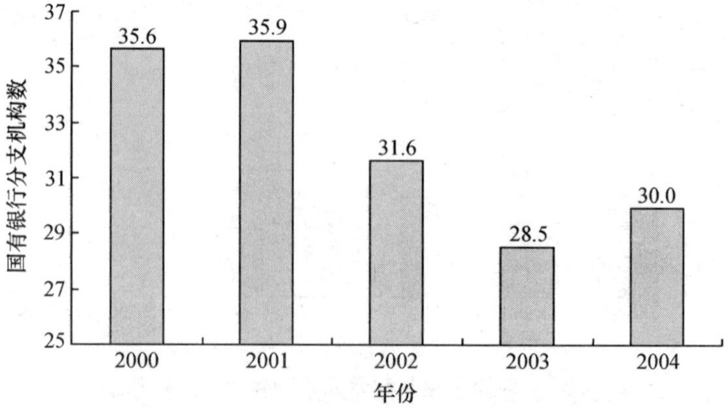

图 1.3.5　四大国有银行支行县平均分支数

考虑到前文所述的地域差异，我们在图 1.3.6 中分地区考察每个县平均拥有的四大国有金融机构分支数。该图说明，东部地区由 2000 年的平均 48 家下降至 2004 年的平均 46 家，年平均增长率为 -1%；中部地区则由平均 30 家下降至平均 18 家，年平均增长率为 -8%；而西部地区年分支

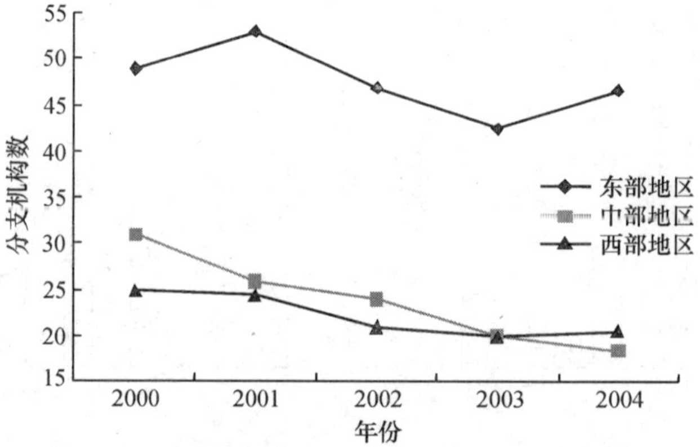

图 1.3.6　四大国有银行分地区县平均分支机构数

机构的平均增长率为 -3%。金融体制改革中的扁平化管理将导致一些网点的收缩,而撤并经营绩效不好的机构是合理的安排。从这个角度看,东部地区经济比较发达,金融机构健康状况比较好,收缩的强度比中西部地区要低得多。

四、结　　论

本章的重点在于介绍被调查金融机构的基本情况,包括样本的抽取与构成、金融机构负责人与职工基本情况、县级金融机构所属分支机构的基本情况等,为后面的描述和研究奠定基础。我们看到,各类金融机构负责人的共同特点是多为年富力强、教育程度在大专以上的男性。但是,在负责人的特点、职工人数和待遇方面,不同所有制和不同地区的金融机构有较大的差异。其中,在负责人的任用方面,城市商业银行和全国性股份制商业银行更重视选用在当地居住较久,并且有相关工作经验的人,并且,一旦选定负责人之后,负责人的任期较长。这两类金融机构的职工中临时工的比例相对比较低,因此能够维持一个相对比较稳定的团队。与此相应,这两类金融机构不仅历史性人员负担比较轻,并且一直维持比较小的人员规模,同时保证了在当地最高的人均年收入。因此,股份制商业银行在负责人的任用方面不仅强调其要了解当地情况、了解业务,并保证其工作的稳定性,同时也给予职工比较稳定的工作环境与相对优厚的薪酬。

就县级金融机构所属的分支机构情况看,这段时期也是国有金融机构分支机构数大量减少的时期,而股份制商业银行和城市商业银行等机构,以及东部地区的收缩则明显较弱。撤并绩效不好的金融机构,是金融改革的必要举措,但是金融服务的可得性是否因此有所下降,企业和居民是否因此面临更多信贷约束,却是值得进一步研究的课题。

第二章　治理结构与激励机制

众所周知，良好的金融体系对于提高资源配置效率、促进经济可持续增长起着举足轻重的作用。而评估金融体系是否健康的一个重要角度，就是金融机构的治理结构和激励机制。国际金融监管机构对上世纪的东南亚金融危机和2008年开始的全球金融危机的案例研究表明，商业银行薄弱的管理和治理结构引发了信贷危机，给政府和居民都带来巨大成本；而良好的管理和治理结构则不仅在繁荣时期给银行良好的回报，更是危机时期保证金融机构得以生存的根本。因此，完善公司治理结构，是深化金融改革、建立现代化金融体系的内在要求。因此，在本章我们重点描述我国县域金融机构的治理结构与激励机制的基本特征。

我们以县级金融机构为中心，分别描述它们和上级以及下级的互动，以及该机构（以下简称本机构，指本部分研究的主体——县级金融机构）内部的治理模式。其中，第一、第二节描述上级对于本机构的管理，第三、第四节则侧重于本机构的经营目标和考核奖励机制，第五节则描述本机构和下级的关系。具体而言，在第一节，我们关注上级主管部门如何管理县域金融机构。这主要通过上级主管部门对于本机构考核的主要指标究竟有哪些，以及各自的权重如何来了解。上级机构的考核指标对于下级金融机构的负责人的前途具有重要的指征意义，自然会影响到本机构的治理结构与激励机制。有了关于上级主管部门如何认定一个下属金融机构表现的优劣之后，我们在第二节着重考察上级主管部门如何管理本机构的贷款规模。从第三节起我们考察本机构内的情形。这里，我们从多个角度考察本机构的经营目标与上级机构的考核目标之间有何种关系。我们在第四节研究对于本机构信贷人员的考核奖励机制。在第五节我们考察本机构对于自己的基层机构都采取了哪些管理措施。

一、上级主管部门的主要考核指标

（一）考核指标简述

县级金融机构作为分支机构，在各项决策中需要权衡上级、自身和下级的要求，其中上级的要求决定了负责人以及本机构的命运，因此理应得到重视。在实际运转中，金融机构的上级主管部门对于下属金融机构的考核可以是多个层面的。考虑到不同金融机构的上级机构的侧重可能不同，实际操作中经常被上级使用的考核指标大致可分为考核利润、考核存款、考核贷款、考核不良贷款（NPL）、考核上存资金、考核费用和考核收息率等七类指标。对于样本调查的金融机构，我们不仅询问了上级金融机构是否考察了某一指标，更让金融机构列出被考核的指标占所有考核指标的比重，以帮助了解上级主管部门眼中重要的指标。

表 2.1.1 展现了不同类型金融机构的上级对于特定指标的看重程度。例如，0.99 就表示 99% 的支行会报告上级考察该指标。总体看来，上级主管部门对县级金融机构的考察中，最重视的指标包括利润、不良贷款和存款；而考核较少的指标则是上存费用和贷款额度。

表 2.1.1　不同名称金融机构绩效考核指标比例

金融机构名称	考核利润	考核存款	考核贷款	考核NPL	考核上存	考核费用	考核收息率	考核总计
农行	0.99	0.93	0.52	0.99	0.16	0.70	0.69	4.94
工行	0.99	0.97	0.58	0.98	0.33	0.70	0.84	5.39
建行	0.96	0.91	0.50	0.96	0.21	0.66	0.80	5.00
中行	0.87	0.94	0.67	0.98	0.06	0.74	0.80	5.03
城商行	0.94	0.78	0.57	0.87	0.26	0.80	0.80	4.74
其他商行	1.00	0.97	0.58	1.00	0.26	0.81	0.88	5.42
农信社	0.98	0.96	0.74	1.00	0.07	0.90	0.70	5.25
总计	0.96	0.94	0.60	0.98	0.17	0.75	0.77	5.12

具体到金融机构来说，数据显示，不同金融机构的上级对于各项指标的重视程度亦有所不同。比如，农行县支行的上级主管部门最关注利润和不良贷款率，99% 的县支行报告上级考核利润和不良贷款率；它们对存款

指标的重视稍逊于利润和不良贷款，有93%的农行上级会考察存款指标。考核较少的指标中，一为是否有上存，二为是否有贷款指标。在四大国有银行的上级主管部门中，考核利润比例最低的是中国银行，而城市商业银行对于存款指标的重视远不如对于收息率和经营费用的考察。另外，所有的全国性股份制银行（如招商银行等）的上级部门都会考核利润和不良贷款占比；它们对于收息率指标也最为重视。① 最后，为了描述上级考核指标的广度，我们构造了考核总计指标，构造方法如下：如果上级主管部门采用某项考核指标，则记金融机构的该指标得分为1；再将金融机构对这7项考核指标的得分相加，所得考核总计分值为0—7。我们将该总分的均值记录在"考核总计"列。这一列的数据表明，上级机构对于金融机构的考察往往是多层面的，通常会同时采用4—5个指标。

由于产权结构是激励约束机制的前提和基础，产权结构在现实中表现为企业的组织形式，因此，不同产权结构下，金融机构的组织形式和相应的激励机制都会有所不同。除了分金融机构看考核指标的差异之外，我们还按照金融机构的产权结构的差异，将所有金融机构分为四大国有银行类、股份制银行类和农信社类。表2.1.2表明，股份制银行可能比国有银行更重视贷款的质量，它们的上级主管部门考核收息率的比重最高，达84%；而农信社对于贷款规模和费用要比前两类金融机构更为重视。

表2.1.2　不同类型金融机构的绩效考核指标比例

金融机构类型	考核利润	考核存款	考核贷款	考核NPL	考核上存	考核费用	考核收息率	考核总计
国有银行	0.96	0.94	0.56	0.98	0.19	0.7	0.78	5.08
股份制银行	0.97	0.89	0.57	0.94	0.26	0.8	0.84	5.15
农信社	0.98	0.96	0.74	1.00	0.07	0.9	0.7	5.25
总计	0.96	0.94	0.6	0.98	0.17	0.75	0.77	5.12

我们进一步考察绩效考核指标在地区（表2.1.3）和年份（表2.1.4）之间的差异。表2.1.3说明，上级主管部门对于主要指标的考核在不同地区并没有太大的差异，这主要是因为除农信社外，县级金融机构的主体是全国性金融机构的分支机构，它们的上级主管部门因此倾向于采用基本一

① 这里，贷款收息率是实收贷款利息与应收贷款利息之比，是反映银行贷款质量的指标之一。

致的原则来考核下级。些微的差别在于东部地区不仅重视考核不良贷款，也比中部和西部地区更重视贷款规模。从年份的角度看，四年间上级主管部门对于考核指标没有明显的调整。

表 2.1.3　不同地区金融机构的绩效考核指标比例

地区	考核利润	考核存款	考核贷款	考核NPL	考核上存	考核费用	考核收息率	考核总计
东部	0.96	0.92	0.65	0.98	0.17	0.74	0.78	5.12
中部	0.96	0.94	0.57	0.97	0.23	0.81	0.78	5.27
西部	0.97	0.96	0.57	0.99	0.12	0.69	0.74	4.98
总计	0.96	0.94	0.6	0.98	0.17	0.75	0.77	5.12

表 2.1.4　不同年份金融机构的绩效考核指标比例

年份	考核利润	考核存款	考核贷款	考核NPL	考核上存	考核费用	考核收息率	考核总计
2001	0.94	0.94	0.6	0.98	0.17	0.73	0.78	5.11
2002	0.95	0.94	0.59	0.98	0.17	0.74	0.78	5.13
2003	0.95	0.93	0.6	0.97	0.17	0.76	0.76	5.10
2004	0.97	0.93	0.61	0.98	0.18	0.75	0.75	5.14
总计	0.96	0.94	0.6	0.98	0.17	0.75	0.77	5.12

（二）考核指标权重

由于上级主管部门同时考核多个指标，因此在不同指标间所给予的权重就可能因金融机构不同而不同。表 2.1.5 描述了 2001—2004 年间不同金融机构的上级主管部门对于不同指标的考核权重的均值（最大值为 100，最小值为 0）。该表显示，利润、存款和不良贷款是金融机构上级主管部门考核时权重最大的三项指标，三项一起约占总权重的 80%。四大国有银行中，中行对利润给予的权重最小，对不良贷款给予的权重也最小，而给予贷款规模的权重却最大。

表 2.1.5 不同名称金融机构绩效考核指标权重 单位:%

金融机构名称	利润权重	存款权重	贷款权重	NPL权重	上存权重	费用权重	收息权重
农行	35.30	22.60	7.96	17.93	0.95	4.27	6.10
工行	29.72	22.73	6.23	18.14	3.34	5.01	10.35
建行	35.99	27.51	5.85	15.20	0.91	3.85	9.27
中行	21.43	35.09	10.21	13.28	0.86	6.99	7.63
城商行	36.00	23.71	5.81	15.16	1.94	5.97	6.45
其他商行	32.50	36.09	4.06	16.56	0.00	4.75	4.31
农信社	30.25	21.35	9.04	17.95	0.60	8.11	7.57
总计	31.52	25.51	7.56	16.68	1.25	5.58	7.85

金融机构指标的权重是否随时间发生改变是另一个值得观察的角度。表 2.1.6 描述了不同指标的权重随着时间的变化。我们看到,随着时间的推移,利润指标得到了更多的重视,平均而言其权重由 29.82% 上升至 33.16%,存款和贷款规模的权重均略有下降,而不良贷款的考核权重基本持平并有缓慢的上升。

表 2.1.6 不同年份金融机构绩效考核指标权重 单位:%

年份	利润权重	存款权重	贷款权重	NPL权重	上存权重	费用权重	收息权重
2001	29.82	26.34	7.73	16.62	1.29	5.87	8.41
2002	30.49	26.18	7.62	16.83	1.28	5.56	8.18
2003	32.34	24.95	7.46	16.38	1.28	5.69	7.78
2004	33.16	24.72	7.43	16.89	1.17	5.24	7.12
总计	31.52	25.51	7.56	16.68	1.25	5.58	7.85

(三) 监管严厉程度

除了设定考核目标之外,我们还希望知道上级对于县级金融机构监管的严厉程度。上级主管机构还需要通过年度检查等形式来了解分支机构的具体运营情况,所以我们可以视上级部门不定期检查的次数为监管严厉程度的一个指标。本样本中 99% 的机构都会对分支机构进行年度检查,表 2.1.7 给出了不同县级金融分支机构面临的不定期检查次数的均值和中值。无论是均值还是中值,全国性股份制商业银行的不定期检查次数均为最多,其均值为7.9次,中值为6次;农信社的不定期检查次数最少,平均而言每年检查不到5次,中值为4次。四大国有银行中,不定期检查次数的中值虽然都是5次,但是就均值而言,最大的则是建设银行。

表2.1.7　不同金融机构对于分支机构不定期检查的次数

金融机构类型	不定期检查次数均值	不定期检查次数中值
农行	6.55	5
工行	6.71	5
建行	7.16	5
中行	5.60	5
城商行	5.75	5
其他商行	7.94	6
农信社	4.77	4

如果将不定期检查的次数按照年度检查在4次以内、5—8次、9—12次和多于12次分类,我们可以看到不同金融机构在检查行为方面更多的差异。根据表2.1.8,27.8%的全国性股份制银行支行的年度检查次数在4次以内,而农信社年度检查次数不超过4次的达54.2%,城市商业银行和国有银行支行的检查频率则介于两者之间。报告检查次数在5—8次之间的金融机构比例也不小,其范围在21.9%(工行)至33.3%(全国性股份制商业银行)之间。

表2.1.8　上级主管部门对于分支机构的不定期检查次数

金融机构名称	4次以内	5—8次	9—12次	多于12次	总计
农行	44.2	24.7	13.0	18.2	100
工行	35.9	21.9	17.2	25.0	100
建行	43.1	24.6	16.9	15.4	100
中行	42.1	29.8	14.0	14.0	100
城商行	41.2	29.4	17.6	11.8	100
其他商行	27.8	33.3	16.7	22.2	100
农信社	54.2	27.8	5.6	12.5	100

不同地区间,不定期检查次数的差异要比是否考核某些绩效指标更为明显。从表2.1.9可以看出,东部地区金融机构的上级主管部门的不定期检查次数最多,并且平均至少每月检查1次(多于12次)的比例也最高,有

超过20%的金融机构坚持这类检查;它们的年度检查在4次以内的比例也最低。而在中部地区,有近60%的金融机构上级主管部门不定期检查不能达到平均每季度1次。上级部门监管的强度和频度对于金融机构绩效的影响,我们会在后文中作更多的探讨。

表 2.1.9 不定期检查次数的地域差异

地区	均值	中值	不定期检查次数频率占比(%)			
			4次以内	5—8次	9—12次	多于12次
东部	6.63	5	37.50	27.80	13.20	21.50
中部	5.61	4	57.10	21.00	9.50	12.40
西部	6.33	5	38.00	28.90	17.40	15.70

二、上级主管部门对本机构的贷款管理

在2008年全球金融危机之后,如何管理金融机构流动性成为金融监管机构的主要问题之一。尽管显示流动性的指标并非唯一,存贷比(loan-to-deposit)仍然是最受关注的指标。存贷比是指一家金融机构一定时期内的贷款总额除以存款总额,它表明金融机构的贷款中有多大比例是由本机构的存款来支持的。一方面,存贷比的增加表明金融机构对于资金的运用效率增加,其盈利能力可能也相应增强;但是另外一方面,存贷比过高也意味着金融机构未来成长的空间相应有限,应对支付风险的能力也可能越弱。我国金融机构主要仍然依靠存款来支持其成长,因此,过高的存贷比可能导致金融机构未来应付风险乃至金融危机的能力不足。我们关注金融机构的贷款管理就需要考察上级对于存贷比的管理。我国央行目前规定商业银行最高的存贷比例为75%。2009年,银监会印发《关于调整部分信贷监管政策促进经济稳健发展的通知》,允许有条件的中小银行业适当突破存贷比。

(一) 贷款管理指标

在上一节,我们看到上级主管部门对存款的重视普遍要高于对贷款的重视,这一点不仅可以从上级主管部门是否考察相应指标中看出,也可以从赋予相应指标的权重中看出。但是现有贷款会决定未来的收益和不良

贷款占比，因此在本节我们从上级对贷款和存款规模管理的角度来了解县级金融机构的健康状况。上级部门常用的控制贷款规模的措施大致可以分为四类，即设定存贷比目标、规定贷款总量、要求贷款以新增存款一定比例的方式增长，甚至要求只存不贷等方式，等等。上级主管部门会采用哪些方式来管理贷款规模是我们首先关注的问题。

图 2.2.1 表明，有 44% 的上级主管部门没有采取上述四类措施中的任一类。这和我们在本章第一节看到的贷款规模并不是上级主管部门关注的主要指标相一致。有 38% 的上级主管部门采取上述四类措施中的一类来管理贷款规模，而受到上级部门同时采用多个指标来管理贷款规模的金融机构还不足 20%。

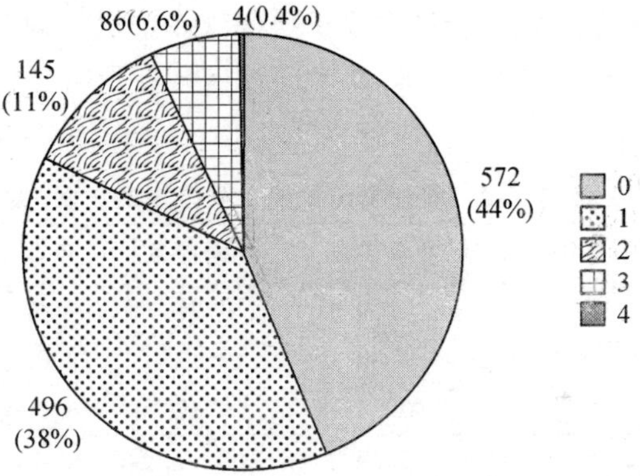

图 2.2.1　上级主管部门管理贷款规模各类措施的数目（比重）

尽管存贷比和贷款规模是两种控制贷款规模的主要措施，但是具体就每一类控制贷款规模的措施而言，不同金融机构的上级主管部门有不同的侧重。由表 2.2.1 可以看出，最重视存贷比指标的是城市商业银行和全国性股份制银行。其中，城市商业银行的上级中，选择控制县机构存贷比的金融机构达 77%，而全国性股份制银行管理县支行存贷比的比例也达 51%。四大国有银行对于贷款规模的控制措施也存在较大差异。其中，农行对贷款规模最为重视，有 51% 的农行县支行受到贷款规模方面的管理。工行、中行、建行县支行面临贷款规模管理的比重分别是 30%、26% 和 21%。城市商业银行、全国性股份制商业银行、农信社面临贷款规模管理的比重最低，都为 19%。除了存贷比、贷款规模外，尽管上级也可以选用要求贷款以新增存款一定比例的方式增长、要求下属只存不贷等方法管理贷款规模，但数据显示这些措施并不经常使用。

表 2.2.1 上级主管部门管理贷款规模各类措施的比例:按金融机构类型分类

金融机构类型	存贷比	贷款规模	新增存款	只存不贷
农行	0.27	0.51	0.18	0.01
工行	0.15	0.30	0.08	0
建行	0.12	0.21	0.13	0.02
中行	0.33	0.26	0.19	0
城商行	0.77	0.19	0.11	0.02
其他商行	0.51	0.19	0.11	0.07
农信社	0.86	0.19	0.30	0

在贷款规模的控制措施方面也存在着地区差异。如表 2.2.2 所示,东部地区在存贷比、贷款规模和贷款按新增存款一定比例的方式增长等措施的采取方面要比西部和中部频繁,而中部地区则在所有地区中采用贷款管理措施最少。

表 2.2.2 上级主管部门管理贷款规模各类措施的比例:按地区分类

地区	存贷比	贷款规模	新增存款	只存不贷	总计
东部	0.48	0.30	0.21	0	0.97
中部	0.28	0.30	0.12	0.02	0.67
西部	0.32	0.28	0.17	0.01	0.72
总计	0.37	0.29	0.17	0.01	0.80

由于 21 世纪初的几年国有银行和农信社都有不少改革措施出台,因此这些措施是否对基层金融机构的贷款管理措施产生影响就值得关注。表 2.2.3 说明,在 2001—2004 年间,贷款管理措施的比例随时间没有太大的变化。有 1/3 强的金融机构采取控制存贷比的措施;有近 1/3 采取控制贷款规模的措施;而剩下的金融机构则采取其他措施,或者不采取任何措施。

表 2.2.3 上级主管部门管理贷款规模各类措施的比例:按年份分类

年份	存贷比	贷款规模	新增存款	只存不贷	总计
2001	0.37	0.31	0.17	0.01	0.81
2002	0.36	0.30	0.16	0.01	0.79
2003	0.37	0.29	0.17	0.01	0.80
2004	0.38	0.29	0.18	0.01	0.82
总计	0.37	0.29	0.17	0.01	0.80

对于报告上级主管部门选用一定指标来控制贷款规模的金融机构，问卷还询问了年初规定的存贷比，以及贷款规模指标和新增贷款占新增存款的比重。表 2.2.4 描述了按照不同的金融机构类型，通过存贷比、贷款规模指标和新增贷款占新增存款比例指标体现的对贷款规模的管理状况。以存贷比指标看，国有银行和股份制银行上级规定的存贷比均值分别为 66.40% 和 65.22%，中值为 70%，都低于央行规定的 75% 的上限；农信社允许的存贷比要高些，其均值为 75.23%，中值为 75%。国有银行中采用直接控制贷款规模的金融机构数目最多（14.04%），而股份制银行则几乎不采用这一措施。采用新增贷款占新增存款比例指标的金融机构中，国有银行和股份制银行的份额都不低于 60%，而信用社的比例要求则要高出近 10 个百分点。这些指标要求的不同，也反映了农信社和其他金融机构在治理机构等方面的不同。

表 2.2.4　贷款规模指标具体描述：按金融机构类型（%）

金融机构名称	存贷比			贷款规模指标		新增贷款占新增存款比例	
	N	均值	中值	*N*	均值	*N*	均值
国有银行	130	66.40	70	122	14.04	138	62.58
股份制银行	55	65.22	70	1	3.49	10	60.00
农信社	213	75.23	75	21	0.46	71	71.34
总计	398	70.96	75	144	11.99	219	66.23

在地域差距方面，表 2.2.5 说明，对于存贷比的要求，东部地区上级主管部门比其他两个地区给予了下级更宽松的指标。但是在贷款规模以及新增存款占新增贷款比例方面，东部地区的要求略高于西部地区。地区之间的对比大致能够说明，东部地区对于金融机构的绩效更为看重，因此一

表 2.2.5　贷款规模指标具体描述：按地区（%）

地区	存贷比			贷款规模		新增贷款占新增存款比例	
	N	均值	中值	*N*	均值	*N*	均值
东部	185	72.37	75.0	70	17.38	108	68.79
中部	88	69.43	72.5	40	9.50	42	56.67
西部	125	69.96	75.0	34	3.83	69	67.87
总计	398	70.96	75.0	144	11.99	219	66.23

方面对于存贷比的限制比较低，确保下级可以有机会贷款给真正优质的客户；另一方面为防范高存贷比可能引发的更高流动性风险，对于贷款的规模等的控制也更为严格。

从时间角度，我们看到存贷比的均值在2001—2004年间有缓慢的上升，但是中值并没有发生改变，都为75%。这表明，存贷比上升是由于存贷比本来已经较高的一些金融机构给予县级分支机构更高的存贷比，从而拉高了存贷比的均值。管理新增贷款占新增存款比例的机构数随时间也有缓慢的上升(表2.2.6)。

表2.2.6　贷款规模指标具体描述：按年份(%)

年份	存贷比			贷款规模		新增贷款占新增存款比例	
	N	均值	中值	*N*	均值	*N*	均值
2001	97	70.73	75	38	14.87	53	65.75
2002	95	70.72	75	36	11.99	52	65.51
2003	100	70.80	75	34	9.61	56	66.51
2004	106	71.55	75	36	11.21	58	67.05
总计	398	70.96	75	144	11.99	219	66.23

(二) 贷款审批权

另外，给予分支机构贷款审批权的多寡也是上级主管部门控制下级的重要措施。对于贷款审批权究竟应该上收还是下放，不同金融机构的决策还是有所不同。比如，2004年7月，中国人民银行行长周晓川在“中国金融国际年会”上表示，不能因为银行不良资产稍有减少，就放松对于贷款审批权的限制。2005年起，农发行也开始上收县级金融机构的贷款审批权；同年9月，中行将所有对公业务的贷款审批权全部上收到总行，即总行对分行拥有贷款审批权的人员进行垂直管理，包括资格认定、任命和管理，使其只对总行负责。和国有金融机构上收贷款审批权相比，一些民营银行选择将贷款审批权下放。比如以小企业作为主要客户的浙商银行选择将贷款审批权下放到支行。支行贷款审批权的多寡对于地方经济的活力以及金融机构抗击风险意义重大，我们考察了2001—2004年间样本金融机构的贷款审批权安排。

表2.2.7描述了金融机构当年发放的贷款中，需要上级主管部门批准的贷款占全部贷款的比重的均值和中值。在四大国有银行中，建行和中行

县级分支机构的贷款需要上级主管部门批准的均值超过 80%，中值更在 90% 以上。平均而言，工行支行需要上级主管部门批准的贷款达 72%，中值却是 95%。中值和均值间的较大差异说明，工行系统内主管部门对于贷款审批权的安排比其他国有金融机构要大。农行支行贷款中上级审批贷款平均占 46%，中值为 50%，因此农行支行在四大国有银行支行中拥有最大的贷款审批权。城市商业银行的上级主管部门平均审批其分支机构约 2/3 的贷款。全国性股份制银行在这一时期对于分支机构的贷款审批权控制得很严，这些金融机构县级支行的贷款中，平均有 94% 的贷款需要上级批准；由于中值是 100%，也就是说至少有一半以上的县级支行完全没有贷款审批权。农信社和所有银行的贷款审批安排不同。由于农信社直接对银监会负责，而不需要对其他更高层级的主管部门负责，因此其作为县域经济的重要金融机构，几乎拥有全部的贷款审批权。

表 2.2.7　上级主管部门的贷款审批权比重和贷款审批天数

金融机构名称	上级的贷款审批权(%)		上级的贷款审批时间	
	比重均值	比重中值	天数均值	天数中值
农行	46.66	50.00	21.71	15
工行	71.97	95.00	13.61	7
建行	80.59	90.55	20.52	15
中行	80.09	94.00	19.14	15
城商行	68.30	70.90	7.73	7
其他商行	93.87	100.00	17.61	10
农信社	5.67	2.00	18.54	15

除了描述本机构拥有的贷款审批权比重外，表 2.2.7 还让我们可以了解到上级主管部门审批贷款时，一般需要经过多长时间。如果我们按照平均审批贷款的速度将金融机构排名，那么四大国有银行的支行由慢到快分别是农行、建行、中行和工行。城市商业银行的平均审批时间最短，约为 8 天；股份制商业银行其次，之后是农信社。从贷款审批时间看，城市商业银行和全国性股份制银行要比国有银行更为灵活迅速。

从地区的角度看，表 2.2.8 表明，中部地区贷款审批权上收得最厉害，而上级审批贷款需要的时间也越长，平均而言达 22.52 天，比东部地区几乎多出 10 天。从时间的角度看，贷款审批权在 2001—2004 年间存在缓慢的上收，而贷款审批时间也有逐渐缩短的趋势。

表 2.2.8　上级主管部门的贷款审批权比重和贷款审批天数:地区和年份

地区	上级的贷款审批权(%)		上级的贷款审批时间	
	比重均值	比重中值	天数均值	天数中值
东部	55.95	70	12.73	10
中部	58.96	80	22.52	15
西部	54.80	60	22.85	15
2001	55.19	70	18.88	15
2002	56.73	70	18.57	15
2003	56.79	70	18.24	15
2004	57.06	70	17.94	15

(三) 其他举措

上级机构的贷款规模管理措施的效果,可以透过分支机构的态度做出一定的推断。样本中的金融机构都被询问,如果允许本机构自主发放贷款,那么你认为可以安全发放的贷款规模是现有贷款规模的多少。金融机构对于这一问题的答案并没有范围上的限制。如果金融机构认为可以安全发放的贷款规模是现有贷款规模的100%以内,那么说明现有有关贷款规模的管理并没有真正限制金融机构的贷款行为。调查显示,共有286家金融机构回答了这一问题,其中认为可以安全发放的贷款规模是现有贷款规模的100%以内的有199家,占70%。也就是说,有70%的分支机构认为现有的贷款规模比安全的贷款规模要大。更进一步说,分支机构对于现有贷款中的一部分能否收回实际上缺乏信心。

此外,认为自己发放贷款还不够理想规模的分支机构占所有分支机构数的30%。这些感觉自己受到限制的机构并没有特别集中于某一类或者某几类金融机构,却维持着国有银行占73%、股份制银行约占10%、剩下为农信社的态势。我们还看到,感觉自己受到限制的金融机构呈现的一个共同现象是上级主管部门往往拥有更多的贷款审批权。如果我们将该比例对贷款审批权做回归,会看到上级主管部门拥有的贷款审批权每增加1个百分点,金融机构认为可以安全发放的贷款是现有贷款的倍数就要增加0.33个百分点。这一现象可以从两个角度解释:一是因为分支机构在贷款方面的激进态度(相信理想规模要远大于现有规模)导致上级主管部门的不安,为控制风险,上级主管部门上收了贷款审批权;二是因为上级主管部门上收了贷款审批权,分支机构失去了资金配置方面的自主权,因此觉得现有贷款规模远未达到理想状态。哪一个角度能够更贴近现实需要更多的研究，而这类研究在现有文献中还相当缺乏。

三、本机构的经营目标

从上面两节我们看到，上级主管部门考核支行工作效果时主要考察其利润、存款规模和不良贷款；在管理贷款规模时，主要是通过存贷比、直接控制贷款规模和下达新增贷款占新增存款多大比例，以及控制下级拥有的贷款审批权等措施实现的。上级的考核指标和具体措施将和支行的经营目标相结合，影响其治理结构和激励机制。尽管盈利往往是发达国家银行的唯一目标，但在我国，金融机构除了追逐利润之外，往往还会承担其他社会功能，比如服务三农、支持国有企业发展等。金融机构所需要承担的这些其他社会功能，究竟在多大程度上影响了金融机构追求利润的最大化，是本节侧重描述的问题。

（一）主要经营目标：1999 年和 2004 年

1. 经营目标的个数

为了解金融改革对于县级支行的经营目标是否会产生显著的影响，问卷调查了县级金融机构在 1999 年和 2004 年时经营的主要目标。每一家县级金融机构从下面几个目标中选择自己的主要经营目标：(1) 盈利；(2) 为三农服务；(3) 支持国有(集体)企业发展[①]；(4) 支持私营企业发展；(5) 为政府政策服务；(6) 为储户提供安全的利息收入；(7) 其他。尽管问卷询问的是主要经营目标，县支行(农信社)仍然可以进行多项选择。图 2.3.1 和图 2.3.2 比较了 1999 年和 2004 年县支行认定的主要经营目标的个数。其中，"1"代表金融机构仅从上述七项备选目标中选出了一项，"2"代表两项，以此类推。

在 370 家县级金融机构中共有 346 家选择了回答这一问题，其中选择一项经营目标的为 282 家，占 81%；经营目标在三项以内的为 329 家，占 95%(图 2.3.1)；2004 年回答该问题的金融机构为 356 家，其中选择一项经营目标的为 291 家，经营目标在三项以内的为 339 家，也占约 95%。对

① "支持乡镇企业发展"原来是作为一项经营目标被列出来的，但是由于只有两家金融机构的选择中涉及该项，因此我们将其并入国有企业发展中。

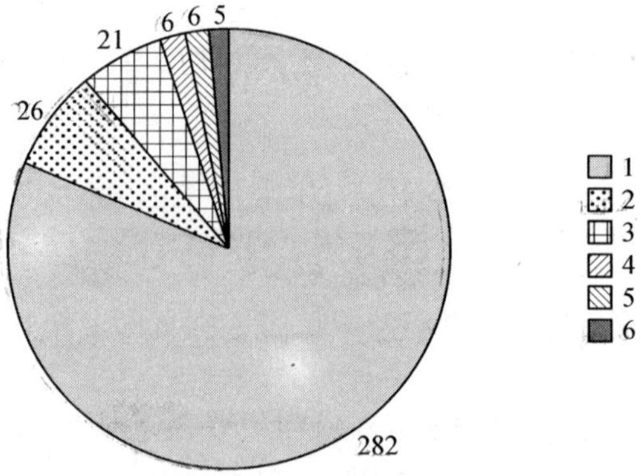

图 2.3.1　1999 年县支行主要经营目标的个数

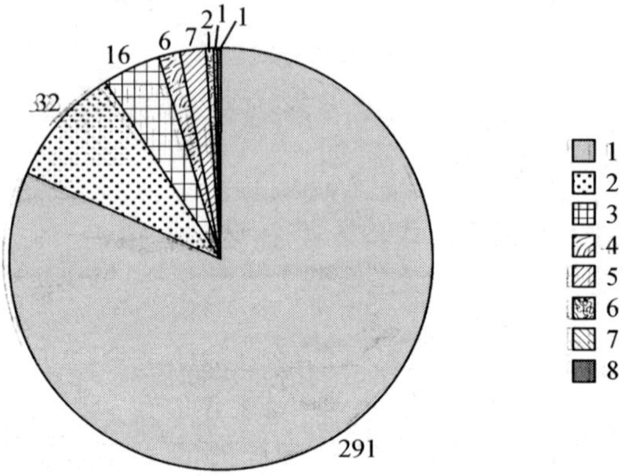

图 2.3.2　2004 年县支行主要经营目标的个数

比这两张图我们看到，大多数县级支行在 1999—2004 年间认定自己的经营目标是比较单一的。

2. 首选经营目标

我们进一步考察金融机构的首选经营目标在 1999 年和 2004 年是否发生明显的改变。图 2.3.3 和图 2.3.4 分别比较了这两年金融机构的选择。在 1999 年，有 208 家县级金融机构认为自己的主要经营目标为盈利，占回答问题机构数的 60%，占总机构数的 56%；服务三农是第二大经营目标，有 53 家县支行致力于此，占总金融机构数的 15%。这 53 家金融机构的主体是农行和农信社，其中农行支行 12 家，农信社 40 家，中行支行 1 家。只有 1 家中行认为其主要目标是服务三农。另外，有 40 家金融机构认为自己的服务目标是支持国企发展，占 11%。这 40 家金融机构中，有

36 家属于四大国有银行，反映了上世纪 90 年代末，不少国有银行仍以支持国企作为其主要经营目标。选择支持私企发展为其主要经营目标的有 16 家，占不到 5%。

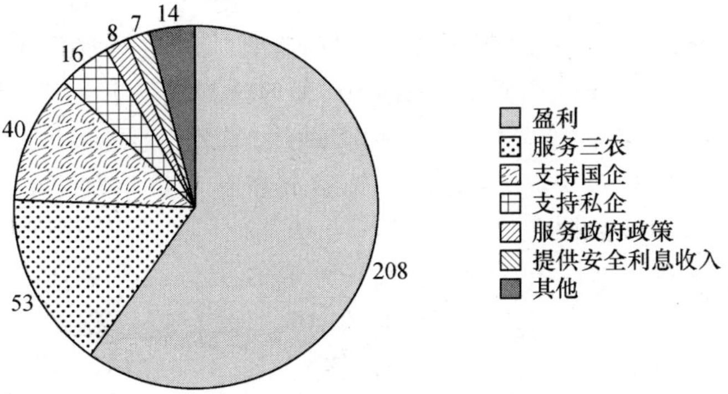

图 2.3.3 1999 年县级金融机构的主要经营目标

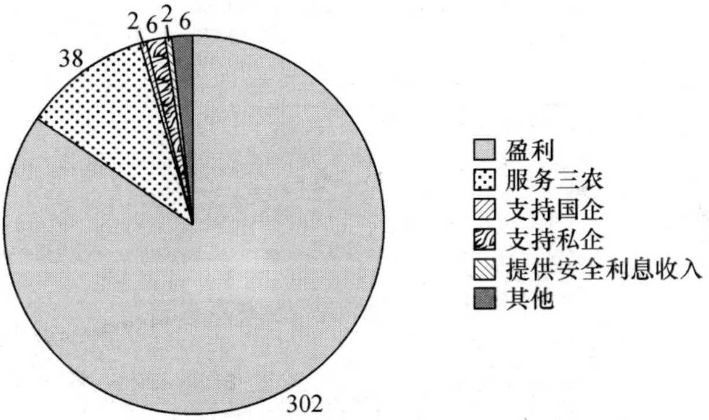

图 2.3.4 2004 年县级金融机构的主要经营目标

到 2004 年，金融机构的主要经营目标的格局较 1999 年时发生了不少变化。首选盈利的有 302 家，占回答问题机构数的 85%，占总机构数的 82%；选择服务三农的有 38 家，约占 11%；而选择服务国企和服务私企发展为其首要经营目标的金融机构同时缩减，其中选择服务国企的降到 2 家，而选择服务私企的为 6 家。在 1999 年，尚有 8 家金融机构选择其首要经营目标是服务政府政策，到 2004 年，服务政府政策已不再是金融机构的首选经营目标了。

3. 金融机构经营目标的变化

我们进一步比较不同金融机构在不同年份经营目标的变化。表 2.3.1

描述了1999年和2004年这七类金融机构选择每一项经营目标的机构数占本类金融机构数的比例。可以看到,金融机构的经营目标在这六年间有较大的变化,存在从1999年的多重目标变为以盈利为主要目标的趋势。比如,农行支行1999年时的首要经营目标呈现多样化的特点:有59.46%选择盈利,16.22%选择服务三农,8.11%选择服务政府政策,6.76%选择支持国企,另外6.76%选择支持私企,1.35%选择提供安全利息收入,还有1.35%选择其他目标等。到了2004年,绝大多数农行支行的首要经营目标为盈利(91.78%),其余支行的目标也分散在支持私营企业(4.11%)、支持国企(1.37%)、服务三农(1.37%)和其他(1.37%)等方面。三家国有银行,即工行、建行、中行的经营目标也存在类似的改变:1999年时以盈利为首要目标的支行份额分别是工行70.97%、建行74.19%、中行57.14%;2004年时盈利成为绝大多数国有银行支行的首选经营目标(工行96.77%、建行95.16%、中行94.55%)。

表2.3.1 不同金融机构的经营目标:1999—2004(%)

	农行	工行	建行	中行	城商行	其他商行	农信社	总计
1999年目标								
盈利	59.46	70.97	74.19	57.14	57.14	85.71	36.62	60.12
服务三农	16.22	0.00	0.00	1.79	0.00	0.00	56.34	15.32
支持国企	6.76	20.97	11.29	19.64	28.57	7.14	1.41	11.56
支持私企	6.76	1.61	3.23	7.14	14.29	7.14	2.82	4.62
服务政府政策	8.11	0.00	1.61	1.79	0.00	0.00	0.00	2.31
提供安全利息收入	1.35	1.35	2.70	4.05	0.00	0.00	0.00	9.46
其他	1.35	4.84	6.45	7.14	0.00	0.00	2.82	4.05
2004年目标								
盈利	91.78	96.77	95.16	94.55	88.24	100.00	46.48	84.83
服务三农	1.37	0.00	0.00	0.00	0.00	0.00	52.11	10.67
支持国企	1.37	1.61	0.00	0.00	0.00	0.00	0.00	0.56
支持私企	4.11	1.61	0.00	0.00	11.76	0.00	0.00	1.69
服务政府政策	0.00	0.00	0.00	0.00	0.00	0.00	0.00	0.00
提供安全利息收入	0.00	0.00	1.61	1.82	0.00	0.00	0.00	0.56
其他	1.37	0.00	3.23	3.64	0.00	0.00	1.41	1.69

相比于国有银行,城市商业银行的目标要单一一些:1999年时它们的经营目标集中在盈利(57.14%)、支持国企(28.57%)、支持私企(14.29%)三方面,到2004年时则更集中在盈利(88.24%)和支持私企

(11.76%)两方面。全国性股份制银行的选择则更为明晰:1999 年 85.71% 的支行选择以盈利为首要目标,剩下的份额在支持国企和支持私企之间平分;2004 年则清一色首选盈利。

农信社是这七类金融机构中经营目标变化最少的机构。服务三农似乎一直是其首要目标。在 1999 年,有 56.34% 的农信社首选服务三农,到 2004 年,这一选择仍是 52.11% 的农信社的首选;而首选盈利的农信社也由 1999 年的 36.62% 上升至 46.48%。不同金融机构在 1999—2004 年间经营目标的改变,一方面表明市场机制的引入使得金融机构更加重视资金使用的效率,但是另外一方面,一个值得关注的现象是农信社几乎成为服务三农的唯一金融机构。如何使得金融机构能够在盈利这一首要目标下仍然关注农村金融市场,就成为农村金融改革中亟待解决的问题。

经营目标的变化也存在地域特征。根据表 2.3.2,东中西三地区的共同特征是以盈利为首选目标的机构大幅上升,其中东部地区由 1999 年的 62.31% 上升到 86.86%,中部地区由 57.28% 上升到 82.52%,而西部地区则由 60.18% 上升到 84.48%。它们的不同特色在于,随着时间的推移,东部地区的经营目标更加单一,而中部地区相对还有将支持国企设为主要经营目标的机构。尽管如此,支持国企以及服务政府政策逐渐淡出金融机构经营目标的特点在地域层面再次得到体现。

表 2.3.2 不同地区金融机构的经营目标:1999—2004

	1999			2004		
	东部	中部	西部	东部	中部	西部
盈利	62.31	57.28	60.18	86.86	82.52	84.48
服务三农	11.54	19.42	15.93	7.30	12.62	12.93
支持国企	9.23	14.56	11.50	0.00	1.94	0.00
支持私企	9.23	0.00	3.54	2.92	0.97	0.86
服务政府政策	1.54	2.91	2.65	0.00	0.00	0.00
提供安全利息收入	4.05	4.05	1.35	0.00	0.97	0.86
其他	3.85	2.91	5.31	2.92	0.97	0.86

具体从省份的角度看,沿海地区省份浙江、江苏、福建、山东以盈利为首要目标,西部地区的四川和重庆两地的金融机构对于盈利的重视水平和沿海地区相当。由于中小企业贷款难问题一直受到社会的关注,这里我们也看到,将支持私企作为经营主要目标的省份也是私企本身比较发达的省

份，如浙江。当然，随着时间的推移，支持私企发展的目标逐渐被盈利目标代替，但是这也反映了金融机构在获得盈利的总目标下慎重考虑自己的客户群。在西部省份中，宁夏地区支行经营目标的改变最为突出。在1999年，首选盈利和首选支持国企的金融机构数一样多，但到了2004年，90.91%的宁夏支行的主营目标为盈利，并且没有任何金融机构选择支持国企作为自己主要的经营目标了。

表2.3.3 不同省份金融机构的经营目标：1999—2004

	盈利	服务三农	支持国企	支持私企	服务政府政策	提供安全利息收入	其他
				1999年目标			
浙江	52.38	9.52	7.14	21.43	2.38	2.70	2.38
江苏	62.96	14.81	11.11	3.70	3.70	0.00	3.70
福建	68.75	12.50	3.13	6.25	0.00	1.35	6.25
山东	68.97	10.34	17.24	0.00	0.00	0.00	3.45
湖北	56.82	15.91	18.18	0.00	2.27	1.35	4.55
吉林	56.67	20.00	13.33	0.00	3.33	1.35	3.33
江西	58.62	24.14	10.34	0.00	3.45	1.35	0.00
四川	72.73	13.64	0.00	9.09	4.55	0.00	0.00
重庆	55.56	8.33	16.67	2.78	2.78	0.00	13.89
贵州	57.89	36.84	5.26	0.00	0.00	0.00	0.00
陕西	68.00	16.00	8.00	4.00	4.00	0.00	0.00
宁夏	36.36	9.09	36.36	0.00	0.00	1.35	9.09
				2004年目标			
浙江	82.22	8.89	0.00	6.67	0.00	0.00	2.22
江苏	85.19	7.41	0.00	3.70	0.00	0.00	3.70
福建	85.71	8.57	0.00	0.00	0.00	0.00	5.71
山东	96.67	3.33	0.00	0.00	0.00	0.00	0.00
湖北	84.09	6.82	2.27	2.27	0.00	2.27	2.27
吉林	83.33	13.33	3.33	0.00	0.00	0.00	0.00
江西	79.31	20.69	0.00	0.00	0.00	0.00	0.00
四川	86.96	13.04	0.00	0.00	0.00	0.00	0.00
重庆	86.84	10.53	0.00	0.00	0.00	0.00	2.63
贵州	78.95	21.05	0.00	0.00	0.00	0.00	0.00
陕西	80.00	12.00	0.00	4.00	0.00	4.00	0.00
宁夏	90.91	9.09	0.00	0.00	0.00	0.00	0.00

（二）金融机构认定的主要工作

随着经营目标的改变，金融机构认定的自己的主要工作也开始发生改变。问卷让金融机构从以下四项中选择自己在 1999 年和 2004 年时的主要工作：(1) 发放贷款；(2) 吸收存款；(3) 为客户提供金融服务；(4) 其他。图 2.3.5 和图 2.3.6 分别刻画了金融机构在 1999 年和 2004 年时选择的主要工作。我们看到，变化最大的是提供金融服务。在 1999 年，共 91 家金融机构选择该项为自己的首要工作任务，而到 2004 年，已经有 179 家金融机构做出这一选择。在 1999 年时，发放贷款、吸收存款和提供金融服务所占比重相当，但到了 2004 年，以发放贷款为首要任务的金融机构略有减少，而以吸收存款为主要工作的支行从 123 家下降到了 65 家。

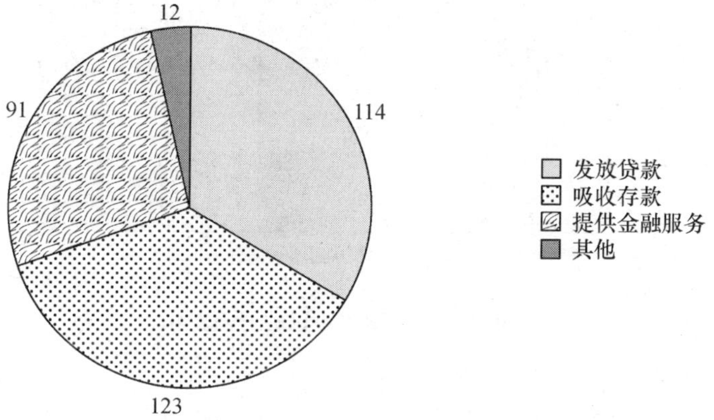

图 2.3.5　金融机构 1999 年时的主要工作

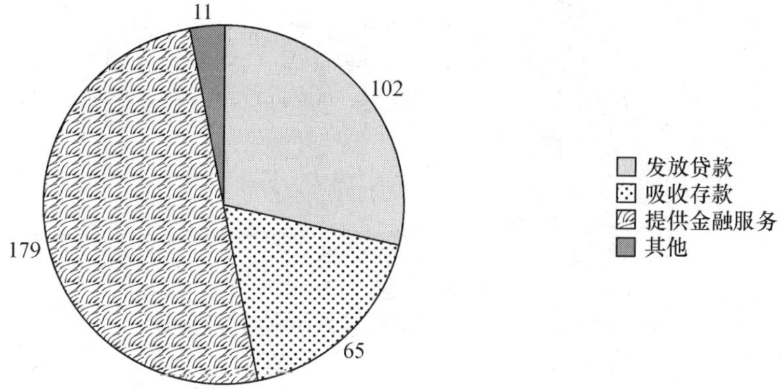

图 2.3.6　金融机构 2004 年时的主要工作

既然在这五年间，提供金融服务受到了更多的重视，我们按照金融机构类型进一步对比这五年间主要工作的变化。图 2.3.7 和图 2.3.8 分别刻画了国有银行、股份制银行和农信社对于发放贷款和提供金融服务的态度。[①] 从图中可以看到，在 1999—2004 年间，这三类机构中以发放贷款为主要业务的金融机构都在减少，而以提供金融服务为主业的金融机构逐步上升。对金融服务重视度的增加在国有银行的分支机构和农信社中都很显著。在一定程度上，这些改变可以视为金融机构定位的改变，即逐渐从高高在上主导资金流动的角度，向面对客户需求、注重提供服务角度转变。

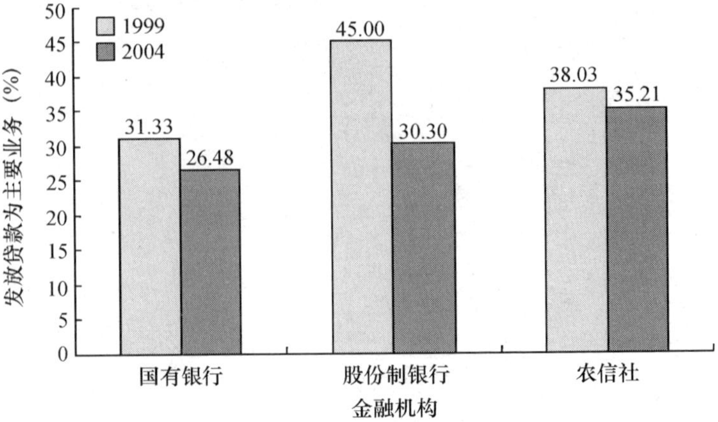

图 2.3.7　发放贷款比重的时间变化

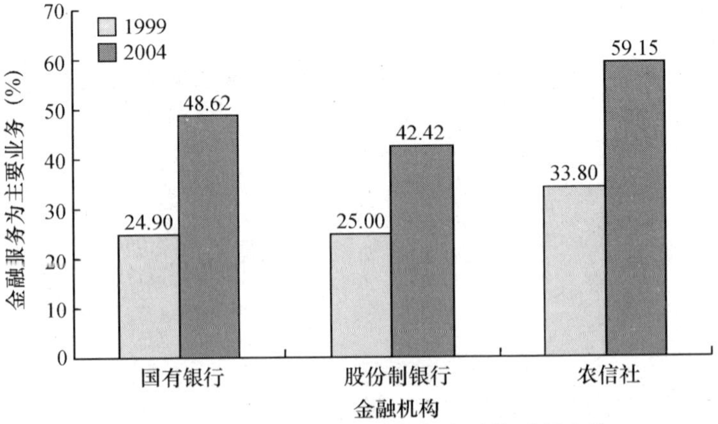

图 2.3.8　为客户提供金融服务比重的时间变化

① 由于选择“其他”的为极少数，可以忽略不计，吸收存款的比重变化可以由发放贷款和提供金融服务的比例中推断出来，因此这里不再赘述。

从上面对主要经营目标和主要工作的分析我们可以看到，金融机构的经营目标在这一时期变得更为单一，追逐利润成为主要经营目标已经成为大势所趋；与此同时，金融机构总体上都更加重视为客户提供金融服务。对这一变化趋势有明确的认知对于理解金融机构的治理结构和激励机制非常重要。在现有文献中，有不少学者提出理解中国金融机构行为必须考虑到金融机构的经营目标不仅仅是追逐利润。Albert and Serht (1997)更提出了一个理解中国银行行为的框架，其中银行的目标函数为追逐利润和服务政府之间的加权平均。如果这一分析框架对于理解上世纪90年代末的中国金融机构是合适的，那么在我们的数据中，服务国企、服务政府政策到2004年时已经基本淡出经营目标，因此，研究本世纪银行行为时，可以采用利润最大化为主要经营目标的模型。

四、对信贷人员的奖励机制

在了解了分支机构的经营目标之后，我们研究分支机构如何激励自己的员工来实现其经营目标。这主要通过以下两个角度：其一，了解分支机构对于信贷员的激励机制；其二，了解分支机构的职工工资与奖金的构成。

（一）职工结构：信贷员占比

在考虑对于信贷员的激励机制之前，我们需要先了解分支机构的职工构成。因为信贷员在总职工中所占的比重可能影响他们在机构中的影响力，进一步影响有关激励的安排。在表2.4.1中我们对比了国有银行、股份制银行和农信社中，信贷员占正式总职工数目的比重，以及正式职工数和信贷员人数的均值。在整个样本中，支行平均职工总数为161人，信贷员的平均数为26人，信贷员占职工总数的比重平均为14.51%。在人员构成中，不同类型的金融机构有完全不同的特色。股份制银行呈现出“小”而重视信贷员的特点。股份制银行职工总数的平均规模最小，为33人，而信贷员的比重达17.22%。国有银行的分支机构的职工平均人数在百人以上，其中信贷员的比重相对较小，为11.56%。农信社人员众多，平均职工总数超过300人，信贷员人数也多，占职工总数的比重达24.01%。

表 2.4.1 不同类型金融机构中信贷员占职工总数的比重

金融机构类型	信贷员比重(%)	职工总数均值	信贷员数均值
国有银行	11.56	122	14
股份制银行	17.22	33	5
农信社	24.01	345	77
总计	14.51	161	26

另外,调查数据也显示,信贷员占所有职工的比重存在上升的时间趋势:2000 年信贷员占职工总数的比重为 13%,到 2004 年则上升为 15.6%。这一上升主要是由于职工总数减少而信贷员数目大致持平所致。具体而言,按年份观察金融机构职工总数的均值(表 2.4.2)可知,在 2000—2004 年这五年间,除农信社之外,所有金融机构的职工总数均成精简态势,其中建行职工总数的年平均下降率达 24.42%,其次是工行(22.25%)和全国性股份制银行(20.51%)。农信社在这些年间人数有所上升,但是从 2003 年农信社改革启动的年份起,人数也开始呈现下降的态势。因此,总体而言,金融机构的激励机制是在人员需要精简的大趋势下执行的。

表 2.4.2 不同金融机构的职工总数

金融机构名称	2000	2001	2002	2003	2004	平均增长率(%)
农行	218.66	207.71	198.99	188.51	188.68	-13.71
工行	145.55	135.40	127.48	120.71	113.16	-22.25
建行	92.51	90.03	87.98	78.00	69.92	-24.42
中行	69.80	67.51	65.91	69.98	69.58	-0.32
城商行	29.00	31.86	29.75	29.08	25.06	-13.59
其他商行	47.67	49.92	44.69	39.53	37.89	-20.51
农信社	342.04	349.47	356.37	355.9	352.57	3.08

(二) 信贷员考核奖励机制

对信贷人员常用的考核奖励机制包括贷款第一责任人制度、信贷员终身责任制,以及将不良贷款与不良资产比率挂钩的制度等。所谓贷款第一责任人制度,即按贷款的调查岗、审查岗、审批岗分别确定各岗位的贷款责任人,并按不同的审批权限划分不同的责任单位,由其中的有关责任人分别按贷款本金的一定比例承担造成不良贷款应付的经济责任金。其中负主要责任并支付主要责任金的人员称为贷款第一责任人(何学斌,1998)。

表 2.4.3 列出了每一类金融机构中使用某一项制度的金融机构的比例,以及所有措施的平均使用个数。比如,在农行系统内,92% 的分支机构采用了第一贷款责任人制,88% 采用了贷款终身责任制,将薪酬与不良贷款挂钩的占 60% ,平均而言,每一个农行分支机构均采用了上述三项措施中的至少两项,并且没有农行分支机构一项考核制度都没有采取。我们看到,采取贷款第一责任人制的比例较高,平均而言,93% 的分支机构都采取了这一措施;采取贷款终身责任制的金融机构比例为 79% ,而将薪酬与不良贷款挂钩的机构超过了 60% 。

表 2.4.3 不同金融机构的信贷员考核制度实施

金融机构名称	第一责任人制	贷款终身责任制	薪酬与 NPL 挂钩	所有措施
农行	0.92	0.88	0.60	2.39
工行	0.87	0.73	0.65	2.22
建行	0.93	0.64	0.60	2.16
中行	0.95	0.81	0.50	2.28
城商行	1.00	0.81	0.93	2.71
其他商行	1.00	0.80	0.56	2.33
农信社	0.94	0.85	0.67	2.45
总计	0.93	0.79	0.62	2.33

值得注意的是城市商业银行,它们对于这三项措施的使用较其他金融机构更为广泛。所有的城市商业银行县级支行都采用了贷款第一责任人制,采用贷款终身责任制的达 81% ,有 93% 的机构采取了将薪酬与不良贷款挂钩的措施,因此总体上,平均每家城市商业银行采用了 2.71 个考核标准。在下篇我们会具体分析这些措施对于金融机构的绩效有何影响。

无论是否明确贷款责任人、是否实施贷款终身制以及是否将薪酬与不良贷款挂钩,最终和每个信贷员息息相关的是能够到手的实际收入。首先可以比较的是 2000—2004 年间,信贷员平均收入与全体职工收入变化的平均态势。图 2.4.1 显示,这段时期全体职工平均名义年收入由 14 559 元上升至 18 160 元,而信贷员的平均名义年收入则由 14 822 元上升至 18 840 元。因此,信贷员的收入水平和平均收入水平非常接近,但是信贷员的收入上升的幅度略大。

但是,由于治理结构、激励机制以及效率的不同,不同的金融机构在信贷员和全体职工收入的增长方面也存在差异。我们在图 2.4.2 中比较了

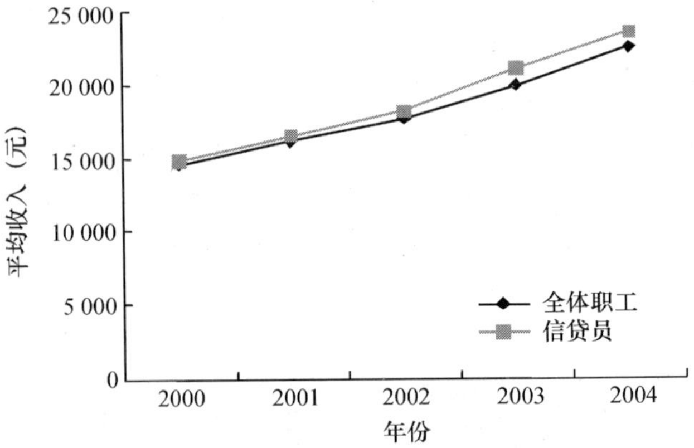

图 2.4.1　全体职工和信贷员平均年收入

不同分支机构的全体职工和信贷员收入的五年间名义收入的平均值。将分支机构按照全体职工收入从低到高排，我们看到工行全体职工在这段时期平均收入最低，其次是农信社、中行、农行和建行。全国性商业银行以及城市商业银行全体职工的平均收入最高，名义年收入人均都超过了 20 000 元。这一段时期，在一个银行系统内，信贷员的平均收入都维持了至少高于全体职工年收入的水平（农信社除外）。另外，由于不同机构对于信贷员工资和全体职工工资的安排不同，如果将信贷员收入按照从低往高排，则排序为农信社、工行、农行、中行、建行、其他商业银行和城市商业银行。

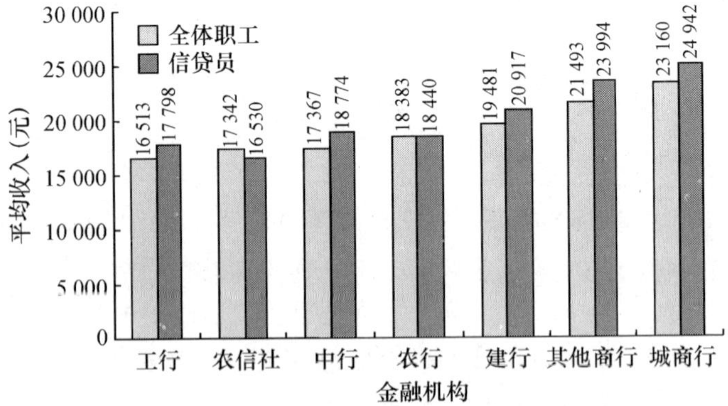

图 2.4.2　全体职工和信贷员名义收入平均值

不同分支机构间全体职工和信贷员的收入除了在绝对值上不同值得关注之外，每家机构收入的增长率也是每个职工关注的问题，因为过去的收入平均增长率是对于未来收入形成预期的适当基础，如果机构中的职工感觉自己收入增长的前景不大，或者比同地区同类机构中的职工低，就易于士气低落而影响工作效率。图 2.4.3 按照全体职工收入平均增长率从低到高的顺序排列了各类金融机构的收入增长率。工行全体职工平均工资的增长率和信贷员工资收入的增长率都是最低的，其次是城市商业银行，全体职工工资增长率为 7.63%，但是其信贷员工资平均增长率达 12.17%；农行和建行两者增长水平大致持平，维持了超过 10% 的年度名义增长率。全国性股份制银行不仅工资基数较高，而且全体职工和信贷员的工资增长都维持在高位。中行平均收入水平中等（图 2.4.2），但是全体职工和信贷员的工资增长速度都比较高，达 13% 左右。最后，农信社全体职工和信贷员的工资增长速度在七类金融机构中都是最快的，并且全体职工的工资增长速度比信贷员的工资增长速度还快。农信社成为唯一一家信贷员的平均工资比全体职工低，并且信贷员的工资增长速度也比全体职工低的机构。

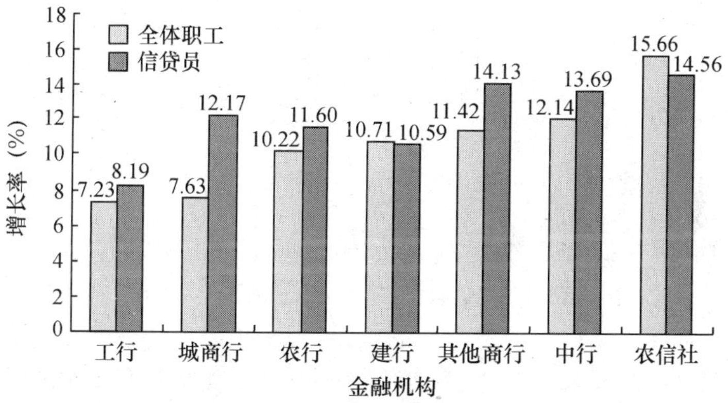

图 2.4.3　全体职工和信贷员名义收入增长率

除了看平均值的变化趋势外，进一步观察信贷员平均收入在全体职工中相对位置的年度变化也能发现新的信息。我们用信贷员平均收入除以全体职工平均收入，并定 100 为两者收入相当，就可以考察收入相对位置的变化。从图 2.4.4 中可以看到，在 2000 年，信贷员和全体职工收入间的差距不大，并且似乎可以将七家金融机构分为两类。其中，工行、建行和中行的信贷员收入为全体职工收入的 104% 左右，其他四家金融机构的信贷员平均收入在全体职工收入的 97% 至 100% 之间。到 2004 年，信贷员收入占全体员工比重的最低值为 95%，最高值达到 115%。具体就每一家金融机构而言，农信社的信贷员待遇似乎最差，其信贷员的工资一直低于平均工资,并且还呈现出信贷员工资低于全体职工平均工资情况加剧的情形。农行其次,但是到2004年时信贷员的收入水平达到和全体职工相当。其他三家国有银行中,信贷员的相对收入一直维持在高位,而股份制银行的主要特色是信贷员的相对收入增长最快。

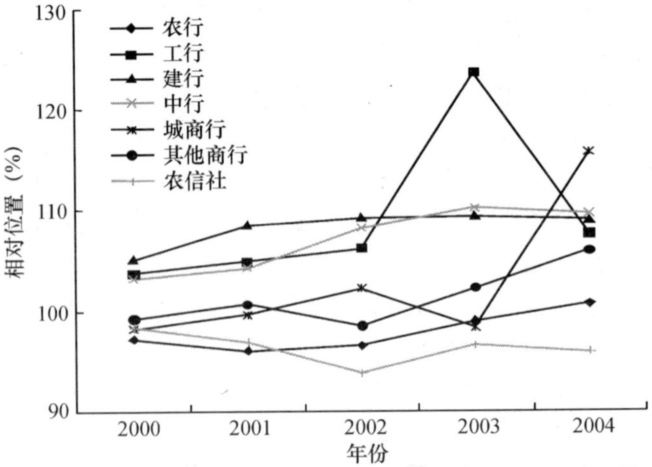

图 2.4.4　信贷员平均收入和全体职工平均收入的相对位置

(三)小结

在这一节我们看到,信贷员在全体职工中所占的比重在不同的金融机构中有所不同,他们在薪酬方面的待遇也存在较大差异。2000—2004年,农信社的信贷员收入维持着上升的趋势,但是信贷员收入在全体职工中的相对位置却存在下降的趋势;其他商业银行如全国性股份制银行的信贷员人数基本持平,但是全体员工有精简的倾向,相应地,留下来的全体职工收入的上升水平较快,而信贷员也维持了高于平均的收入水准。我们在表2.4.4中将这一关系用回归的方式做更准确的描述。由于多元回归不仅允许我们看到两个变量之间的简单相关关系,更可以考察剔除了不同角度的因素之后仍然存在的两个变量之间的相关关系,这就为我们理解信贷员收入的相对位置和信贷员在全体职工中所占的比重之间的关系提供了更丰富的视角。总体而言,样本数据显示,信贷员占全体职工的数目每增加1个百分点,信贷员的平均收入在全体职工中的收入的相对位置就会下跌0.3个百分点。我们在不同的回归中分别剔除省份差异、地区差异、机构名称差异、机构类型差异和年份差异,可以看到,不管如何剔除这些可能影响两者关系的因素,信贷员比重增加,那么他们的收入就会相对下降的情形都很稳健。

表 2.4.4 信贷员收入相对位置与信贷员比重的关系

信贷员收入相对位置	(1)	(2)	(3)	(4)	(5)	(6)
信贷员占全体职工的比例	-0.3 (4.60)**	-0.3 (4.56)**	-0.3 (4.71)**	-0.15 (2.05)*	-0.2 (2.78)**	-0.31 (4.76)**
控制省份差异		是				
控制地区差异			是			
控制机构名称				是		
控制机构类型					是	
控制年份差异						是
观察值个数	1 470	1 470	1 470	1 470	1 470	1 470

我们看到,机构在使用信贷员的策略上有两种道路。一是多雇用信贷员,但是给他们相对比较低的收入;二是少雇用信贷员,但是给他们相对比较高的收入。显然,这种对于员工的任用和激励的不同安排,会对金融机构的绩效产生深远影响。

五、基层机构的管理

前面四节我们分别描述了上级如何管理本机构,以及本机构内部的治理结构和激励机制。作为县支行,它们如何管理自己的分支机构时刻关系着农村金融的健康运转。在本节我们侧重描述当县级金融机构作为上级时如何对基层展开管理。我们主要从三个角度描述这些管理措施。首先是基层的人事任用,其次是基层贷款规模的管理,再次是贷款审批权安排,最后就是对于贷款规模的控制。

(一)基层的人事任用

在人事任用方面,县支行对于基层负责人的任命,可以从学历、工作经验、工作业绩以及年龄这几个角度来考量。我们的调查显示,县支行在这一决定方面,往往是几个角度综合考虑,但是每个角度的权重不同。平均而言,工作业绩在任命中所占权重是 40% ,其次是工作经验,占 26.18% ,学历占 17% ,年龄约占 15% 。但是,不同金融机构的侧重又有所不同。图

2.5.1 按照工作业绩权重从大到小的顺序排列了金融机构，描述了不同金融机构侧重的不同。城市商业银行和全国性股份制银行在任用基层负责人时，工作业绩的考虑权重都在44%以上。中行是四大国有银行中对业绩最为重视的一家，其权重也达44%。农信社对于工作业绩的重视程度在七类金融机构中最低。在工作业绩这一指标之外，工作经验是权重第二大的指标。股份制银行的基层负责人任命中，这两项的权重达70%。相对比较重视学历和年龄的是国有银行，在股份制银行中所占的权重则不大，反映了股份制银行相对比较灵活的任用机制。

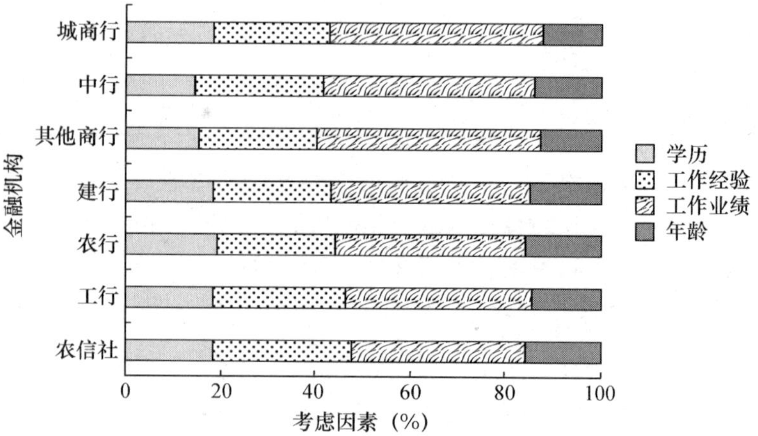

图 2.5.1　基层机构负责人任命考虑因素

(二) 基层贷款规模的管理

县支行管理基层的第二个主要方法是管理贷款总规模(图2.5.2)。我们需要了解县支行主要是按固定指标，还是按经营业绩、经济水平或者基层负责人以及工作人员的素质来管理的。按照机构类型分类进行的总结来看，国有银行这四类措施的采用比例大致都在30%至40%之间，股份制县支行在考核基层分支机构时更注重工作业绩和一些固定指标，农信社县联社管理下属机构时同时采用上述措施的比例较高，因此也很难看出农信社控制基层贷款总规模的举措中的侧重点。

在选择采用固定指标来控制贷款规模的116家县支行中，不同机构对于不同固定指标的兴趣也不同。根据图2.5.3，控制存贷比仍然是最主要的固定指标，占46%，另外有32%的机构选择直接控制总规模，还有12%的机构关注基层新增存款的比例，而回收贷款的比例并没有特别被重视，占4%。

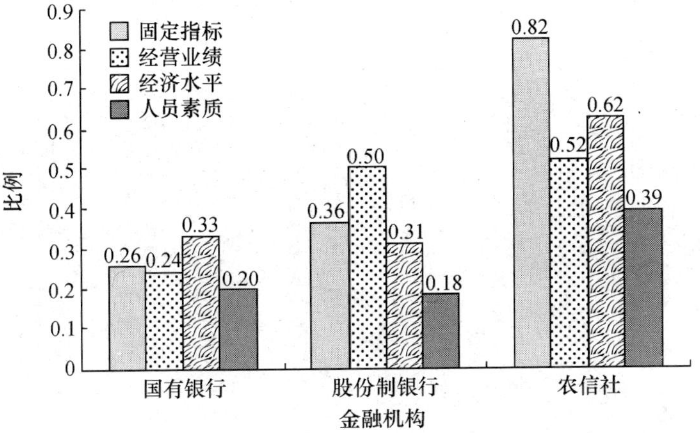

图 2.5.2　基层贷款总规模控制措施

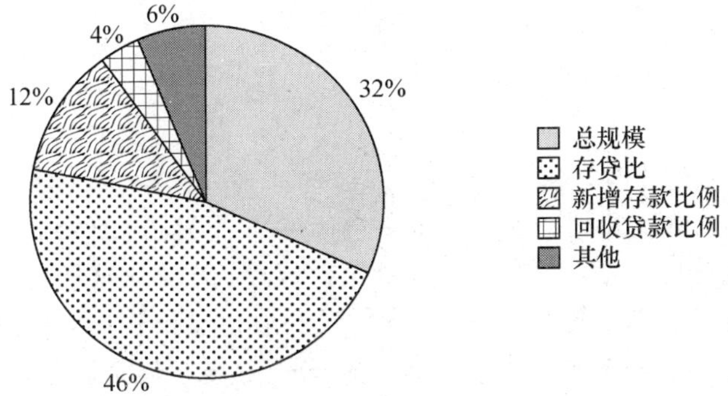

图 2.5.3　控制基层贷款总规模的固定指标

（三）基层的贷款审批权安排

关于基层贷款审批权，最简单的安排是全县一致，而其他的安排则包括按照机构的经营业绩、当地经济发展水平以及基层负责人和工作人员素质来决定其所拥有的贷款审批权。由于县内的经济发展水平差异不大，我们重点在图 2.5.4 中比较选择全县一致的金融机构的比例和选择注重经营业绩的金融机构的比例。农行支行最注重采用全县一致的标准，共有 63% 的农行支行采取这一策略；城市商业银行和全国性股份制银行对于这个指标的重视程度有所不同。全国性股份制银行选择注重全县采用同一贷款审批权的和选择按照经营业绩来决定分支审批机构的比例大致相当，分别是 44% 和 43% 。城市商业银行支行中的 60% 选用全县一致的标准，按经营业绩确定贷款审批权的占 20% 。总体而言，股份制银行在贷款审批权的安排上更重视分支机构的经营业绩，而国有银行更倾向于选择全县一致这样的安排。

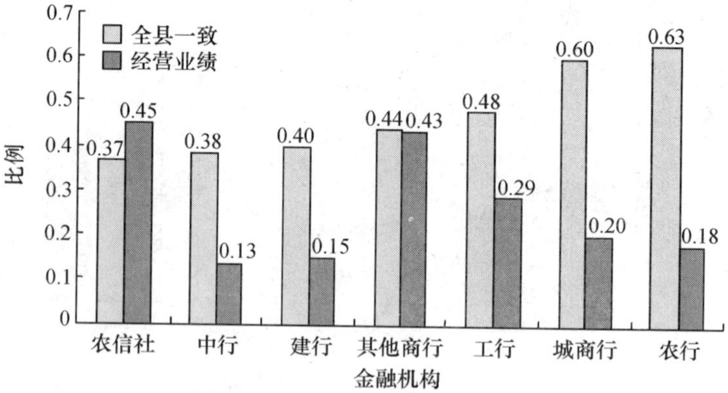

图 2.5.4　基层贷款审批权安排

六、结　　论

在本章我们探讨了县支行的治理结构和激励机制。我们看到，县支行的上级在考核县支行时，往往选择多指标并重的策略，而最重视的三个考核指标分别是利润、不良贷款占比和存款规模，而贷款规模的重要性往往还不如收息率。在监管的执行中，我们看到股份制银行对于分支机构不定期检查的频度远高于国有银行和农信社。当上级管理贷款总规模时，最常采用的措施是设定存贷比和直接规定贷款总规模；另外，1999—2004 年间分支行的贷款审批权存在上收的趋势。

从经营目标的角度，我们看到 1999—2004 年间分支机构的经营理念有了深刻的变化。到 2004 年，主要机构的经营目标都变得更加单一，更关注盈利，而支持国企和服务政府政策几乎不再在金融机构的视野中了。同时，支持中小企业发展的任务也被金融机构放下。在激励机制方面，我们看到这段时期总体上是裁撤冗员的时期，而信贷员的比重在这段时期却略有上升；除了农信社以外，信贷员的收入在全体职工中处于中上水平。这些不同的相对收入水平和收入增长前景会直接影响金融机构的经营绩效。最后，金融机构对于自己的基层的管理也受到自己的上级对自己的管理措施的影响，比如上级最常用存贷比和直接规定贷款总规模来管理支行贷款规模，而支行对于自己的基层组织的管理措施也以这两项为主，因此制度的设计与安排对于机构的影响往往相当深远。

第三章　存款与资金来源

吸收存款是金融机构最基本的业务之一。在资本充足率监管趋严、流动性开始收紧的背景下,如何能够吸收到更多存款已经成为银行业面临的一场挑战。在我国,对于"揽存"的监管努力十多年来一直没有放松。所谓"揽存",是指国内金融机构采取各种非利率手段竞争存款。这类手段早期包括赠送各种礼品、支付存款手续费;为存款人提供免费服务、免收手续费;实行"存贷挂钩",提供优惠条件;对大额存款客户提供安排人员进入金融机构工作的优惠;提供各种旅游、娱乐消费等。1997 年全国金融工作会议要求强化人民银行的监管职能,因此人民银行多次发文要求对此严肃查处。比如 2000 年,人民银行发出《关于重申严禁金融机构不正当存款竞争的通知》,明令国内金融机构不得违反国家有关规定提高或变相提高利率,不得向经办人和关系人支付法定利息以外任何名目的费用和馈赠物品。这些相关文件强调,要清理金融机构内部规章,不得将存款考核指标与职工个人工资、奖金、福利挂钩,不得下达单项存款考核指标,不得向非存款部门下达存款任务,不得将吸收存款与安排人员工作挂钩甚至根据揽取存款多少许诺安排行政职务等。2005 年,银监会发布《商业银行个人理财业务管理办法》,其中第六十二条规定,商业银行将一般储蓄存款产品作为理财计划销售并违反国家利率管理政策,进行变相高息"揽存"的,中国银监会将依据《中国银行业监督管理办法》第四十四条的规定,责令商业银行改正,有违法所得的,没收违法所得,违法所得五十万元以上的,处以一倍以上五倍以下的罚款;没有违法所得或者违法所得不足五十万元的,处五十万元以上二百万元以下罚款;情节特别严重或者逾期不改正的,可以责令停业整顿或者吊销经营许可证等。

2010 年,央行连续提高准备金率,银监会要求各银行必须在 2010 年 6 月 30 日前将存贷比拉到 75% 以下,但是"揽存"现象并没有因为相关管理得以消除。银行 2010 年第一季度季报显示,民生、兴业、中信、招行、浦发、深发展等多家股份制银行的存贷比超过了 75% 的监管标准。因此,2010

年第二季度以来，存贷比承压的股份制银行成为存款市场竞争的主力，“揽存”的方式甚至更为制度化，出现了所谓的“存款中介”。2010 年 7 月 20 日，银监会召开第三次经济金融形势通报会，监管层除了对政府融资平台、房地产等领域存在的信贷风险给予一贯关注外，还对 2010 年第二季度涌现的银行业“揽存”战提出警示，强调要从源头上把好银行操作风险的管理关口，严禁各种形式的拉存款行为，取缔各种存款中介。银监会表态之后，各地地方银监局也相继开始高度关注银行变相高息“揽存”的行为。

为什么高息“揽存”的现象屡禁不止？在现有金融体制下，一方面，存款利率存在管制，另一方面，对存贷比又有硬性的规定。按照经济学原理，在价格受到管制的情况下，市场竞争只能通过各种非价格方式进行。存款利率是存款的价格。在利率受到管制的存款市场中，金融机构被迫采取各种手段绕开管制，以非利率的方式竞争存款，以达到刚性的存贷比要求。银行对资金的需求越旺盛，对存款的非利率竞争要求就越高。采用“堵”的方式难以解决金融机构对于自己的渴求，在一定程度上造成了十多年来一直强调要管理高息“揽存”而又屡禁不止的现象。

对存款利率的管制在不同国家、不同时期普遍存在。以美国为例，1933 年的《银行法案》为商业银行设定了存款利率上限。为了防止金融机构之间过度的利率竞争，1966 年的《利率管制法案》进一步将存款利率管制的范围扩展到了储蓄与贷款协会及其他储蓄机构。Cox(1967) 对美国的利率管制政策进行了全面的回顾，分析了管制政策的历史背景、原因及其对银行体系与公共政策的影响。Friedman (1970) 详细阐述了美国自 1933 年后的存款利率管制政策、管制的原因与政策效果。作者发现，利率管制导致银行采用各种间接手段规避管制，管制政策无法取得预期效果并会带来众多副作用，因此作者建议取消对存款利率的管制。

图 3.0.1 描述了 2000—2004 年间我国活期存款利息和三个月定期利息(节选自附录 4.1：我国 1998 年以来各项利率表)。该图显示，从 2000 年 1 月到 2002 年 2 月，活期存款利率一直维持在 0.99%，而三个月定期存款利率一直是 1.98%；从 2002 年 3 月起，活期和三个月定期利率一起下降，其中活期利率降至 0.72%，定期则为 1.71%。

存款市场存在利率管制，并且样本期名义利率由本来较低的状态降到更低的位置，是本章描述存款状况的基本背景。本章注重对于金融机构存款状况的描述，目标是刻画金融机构非利率竞争的严重程度，并在描述数据的基础上，探讨高息“揽存”现象背后的原因，希望能够帮助读者对当前

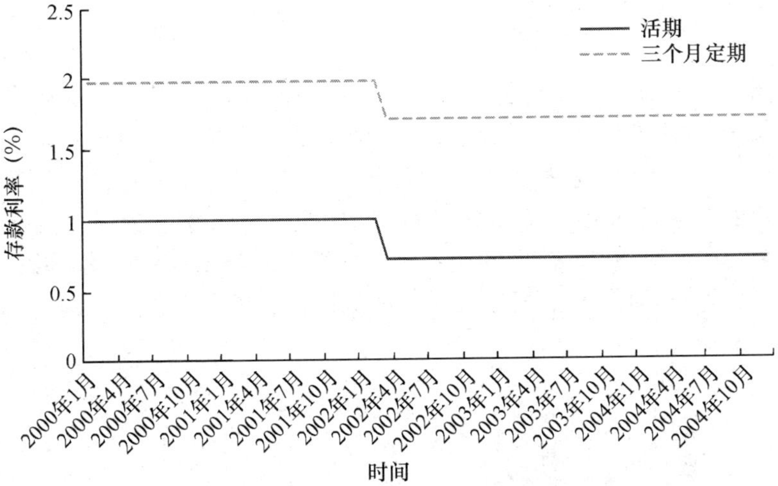

图 3.0.1　存款利率:活期和三个月定期

金融问题有更全面的了解。由于高息“揽存”折射出金融机构面临吸收存款的压力,我们在本章第一节着重描述金融机构所感受到的存款的压力状况。第二节则从客观的角度,根据样本机构在存款市场上的竞争状况来刻画金融机构组织存款的压力状况。在第三节,我们深入金融机构内部,考察存款结构基本状况。第四节则从描述金融机构的存款成本的角度,探讨金融机构面临较大组织存款压力的原因。

一、组织存款压力状况

从金融机构的治理结构和激励机制一章可知,存贷比是金融机构上级主管在考核机构绩效时非常重视的指标。最近几年,银监会对于存贷比要求的执行日趋严格。2010 年更要求在 6 月 30 日之前所有银行的存贷比不能超过 75%,即 100 元存款中可用于贷款的资金不得多于 75 元。我国的存款利率是以人民银行划定的基准利率为基础的,因此商业银行的利润与可贷资金的数量高度正相关。这就形成了存款总额越大,其可贷资金的额度就越高,绩效可能就越好的局面,吸储自然成为银行业务的重要组成部分。本节关注的是样本调查期间金融机构吸收存款的压力,并从吸收存款的压力、从上级行拆入资金和从同业拆入资金三个角度来刻画。

（一）吸收存款的压力

图3.1.1描述了所有金融机构在2000—2004年感受到的吸收存款的压力状况。在2000年，有51.3%的县级金融机构报告它们组织存款的压力很大，另有45%的机构觉得压力一般；到2004年，认为自己组织存款压力很大的金融机构已达69.6%，而认为自己没有组织存款压力的机构仅为1.9%。因此，看起来到2004年时，之前觉得组织存款压力大的机构继续感受到这样的压力，而原先认为自己组织存款压力一般的机构也加入了组织存款压力大的一组。

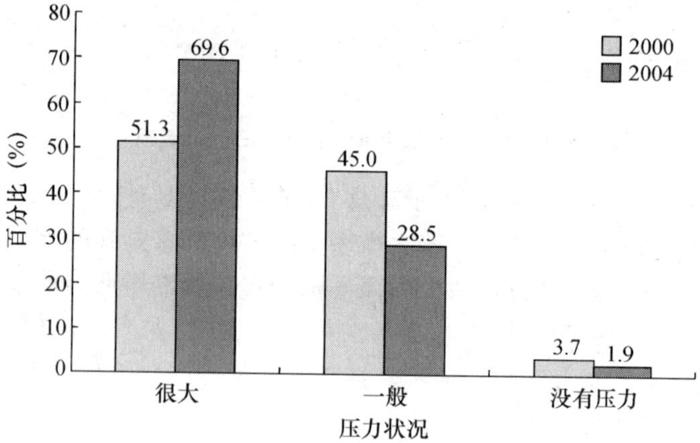

图3.1.1　金融机构自评组织存款压力状况

如果分金融机构看，图3.1.2反映出各分支机构在2000—2004年间，认为组织存款压力变大的比例都在增加。其中增加比例最大的是工行，2000年时有48%的工行县支行认为组织存款的压力比较大，到2004年时认为组织存款压力大的县支行已经占县支行总数目的79%。城市商业银行始终觉得组织存款的压力大，在2000—2004年持这种观点的机构数始终超过70%；全国性股份制银行在2000年时认为组织存款压力大的占47%，但到2004年该比例已上升至72%。

总体上看来，所有金融机构组织存款的压力在2004年都比2000年要大很多，并没有因该金融机构是否是股份制银行就有很大的差异。这和报章常讨论的“国有大型商业银行的网点众多，其吸收存款的能力比较强，因此吸收存款压力不大”的看法不符。我们的数据显示，金融机构吸收存款的能力不存在绝对的强弱；金融机构已经吸收的存款额度与它们期待吸收

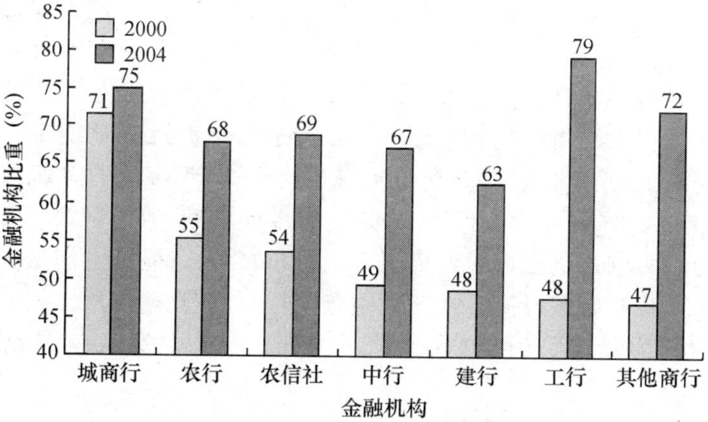

图 3.1.2　组织存款压力很大的金融分支机构比例

的存款额度之间的差距是值得关注的。

为进一步验证我们从微观数据得到的观察，我们将金融机构所感受到的压力分别对所属机构类型以及所属地区做回归。表 3.1.1 记录了这些回归。我们看到，无论是 2000 年还是 2004 年，金融机构的所有制类型以及所属地区都不足以解释它们感受组织存款压力的大小。这说明，金融机构组织存款压力程度的改变，不仅仅是金融机构所有制差异或者它们所处的地区差异所能够解释的。

表 3.1.1　压力程度与银行类型和地区的关系

变量	压力程度 2000(1)	压力程度 2000(2)	压力程度 2004(3)	压力程度 2004(4)
四大国有银行	0.07	0.07	-0.02	-0.02
	(0.08)	(0.08)	(0.07)	(0.07)
股份制银行	0.13	0.10	-0.04	-0.03
	(0.14)	(0.14)	(0.11)	(0.14)
东部		0.10		0.01
		(0.07)		(0.06)
中部		0.00		0.07
		(0.08)		(0.07)
截距	1.46***	1.43***	1.34***	1.31***
	(0.07)	(0.08)	(0.06)	(0.07)
观测值	349	349	362	362
R 平方	0.003	0.010	0.000	0.004

由于有了两年间金融机构对于组织存款压力程度的报告，我们可以进一步将所有金融机构分为四组：第一组是2000年和2004年都报告压力很大的分支机构（一直很大），第二组是2000年没有认为压力很大但是2004年觉得压力很大的组（压力增大），第三组是两年都没有觉得压力很大的组（压力一般），第四组是2000年觉得压力大2004年压力有所减轻的组（压力减小）。图3.1.3显示，在2000—2004年期间，股份制银行觉得组织存款压力很大的比例要低于四大国有银行和农信社；但是它们认为压力增大的比例要比国有银行高。在四大国有银行中，一直觉得压力大的银行以工行和农行为最，而工行也是感觉组织存款压力增大比例最高的国有银行。

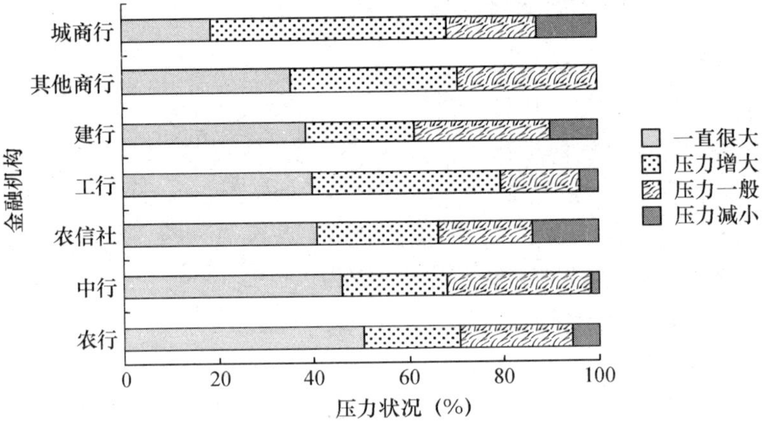

图3.1.3　组织存款压力的变化

这些证据显示，在2000—2004年间，金融机构面临组织存款的压力普遍增大；压力增大的现象本身和所有制没有明确的关系，但是，从压力变化的角度看，一直觉得组织存款压力比较大的分支机构主要是国有金融机构的分支，而不是股份制银行。因此认为国有银行网点多存款就比较充足、组织存款压力就比较小的看法，并没有得到数据的支持。如果2010年以来，股份制银行确实比国有银行感受到更大的组织存款的压力的话，我们需要从其他角度，而不仅仅是所有制角度来理解这些压力的原因。

（二）从上级行拆入资金状况

当组织存款压力很大的时候，金融机构可能考虑其他获得资金的方式，比如从上级行拆入资金，或者从同行拆入资金，以满足本行一时之急需。图 3.1.4 显示了 2000 年和 2004 年从上级行拆入资金的分支机构的比例。在总体上,2000 年需要从上级行拆入资金的分支机构占所有分支机构的 45%,但是到 2004 年该比例上升至 64%。如果按照 2004 年需要从上级行拆入资金的金融机构比例由高到低排序,可以看到,四大国有银行需要从上级行拆入资金的比例比股份制银行要高,其中中行在五年时间内从上级行拆入比例更由三成上升到近八成,上升比例最大。总体看来,需要从上级行拆入资金的国有银行和农信社所占比例持续维持高位,2004 年该比例最低的农行也达到 58%。全国性股份制银行从上级行拆入比例在 2000—2004 年间上升得很快,从 2000 年的 14% 上升到 2004 年的 53%,和它们所报告的组织存款压力增大的趋势一致。

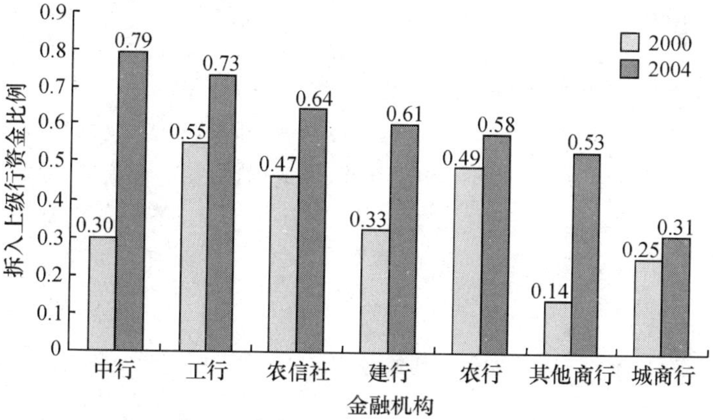

图 3.1.4　从上级行拆入资金比例的变化

(三) 从同业拆入资金状况

金融机构资金吃紧的程度也可以从它们从同业拆入资金的比例来考察。金融机构从同业拆入资金的比例不高,一直都在 10% 以内;而除农信社外,金融机构从同业拆入资金的比例还处于下降趋势。比如,5% 的中行分支在 2000 年从同业拆入资金,而 2004 年,该比例下降到 0.9%;2000 年有 10% 的中行拆入同业资金,但到 2004 年能这样做的机构仅占 0.3%。金融机构从同业获得资金的比例下降,一方面可能是当金融机构作为资金的需求方有求于同业时,同业自己的资金也吃紧,因此导致实际拆入比例下降;另一方面,当金融机构意识到同业资金很紧,自己即便提出要求也很难被满足时,它们提出这类要求的几率可能也会降低。

在本节我们看到,从 2000 年到 2004 年,金融机构组织存款的压力明显增大;并且国有银行感觉压力大的分支比例高于股份制银行;同时我们也观察到,金融机构分支在这段时间内从上级拆入资金的比例增大,但是能够从同业获得资金的比例减少。从这些信息中,我们可以观察到一个一致的现象,就是金融机构在这五年间组织存款的压力明显增大,而这种增大的趋势并不以金融机构或者地区的不同而改变。

二、存款市场竞争状况

在讨论本机构的存款状况之前,我们先考察本机构在存款市场上的主要竞争对手,作为了解本机构存款状况的背景。通常,金融机构是在一个竞争的金融市场上争取存款,竞争的激烈程度不仅影响了金融机构本身的行为,甚至可能影响整个国家的金融政策。比如,美国于 1999 年废除《格拉斯-斯蒂格尔法案》(Glass-Steagall Act),这和商业银行在债券市场大发展、投资银行兴起的大环境下,又受到各类基金的挤压导致存款下降,迫切期望走向混业经营有密不可分的关系。我国债券市场尚不发达,投行基金的发展也还处于初级阶段,理解现有金融体系下金融机构间的竞争状况可以帮助我们理解本机构存款的变迁。

(一) 存款市场的竞争对手

在县域金融的存款市场上,有一个重要的竞争对手并没有被全面调查,这就是邮政储蓄业务。1986 年,为应对当时加剧的通货膨胀,中央决定利用邮政系统尽快回笼货币。同年 1 月 27 日邮电部和中国人民银行发出《关于开办邮政储蓄业务的联合通知》,并于 4 月批准网点遍布农村的中国邮政开展只存不贷的业务。央行允许邮政储蓄给予储户高于银行的储蓄利率;邮政储蓄获得的存款则转存人民银行,并由人民银行支付高额利息来维持邮政系统的运转。如今,由于邮政储蓄有近 60% 的储蓄网点和近 70% 的汇兑网点分布在农村地区,因此,一直有观点认为,邮政储蓄业务的强有力竞争是农村县域资金紧张的重要原因,甚至人民银行降低转存利率也被视为增加农村县域资金的重要举措。尽管在 2000—2004 年间尚未建立起邮政储蓄银行,因此我们没有将其作为一家金融机构来收集数据,但是我们的数据还是可以帮助我们了解邮政储蓄和其他县域金融之间的竞争状况。

根据金融机构报告的存款市场最主要的竞争对手,我们计算了每一家金融机构被同行视为竞争对手的几率(图 3.2.1)。由于金融机构可以在潜在竞争对手中做多项选择,因此最主要的竞争对手是指金融机构首选为竞争对手的机构。按照这个标准,农信社被 38% 的其他金融机构视为主要竞争对手,占所有回答该问题机构数的 38%①,其次是农行,是 26% 的金融机构的主要竞争对手,排名第三是邮政储蓄,有 13% 的金融机构认为它是最主要的竞争对手。工行、中行和建行成为主要竞争对手的比例分别是 7%、3% 和 6%。而全国性股份制银行和城市商业银行所占比例还不到 10%。由此形成县域存款市场中,农信社、农行和邮政储蓄三家主导,其他三家国有银行和股份制银行、城市商业银行为辅的基本竞争态势。

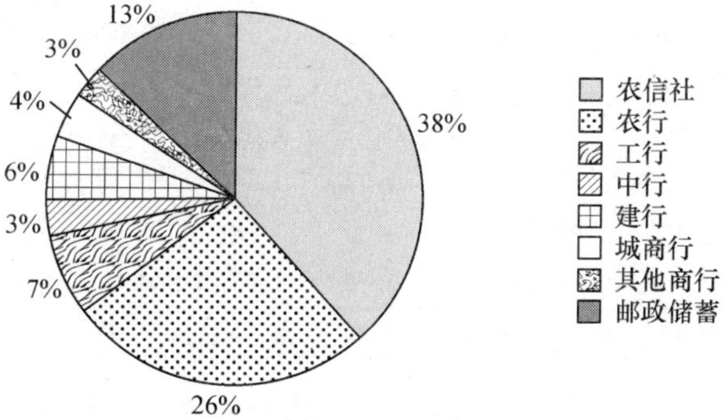

图 3.2.1 同行认为该金融机构是主要竞争对手的比例

当然,上述结论仅考虑了主要竞争对手,而没有考虑金融机构列出的其他竞争对手,由此得出的结论可能有偏。由于金融机构列举竞争对手时可以允许同时选择多家金融机构,在表 3.2.1 中我们考虑金融机构列出的所有金融机构,然后计算一家金融机构被其他机构认为是竞争对手的概率,而不管它是被当做主要竞争对手,还是竞争对手之一。其中,行给出了金融机构认定的它们自己的竞争对手在所有金融机构之间的分布,而列则表明每一家金融机构被别人视为竞争对手的机会。比如,26% 的农行列举工行为自己的主要竞争对手,而 44% 的工行列举农行为自己的主要竞争对手。该表说明,农行的存款市场竞争对手主要有农信社(58%)、邮政储蓄(40%),然后才是建行、工行和中行。工行的竞争对手主要是农行、农信社、建行、邮政储蓄和中行。中行的竞争对手是农信社、农行、工行、建行

① 回答该问题的金融机构共有 345 家。

和邮政储蓄。建行的竞争对手是农行、农信社、工行、中行和邮政储蓄。城市商业银行的竞争对手是农信社、工行、农行、建行、中行和邮政储蓄。全国性股份制银行的主要存款市场竞争对手是四大国有银行支行,然后才是农信社和邮政储蓄。农信社的主要竞争对手是邮政储蓄和农行。我们看到,不同金融机构的存款市场竞争对手存在一定的差异,但是也没有很明确的市场分层,即没有出现国有银行主要和国有银行支行竞争,股份制银行主要和股份制银行竞争,邮政储蓄是所有金融机构的主要竞争对手的状况。

表 3.2.1　同行认为该金融机构是主要竞争对手的比例:分机构

	农行	工行	中行	建行	城商行	其他商行	农信社	邮储
农行	0.01	0.26	0.22	0.29	0.05	0.03	0.58	0.40
工行	0.44	0	0.25	0.28	0.09	0.03	0.41	0.27
中行	0.37	0.37	0.04	0.37	0.09	0.09	0.40	0.28
建行	0.57	0.37	0.28	0	0.08	0.08	0.40	0.20
城商行	0.29	0.41	0.18	0.29	0	0.06	0.47	0.18
其他商行	0.50	0.39	0.44	0.33	0.28	0.06	0.28	0.22
农信社	0.56	0.17	0.10	0.15	0.03	0.01	0.03	0.68
总计	0.38	0.25	0.19	0.22	0.07	0.05	0.36	0.36

总体上,有 38% 的县级金融机构认为农行是其最主要的竞争对手,其次是农信社和邮政储蓄。这说明,在允许选择一家以上的主要竞争者时,邮政储蓄还是有一定的竞争力的。具体来说,邮政储蓄对于农信社和农行的存款市场影响最大,有 68% 的农信社选定邮政储蓄为其主要竞争者之一,也有 40% 的农行认为邮政储蓄是其主要竞争者。邮政储蓄并不是其他国有银行和股份制银行的主要竞争对手,这和通常认为的,由于邮政储蓄存款利率高,就成为农村存款"抽水机"的看法不同。工行的前三大竞争者分别是农行、农信社和建行,中行则是农信社、农行与工行。城市商业银行的主要竞争者是农信社和工行,而全国性股份制银行则更看重和农行与中行之间的竞争。

不同金融机构的主要竞争者不同,本身也说明存款市场的主要竞争者存在地域上的差异,尤其是农信社和邮政储蓄。由于在经济发达地区,储户的选择较多,其他金融机构可以透过非利率的竞争手段从邮政储蓄那里吸引储户来存款;而在经济不发达地区,常常会出现农信社和邮政储蓄是主要的存储机构的情形。这一推测得到数据的支持。在表 3.2.2 中,其他金融机构对主要竞争者的选择没有显著的地区差异,但是对农信社和邮政储蓄的态度则存在较大差距。在东部地区,认为农信社和邮政储蓄是存款市场主要竞争对手的分别占30%和26%;在中部地区,认为农信社是主要竞争对手的有35%,而邮政储蓄则是当地55%的分支机构的主要竞争对手;在西部地区,则有45%的机构认为农信社是其存款最主要的竞争对手。这些地域差异表明,由于各地竞争态势不同,不能简单地认为邮政储蓄在各地都抽走大量存款资金,从而采取一刀切的措施,而需要根据各地的形势区别对待邮政储蓄的作用。

表 3.2.2　同行认为该金融机构是主要竞争对手的比例:分地区

地区	农行	工行	中行	建行	城商行	其他商行	农信社	邮储
东部	0.37	0.26	0.20	0.24	0.08	0.06	0.30	0.26
中部	0.39	0.24	0.22	0.17	0.06	0.01	0.35	0.55
西部	0.39	0.23	0.16	0.26	0.08	0.07	0.45	0.31
总计	0.38	0.25	0.19	0.22	0.07	0.05	0.36	0.36

(二)存款市场份额

除了了解一家金融机构被同行认为是主要竞争对手的比例之外,衡量其竞争性的另一个角度是考察存款市场份额。虽然我们可以根据每一家金融机构的存款余额计算出每个县可存可贷机构的存款总额,再计算出一个存款市场份额,但是该份额很可能会夸大这些金融机构的实际市场份额,因为在县存款市场上竞争的除了这些银行性质的机构外,还有只存不贷的邮政储蓄、非正规金融等金融形式,这些从银行层面的数据中无法观察到。

在相配套的县经济数据中,我们对存款市场份额做了更完整的调查。这里,存款市场上活跃的主要部门包括:农信社、农行、中行、建行、工行、城市商业银行、其他商业银行、邮政储蓄和非正规金融。图 3.2.2 画出了这些机构 2001—2004 年间在存款市场上所占的份额。该图显示,农信社在存款市场上所占份额最大,达 24.2%,其次则是农行,占 23.7%,而后是工行(15.5%)和建行(11.7%),在建行和中行市场份额之间的是邮政储蓄,平均而言,邮政储蓄所占存款市场份额为 10.6%。另外,股份制银行(城市商业银行和全国性股份制商业银行)在县域存款市场上所占份额和非正规金融相当,各占存款市场份额的 2.5%。

存款市场的竞争态势在地区间也存在比较大的差异。如果按照东部、

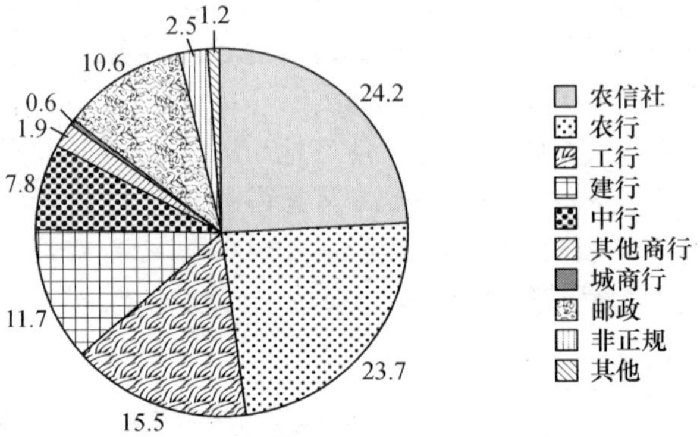

图 3.2.2　分机构存款市场份额

中部和西部来区分这 12 个省，表 3.2.3 给出了东西部地区存款市场份额的差异。从表中可以看到，西部地区的农行和农信社所占存款市场份额较大，其中西部地区农行和农信社两家平均占据了存款市场的半壁江山以上。邮政储蓄在中部地区所占存款市场份额最大，达到近 14%，为第四大吸引存款的机构；但是在东部所占份额却不足 9%。在东部地区，股份制银行和非正规金融所占比重较大。这两部分份额合起来与邮政储蓄在东部地区存款市场上所占的份额相当。

表 3.2.3　分地区存款市场份额(%)

	农信社	农行	工行	建行	中行	其他商行	城商行	邮储	非正规	其他
东部	24.00	19.48	16.00	11.33	11.02	3.88	0.73	8.63	4.23	0.72
中部	22.55	22.39	15.65	11.17	9.19	0.40	0.90	13.70	1.92	1.86
西部	25.45	27.76	15.07	12.42	4.21	1.41	0.29	10.16	1.56	1.22

表 3.2.4 分省描述存款市场形态，分省数据大致刻画出东部地区竞争比较激烈的态势。比如，浙江省的存款市场竞争比较激烈，上述 10 类可以吸收存款的机构在当地都有市场份额，但是除了农信社的平均存款市场份额能达到 20% 以上之外，其余 9 类所占份额都在 20% 以下，而非正规金融更能占到近 10% 的存款市场份额。福建省在存款市场所占份额最大的是中行，刚刚超过 20%，并且非正规金融也占近 5% 的份额。江苏和山东地处沿海，但是存款市场的竞争性似乎比浙江和福建要弱一些。和西部地区相比，东部地区储户的选择还是比较多样化的。西部地区存款选择最少的当属贵州，在调查县问卷中，没有报告中行、其他商业银行、城市商业银行

以及非正规金融的存款市场份额，而农行和农信社两家的平均份额加起来也在 60% 以上。

表 3.2.4 分省份存款市场份额(%)

	农信社	农行	工行	建行	中行	其他商行	城商行	邮储	非正规	其他
浙江	22.34	16.94	19.10	13.65	8.62	3.43	1.30	3.78	9.30	0.97
江苏	26.37	26.12	11.62	9.89	11.59	3.39	0	10.03	0.34	0.46
福建	12.80	18.07	17.78	14.69	20.44	5.09	0	6.14	4.31	0.49
山东	31.36	18.05	14.75	7.45	7.58	3.89	1.13	14.99	1.05	0.78
湖北	20.66	25.40	13.80	11.98	6.98	0.06	0	13.94	3.42	3.51
吉林	23.01	18.55	17.34	11.33	11.50	0	2.97	13.07	0.63	0.95
江西	24.97	21.94	16.65	9.76	10.07	1.35	0.03	14.02	0.99	0.30
四川	22.74	36.86	18.34	7.62	3.92	2.89	0	6.41	0.42	0.54
重庆	29.21	22.13	14.99	10.73	7.15	2.83	0.24	10.35	0.75	1.61
贵州	24.40	36.62	9.87	13.63	0	0	0	12.70	0	2.33
陕西	26.29	20.14	16.16	12.49	6.13	0	0.16	12.71	5.63	0.12
宁夏	22.43	21.44	16.79	23.41	2.23	1.03	1.88	6.64	0	1.80
总计	24.21	23.66	15.53	11.74	7.78	1.94	0.59	10.58	2.51	1.22

最后，图 3.2.3 描述了存款市场份额的时间趋势。该图显示，四大国有银行中农行、建行和工行在 2001—2004 年间在县域金融存款市场的份

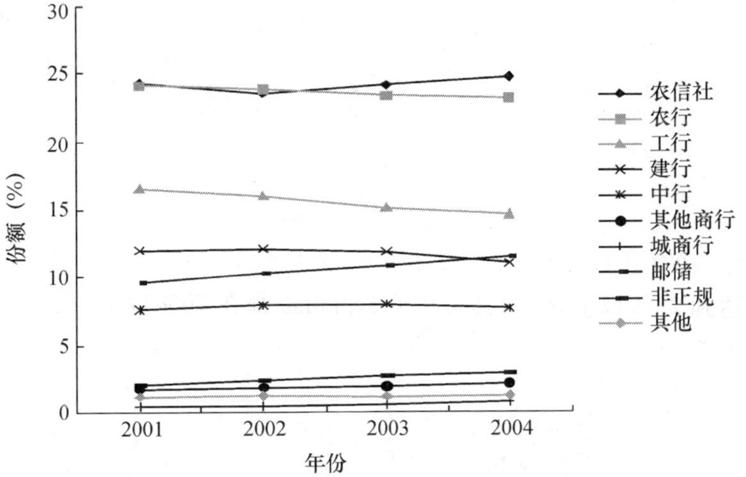

图 3.2.3 存款市场份额的时间趋势

额都有所下降,其中工行下降幅度最大,四年间共下降2个百分点。中行存款份额略有上升。邮政储蓄在存款市场的份额呈现上升态势,从9%逐渐上升至11%,非正规金融也呈现上升的态势。股份制商业银行的存款市场份额基本持平或者略有上升。因此,从存款市场份额的变化上,也可以看出国有银行从县域金融逐渐撤出的趋势。

三、存款结构

了解了金融机构组织存款压力变化的时间趋势,以及它们在2004年存款市场的竞争对手之后,我们着重描述金融机构的存款结构。首先,我们从总体上分金融机构描述它们的存款余额的基本状况,然后分别从定期存款与活期存款所占比重、储蓄客户的类型,以及存款户数等几个角度来了解县域金融市场的存款基本结构。

(一)各金融机构存款余额描述

在描述存款余额的结构之前,我们需要对总额有所了解。图3.3.1画出了2000—2004年各金融机构的平均存款总额。如果我们用存款总额来刻画金融机构规模的大小,那么在总量上,农信社可以被算为县域金融内最大的金融机构,其平均存款总额达12.37亿元;其次是工行,存款总额为9.8亿元;再次是农行、中行和建行;其他商行和城市商业银行的存款规模最小,其平均存款余额约为农信社的24%。

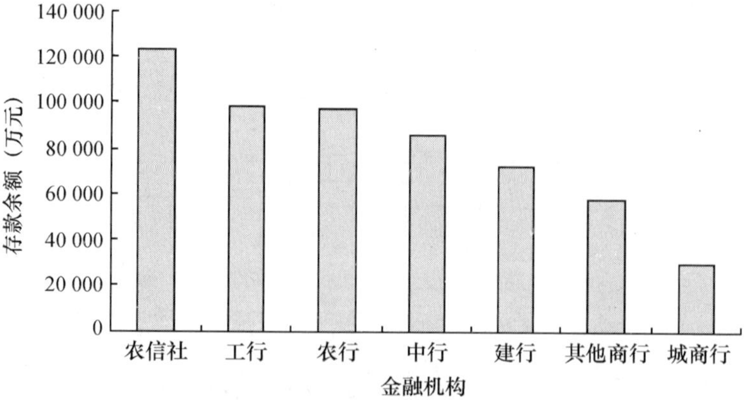

图3.3.1 金融机构存款余额(万元)

上述总量的描述并未考虑县规模的大小，因此我们在图 3.3.2 中进一步刻画县内各金融机构的人均存款余额。总体看来，人均存款余额的位次和图 3.3.1 稍有差别。如图 3.3.2 所示，农行人均存款余额约为 1 800 元，位居县域金融机构获得存款之首；其次是农信社和工行。城市商业银行的人均存款余额约为 400 元，不到农行人均存款的 30%。存款总额和人均存款之间的差异，反映了平均而言，农行储户可能稍比农信社储户富有，因此人均有更多的存款。

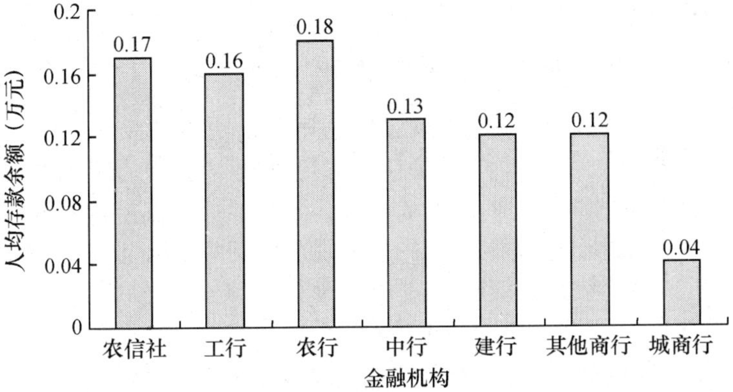

图 3.3.2　金融机构人均存款余额

存款的平均增长率比存款余额更能反映金融机构在存款市场上的竞争态势与增长趋势。在 2000—2004 年间，存款总额的名义年平均增长率达 15%，由于平均增长率受极值的影响很大，我们在图 3.3.3 中描述金融机构人均存款余额的名义增长率的中值的均值，也就是将每年每一金融机构系统内的所有金融机构按增长率从低到高排序，取最中间那一个增长率

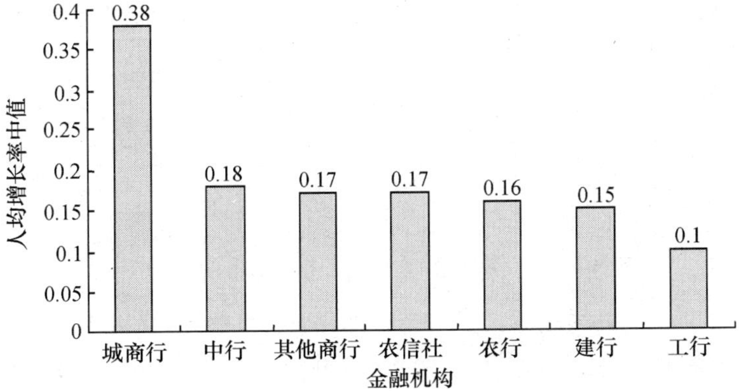

图 3.3.3　金融机构的存款增长率中值

作为增长率的中值,然后在这四个中值的基础上算出一个年平均。按照中值来看,股份制银行的存款增长率增长最快,其中城市商业银行的名义增长率中值平均为38%,而其他商业银行也达17%。四大国有银行的分支机构中,中行的存款增长率增长最快,达18%,而工行则增长最慢,为10%。对比图3.1.2中看到的组织存款压力,2004年时工行组织存款压力最大,而中行组织存款压力较小,图3.3.3表明组织存款压力的大小和存款的增长率之间存在较强的相关关系,即存款增长率较低的机构普遍感受到比较高的组织存款压力。

(二)活期存款与定期存款占比

金融机构的存款结构和盈利能力之间存在密切的关系。我们首先关心的存款结构是活期存款与定期存款在金融机构余额总额中的比重。如果活期存款比重比较大,那么商业银行不得不利用活期存款发放中长期贷款,出现"短借长贷"这一期限结构错配现象的几率就会增加。图3.3.4给出了2000—2004年间定期存款占所有存款的比重。该图显示,定期存款在金融机构的存款中的比重,由2000年的52%下降到2004年的44%。这和该段时期人民银行季报数据反映的活期存款比重不断上升、定期存款比重不断下降,并且从2001年开始活期存款的比重开始超过定期存款的大趋势是一致的,这也很好地说明了我们样本的代表性。

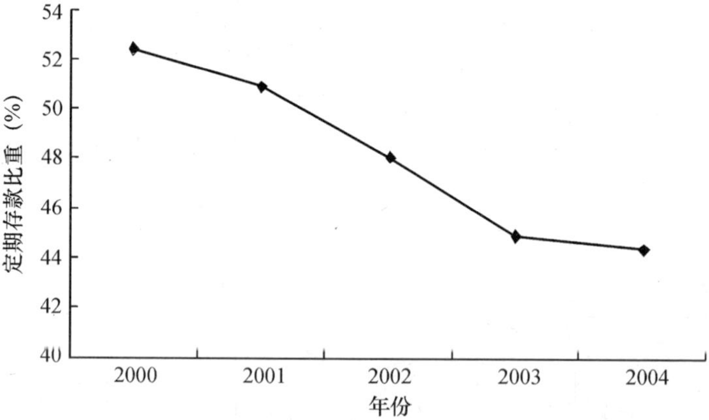

图3.3.4 定期存款在总存款中的比重:2000—2004

如果我们分机构来看定期存款比重的变化趋势,那么图3.3.5显示,各金融机构的存款结构在这五年间的变化差异较大。其中,城市商业银行的存款中定期存款的比重下降最快,由40%下降到22%,五年间共下降了18个百分点。农行位于下降幅度的第二位,定期存款的比重几乎呈现直线下降的趋势。全国性股份制商业银行在这五年间,定期存款的比重也下降了 10 个百分点。定期存款比重比较稳定的是农信社与工行,五年间下降的幅度都在 3 个百分点之内。我们在本章第一节看到,城市商业银行与股份制商业银行报告组织存款压力增大,在考察存款的期限结构之后我们看到,该压力和股份制商业银行的存款中活期比重加大、流动性受到影响有相当的联系。另外,2000 年,金融机构之间定期存款比重的差异,大致都在 40% 到 56% 之间,但是到 2004 年,定期存款的最高比重与最低比重之间的差额达 30 个百分点。

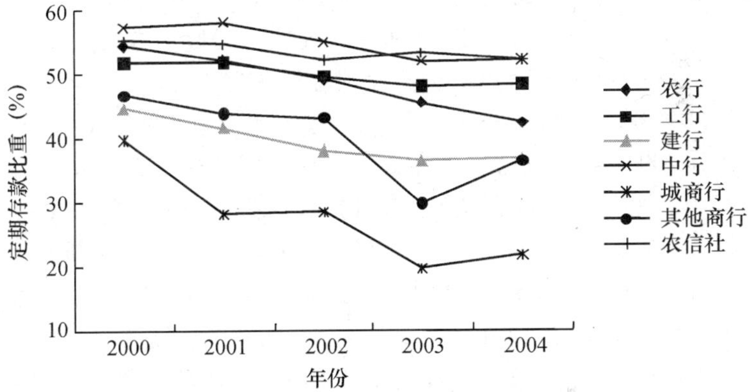

图 3.3.5　金融机构定期存款在总存款中的比重

尽管 2000—2004 年间定期存款的余额其实一直还是在增加,但是图 3.3.5 表明定期存款的比重在降低,要同时给出这两个事实合理的解释,唯一的可能就是定期存款的增长率比活期存款的定期增长率低,图 3.3.6

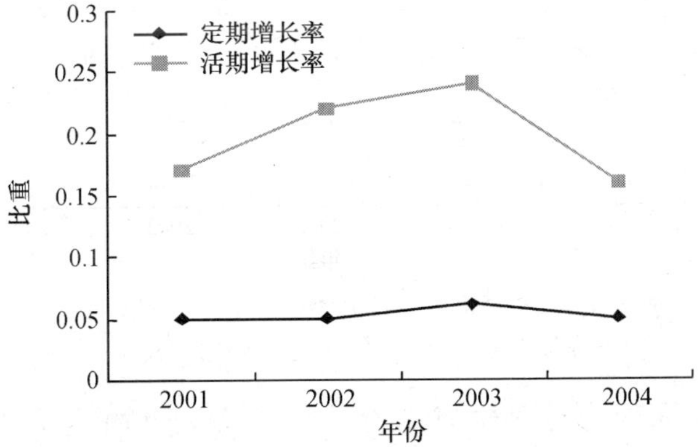

图 3.3.6　定期存款和活期存款的年度增长率

描述的定期存款和活期存款增长率的中值确认了这一观察。该图表明,定期存款在所有金融机构中的年度增长率中值约为5%,而活期存款的年度增长率中值则为20%,远远高于定期存款的增长速度。这一点也和人民银行季报显示的这一时期的总体趋势一致。定期存款和活期存款在增长速度上的差异表明,如果活期存款一直维持不断上升的态势,那么金融机构需要更关注存款期限结构改变所带来的流动性风险。

(三)个人、企业和政府存款占比

存款结构的第二个角度是资金来源的不同。我国大陆地区金融机构的存款主要来源于个人和企业,这和台湾等地区类似。从宏观加总的数据看,企业存款和城乡储蓄存款两项占存款总额的比重一直在80%以上,1997年甚至超过90%。亚洲金融危机之后,企业与个人存款占总存款的比重逐年下降。到2008年,企业与个人存款占总存款额的80%(图3.3.7)。作为对比,图3.3.7也画出了在县级金融机构中,企业与个人存款占全部存款的比重。尽管下降的大趋势相同,但在2001—2004年,这两个部分占所有存款的比重一直在90%以上,约比全国的比重高出5个百分点。县域数据和全国数据之间的差异,一方面可能是县级经济结构和金融结构与全国其他地区之间存在差距导致,另一方面也可能是由数据加总导致,值得进一步研究。

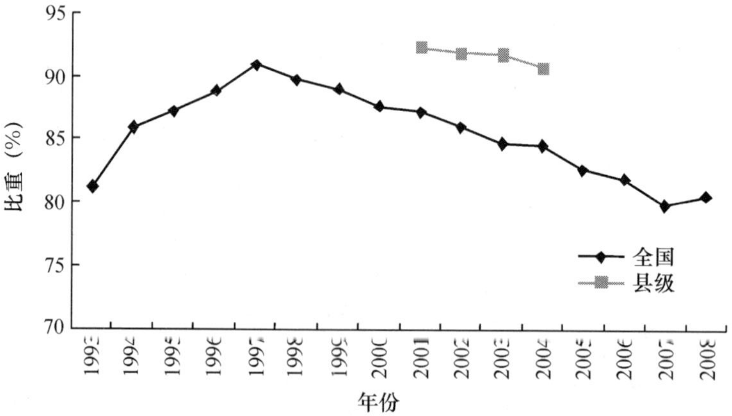

图3.3.7 全国和县级金融企业与个人存款所占比重

资料来源:《中国统计年鉴》(2009年),以及调查数据。

我们进一步从企业存款、个人存款,以及政府和团体存款这三个角度考察县级数据和全国数据的差异。图3.3.8显示,从全国范围看,企业存款的比重在1993—2008年维持在存款余额的1/3左右，而城乡居民的存款在1993年后略上升至超过存款总额的50%并接近60%，并从1998年起又逐年下降，到2008年回到了47%。在样本对应期的2000—2004年，城乡居民存款从占总存款余额的52%下降到50%，而企业存款比重则一直保持在35%左右。

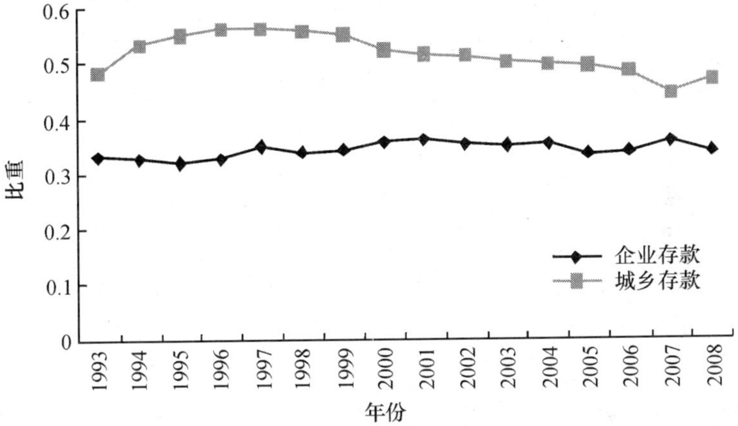

图3.3.8 全国企业存款和城乡居民存款比重

资料来源：《中国统计年鉴》(2009年)。

我们又分别计算了每一家县级金融机构中个人存款、企业存款、政府和部门存款占总存款的比重。我们的数据显示，在县级金融机构中五年间这三者的比重也有缓慢的变化。如图3.3.9a所示，个人存款在存款余额中的比重由72%缓慢下降至67%，而企业存款的比重则由21%缓慢上升至24%。政府和部门存款为总存款扣除个人存款和企业存款的部分，因此可以算出政府和部门存款由2000年的7%(=(100－72－21)%)上升到2004年的9%(=(100－67－24)%)。和全国加总数据的计算相比，县级金融机构中个人存款所占的比重要比城乡储蓄存款所占比重高出至少15个百分点，而企业存款的比重却要低约10个百分点。

另外，图3.3.9b比较了政府和机关团体存款占总存款的余额在全国范围内和在县级金融中的趋势。可以看出，政府和机关团体存款在1993—1997年间所占比重由5%下降到3%，之后又逐步上升，直至2007年达9%，而后在2008年稍有下降至8.6%。相应地，县级金融机构政府和部门存款在2000—2004年间的趋势和全国数据相同，但是政府和团体的存款较全国平均水平要高约2个百分点。

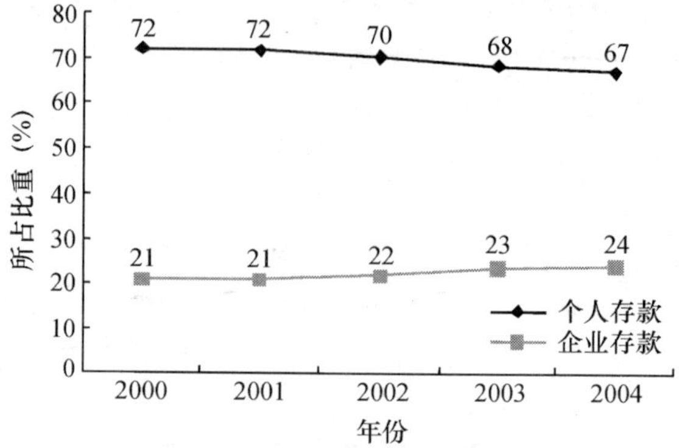

图 3.3.9a　个人存款和企业存款所占比重

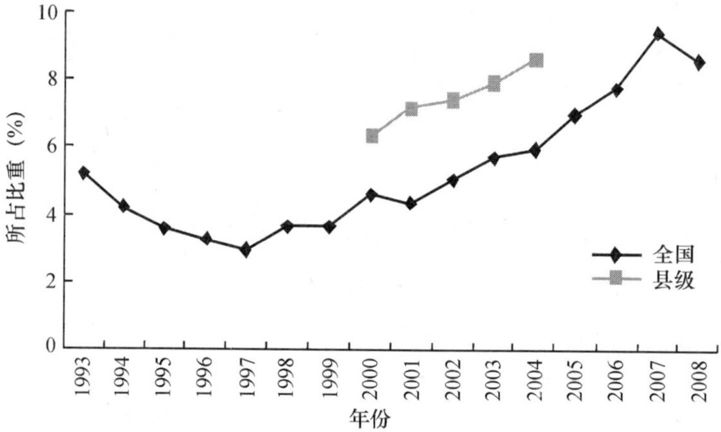

图 3.3.9b　政府和机关团体存款占总存款余额比重

全国数据和县级金融数据之间存在差异，有两种可能的原因。其一，是由于其他地区的经济结构和金融结构与县级经济有较大差距，因此，全国数据和县级金融数据之间的差异能够比较好地反映真实世界中县级经济和金融运行与我国其他地区的差异。其二，是由于数据加总导致我国各地区或者金融结构在经济和金融结构上的差异被抹去，从而使得全国数据和县级金融数据之间存在差异。要检查第二种原因是否会影响我们的结论，我们进一步将县级金融数据细分为分金融机构的数据。首先，如果将所有年份合并来考察三大类存款所占比重，那么根据图 3.3.10，农信社存款近 85% 为个人存款，企业存款仅占 10%；农行支行是四大国有银行中个人存款比重最高的，达到 71%，其余国有银行的个人存款都在 60% 以上，企业存款则在 20% 至 30% 之间。城市商业银行的存款结构和国有银行有较大差异，它们的企业存款占比在各类型金融机构中最高，政府和部门存款占比也是各类金融机构中最高的。

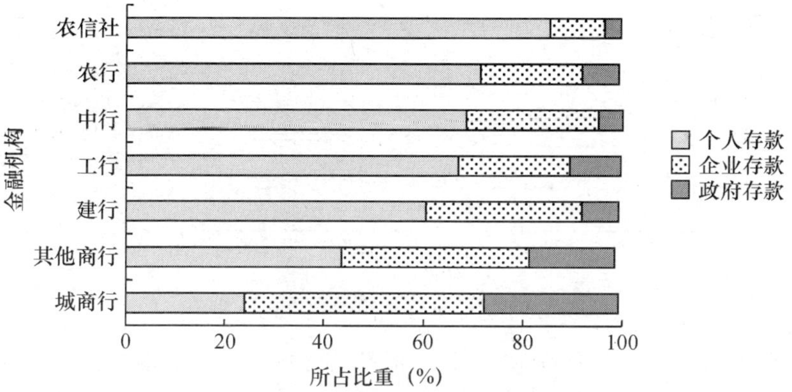

图 3.3.10　金融机构各类存款比重

如果再进一步考察不同金融机构各类存款在年度之间的差异，那么图3.3.11就可以将不同金融机构间存款结构的差异刻画得更加清晰。图3.3.11和图3.3.12分别刻画了个人存款和企业存款比重在不同金融机构间随年份发生的改变。城市商业银行的个人存款比重在各年间都低于全国平均；全国性股份制商业银行的个人存款比重则在2000年和2001年和全国比重相近，之后各年低于全国平均；四大国有银行分支机构的比重则介于全国平均和县平均之间；农信社的个人存款比重远高于全国平均，也高于县平均。

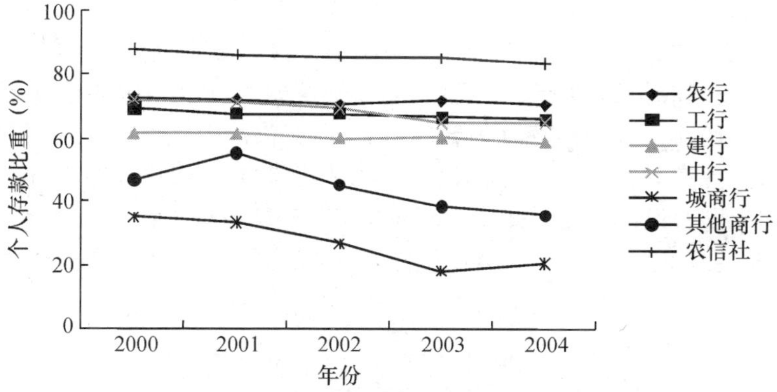

图 3.3.11　金融机构各年间个人存款比重

企业存款在各金融机构之间的比重变化的趋势几乎是个人存款比重

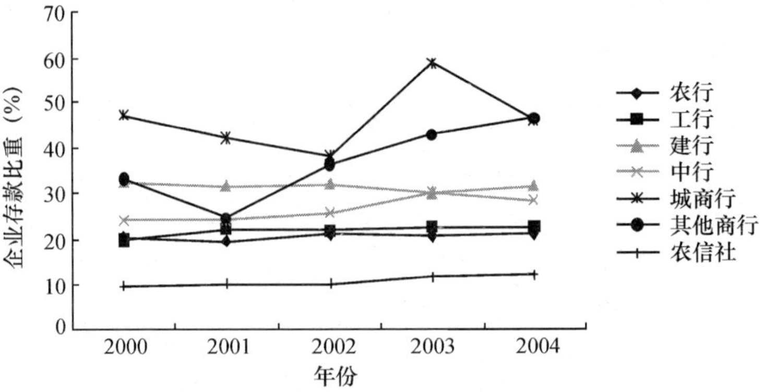

图 3.3.12 金融机构各年间企业存款比重

趋势的镜像，只是企业存款比重在股份制银行间的变动更大。根据图 3.3.12，城市商业银行的企业贷款比重高于全国平均；全国性股份制银行在 2000—2002 年间和全国平均接近，之后则高于全国平均；四大国有银行的企业贷款比重大致在县平均与全国平均之间；农信社的企业贷款比重最低，仅为 10% 左右。

因此，从资金的来源角度看，全国资料和县域资料都表明个人存款和企业存款是金融机构存款最主要的来源，占总存款的 80%—90%。此外，近年来政府和团体存款呈上升趋势，这一趋势值得结合县域财政作更深入的研究。另外，县域金融机构的企业和个人存款所占比重和全国相应指标的差异在 5 个百分点之内，但是县域金融机构存款结构和全国金融机构存款结构的差异较大，表现为县域金融个人存款比重要高于全国平均约 15 个百分点，而企业存款比重约低于全国平均约 10 个百分点。这一差异除了有县域经济和县域金融不同于全国其他地区这一原因之外，金融机构间的差异也能解释差异的相当部分。我们看到，股份制银行存款呈现出企业存款为主、个人和政府机关团体存款为辅的特点，而农信社则呈现出个人存款占绝对主导、企业存款为补充、政府以及机关团体存款几乎可以忽略不计的存款结构，四大国有银行分支的存款结构则介于股份制银行与农信社之间。这些差异表明，在我国要刻画全国金融机构的特色，更需要从微观数据入手。

四、存款成本

存款管理是金融机构日常的重要工作之一，其中对存款成本的控制关系到金融机构的盈利能力,更为重中之重。比如,1995 年,中国农业银行下发《中国农业银行关于存款管理的意见》,其中提到的基本方针就是要"增加总量、优化结构、降低成本、提高效益"。存款成本指金融机构为了所获得的存款而付出的总成本,主要可以分为利息成本和非利息成本两类。其中,利息成本是指银行按约定的存款利率,以货币形式的报酬付给存款人的开支。由于我国的存款一般都按固定利率计息,利息成本和存款规模密切相关,故我们在本节首先描述利息成本和存款期限结构之间的关系。我国的国情决定了大量的存款成本不是以利息成本的形式出现的,因此我们紧接着分析非利息成本占存款成本的比重,以便对真实存款成本有更多的了解。最后我们计算资金成本率和可用资金成本率,以便更直观地了解真实发生的存款成本。

(一)利息成本与存款期限机构

如上一节所说,不同金融机构存款的期限结构不同,为获得 1 元存款,金融机构所支付的利息也不同。如果用总利息支出除以当年存款余额,我们可以近似计算出获得 1 元存款所需要支付的平均利息成本。为了更全面地刻画利息支出之间的差异,我们将分支机构的平均利息成本按照从低到高的顺序分为 100 等份,为避免极值的影响,我们去掉了最下面的 1% 和最顶端的 1% 的数据,来描述平均利息成本的差异。图 3.4.1 比较了不同所有制的金融机构利息成本的差异,这里,"10% 分位"是将利息支出占存款余额的比重从低往高排,在底部 10% 的比重的值;同理,"90% 分位"则是比重最高的 10% 的比重的值,以此类推。

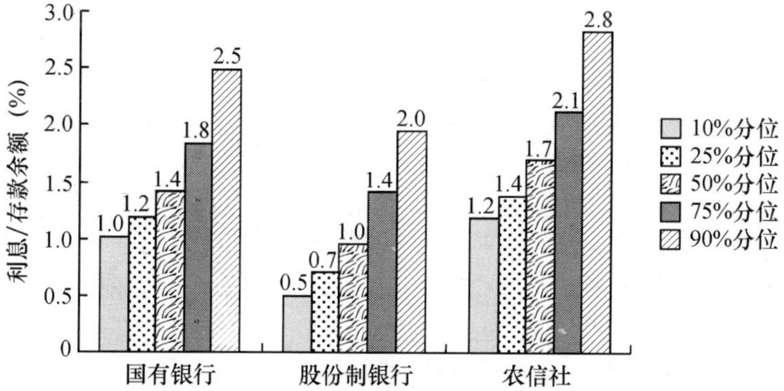

图 3.4.1 金融机构利息支出占存款的比重

图 3.4.1 显示出,无论从哪个分位上看,股份制银行中,利息支出占存款余额的比重都是最低的。对国有银行而言,利息支出最低的 10% 分位的比重是利息平均占存款余额的 1%,中位比重是 1.4%,利息支出所占比重最高的 10% 的分支中,利息支出平均占到存款的 2.5%。在每一个分位上,股份制银行的利息支出占存款余额的比重,大约比国有银行要低 0.5 个百分点。利息支出所占比重最高的是农信社,它们的利息支出比重在每个分位上约比国有银行的利息支出比重高出 0.3 个百分点。

具体分金融机构看,在 10% 分位内的平均比重在 1% 以下的金融机构有城市商业银行、全国性商业银行,以及四大国有银行中的建行(表 3.4.1)。事实上,在各个分位上,建行利息支出占比都为四大国有银行中最低的,而农信社的利息支出比重则在各个分位上都是所有金融机构中最高的。同一金融机构系统内,利息支出占存款的比重大小也有较大的差异。这一差异可以用 90% 分位比重是 10% 分位比重的倍数,以及 75% 分位比重是 25% 分位比重的倍数来刻画。城市商业银行和全国性股份制商业银行总体上支出比重最低,但是 90% 分位的支出比重是 10% 分位比重的三倍多。中行 90% 分位上的平均利息支出比重为 10% 分位上利息支出比重的 2.3 倍,是这七类金融机构中最低的。

表 3.4.1 金融机构利息支出占存款的比重

	10% 分位	25% 分位	50% 分位	75% 分位	90% 分位	90%/ 10%	75%/ 25%
农行	1.03	1.22	1.47	1.86	2.53	2.46	1.52
工行	1.05	1.21	1.47	1.93	2.64	2.51	1.60
建行	0.96	1.08	1.34	1.68	2.29	2.39	1.56
中行	1.05	1.21	1.40	1.84	2.42	2.30	1.52
城商行	0.50	0.68	0.87	1.11	1.81	3.62	1.63
其他商行	0.49	0.80	1.09	1.48	2.03	4.14	1.85
农信社	1.18	1.39	1.70	2.12	2.84	2.41	1.53
总计	0.98	1.18	1.44	1.88	2.52	2.57	2.18

另外,利息比重在地域上也存在差异,其中图 3.4.2 中最清晰的信息,就是中部地区金融机构的平均利息成本要高于中部和西部地区,而中部和西部地区金融机构在该指标上大致相当。此外,利息比重在时间层面也呈现出非常清晰的下降趋势。根据图 3.4.3,利息比重在各个分位上随时间都在下降,比如 10% 分位上的比重由 1.4% 下降到 0.9%,而 90% 分位上

的比重也由3.88%下降到1.64%。由于同样金额的存款中,定期存款的利息支出要高于活期存款的利息支出,利息支出比重随时间下降的大趋势,与金融机构存款的期限结构中定期存款比重大幅下降而活期存款比重大幅上升是一致的。

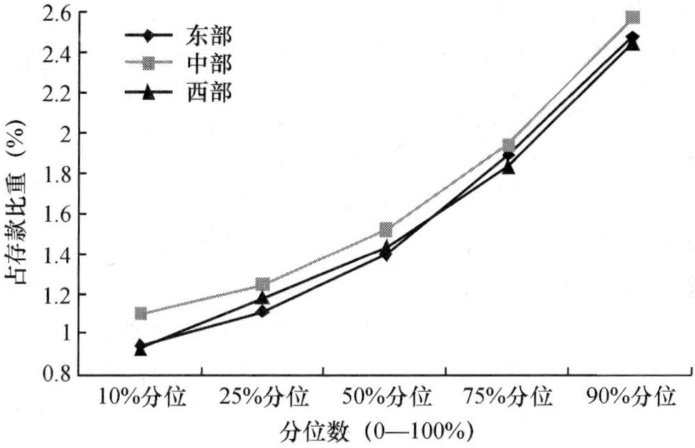

图3.4.2 各地区利息支出占存款的比重

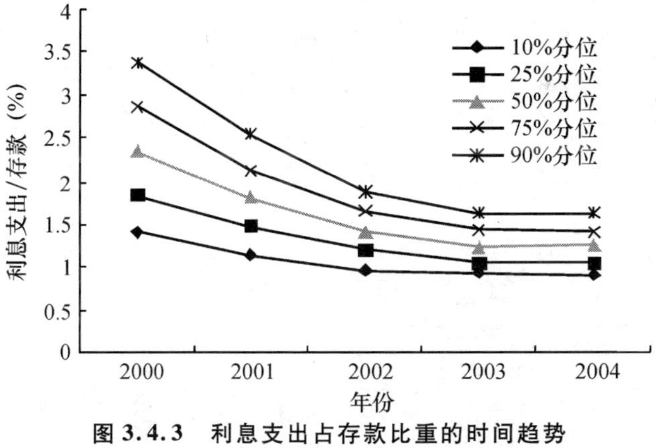

图3.4.3 利息支出占存款比重的时间趋势

总之,就利息支出占存款的比重这一指标而言,我们看到,股份制银行的平均利息支出较低,中部地区利息支出较高,而随着时间的推移,利息支出占存款比重逐年下降。这些特征和2000—2004年间,我国维持比较低的利率,企业和个人持有定期存款的意愿下降,导致定期存款比重大幅下降,而活期存款比重大幅上升是一致的。

（二）非利息成本占存款成本的比重

存款成本中的非利息成本又叫经营成本，是指利息支出以外的所有开支。前文已述，利息支出的多少与存款规模的大小存在正相关关系，银行要扩大存款规模，希望获得的存款期限越长，就需要支付越高的利息，因此，利息支出的控制不会是存款成本控制的主要内容。相比之下，非利息支出的控制在我国银行的存款成本控制中表现得更为突出。按照金融机构的损益表，非利息支出主要包括：(1) 金融企业往来支出，即金融企业与其他金融企业之间业务往来发生的支出；(2) 手续费支出，即金融企业委托其他企业代办业务而支付的手续费；(3) 营业费用，即金融企业各项营业费用的总额，包括业务管理费（其中包括工资、福利和员工保险支出）、业务宣传费和业务招待费；(4) 其他支出，即金融企业除上述内容以外的其他各项经营业务支出，包括固定资产折旧费、提取的贷款呆坏账准备等。①

我们不应将金融机构的非利息成本孤立于利息成本看待。比如，虽然活期存款利率较低，但是却需要较高的非利息成本来维护，如为储户提供自动取款机，更方便快捷、便宜的异地取款服务等。此外，定期存款的利息成本较高，但因为给存款人提供的服务很少，因此非利息成本可以低些。图 3.4.4 描述了所有金融机构利息支出和非利息支出的大致比重。其中，利息支出所占比重仍然最大，平均值为 41.6%，营业费用占比为 28.97%，

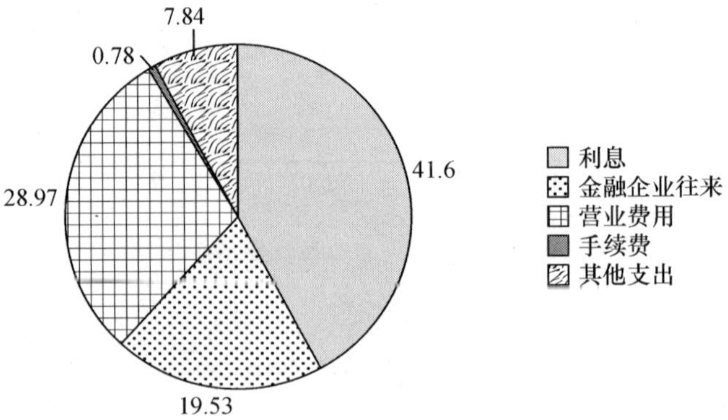

图 3.4.4　存款成本分项比重

① 各个项目的界定依据是《1999 年度汇总会计报表[集体金融企业类]》。

之后是金融企业往来费用，为 19.53%，其他支出所占比重不到 8%，而手续费比重最小，不及 1%。

如果按照金融企业的所有制形式分类，图 3.4.5 表明三类金融机构的存款成本结构还存在较大差异。其中，股份制银行利息支出在三类机构中最高，平均占到股份制银行总存款成本的近一半；另外营业费用支出约占存款成本的 1/3。国有银行金融企业往来支出是三类金融机构中最高的，占总存款成本的 22.03%，和营业费用大致相当；它们的利息支出占总支出的 44.1%。农信社的营业费用比重在三类金融机构最高，达 41.24%，而利息支出比重最低，约占三成。存款成本结构的不同，反映了不同金融机构在存款成本控制方面的策略不同，后文中看到资金成本率存在显著差异也是很自然的现象了。

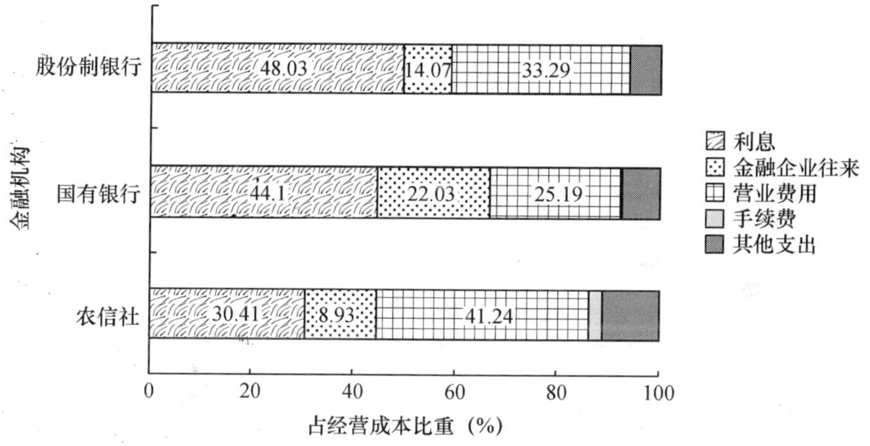

图 3.4.5　不同类型金融机构的存款成本构成

存款成本构成也存在地域差异，各项支出的比重随时间也有消长。比如，西部地区金融机构非利息支出比重最高，为 56.71%，而其中，营业费用在三个地区中也是最高的，在存款成本中超过了三成；中、东部地区金融机构的存款结构则大致相当（图 3.4.6）。

（三）资金成本率和可贷资金成本率

前面虽然分别描述了利息支出在总存款中的比重和存款成本中各个分项的比重，但是这些信息不能帮助我们对金融机构获得资金的成本有全面的了解。这里，我们主要通过两个比率来考察资金成本，一个是资金成本率，另一个则是可用资金成本率。资金成本率是指为吸收存款而支付的

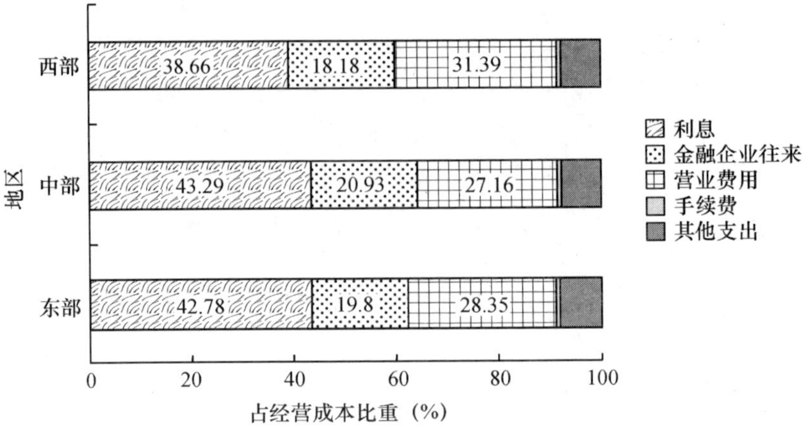

图 3.4.6 各地区存款成本构成

一切费用,即利息成本和非利息成本之和占吸收总存款的比率。

显然,该比率越高,金融机构获得资金的成本就越高:

$$资金成本率 = \frac{利息成本 + 非利息成本}{吸收的存款额} \times 100\%$$

可用资金成本率是指银行为获得可用资金所负担的全部成本占全部可用资金成本的比率:

$$\text{可用资金成本率} = \frac{利息成本 + 非利息成本}{吸收的存款额 - 法定存款准备金 - 超额准备金} \times 100\%$$

金融机构吸收的存款资金不能全部用于贷款和投资业务,必须扣除法定存款准备金和超额准备金部分。经扣除后的资金才是可作为营利性资产来源的资金。可用资金成本是确定银行可用资金(营利性资产)价格的基础,因而决定了银行营利性资产的收益率,是银行信贷中资金成本分析的重点。

要计算可用资金成本率就需要首先获得金融机构法定存款准备金和超额准备金。存款准备金率是中央银行重要的货币政策工具。根据法律规定,商业银行需将其存款的一定百分比缴存中央银行。通过调整商业银行的存款准备金率,中央银行达到控制基础货币从而调控货币供应量的目的。1998 年以前,商业银行需要预备法定存款准备金和备付金。其中备付金是指商业银行存在中央银行的超过存款准备金率的那部分存款,一般称为超额准备金。[1] 1998—1999 年间，我国开始进行存款准备金制度改革，改革后，原金融机构在人民银行的存款准备金和备付金合二为一，统称为准备金存款。我国法定存款准备金率在 2000 年至 2003 年 9 月间为 6%，从 2003 年 10 月起上升到 7%，至 2004 年 5 月又上调为 7.5%。因此，我们用存款余额减去按照存款准备金率扣除的存款准备金，来近似可用资金成本的分母。

我们的数据显示，平均而言，金融机构的资金成本率为 5.13%，而可用资金成本率为 5.47%。而分金融机构看，农行可用资金和资金成本率最高，超过了 7%，其次是农信社，全国性股份制商业银行可用资金的成本近 5%，之后是其他三大国有银行，成本最低的是城市商业银行，平均可贷资金成本为 2.63%（图 3.4.7）。

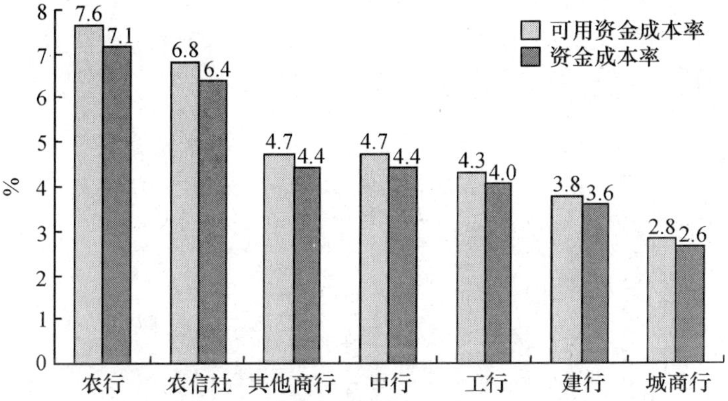

图 3.4.7　金融机构的资金成本率和可用资金成本率

可用资金成本在地域上也存在着差异。根据图 3.4.8，东部地区金融机构的资金成本率和可用资金成本率都最低，在 5% 以下，而中、西部可用资金成本率大致相当，都在 6% 左右。

① 备付金由各金融机构存放在人民银行往来账户的存款和库存现金两部分构成，主要包括系统内资金清算和日常支付的款项以及金融机构分支机构在人民银行准备金科目下账户中的存款，是金融机构分支机构用于领缴现金、资金调拨、资金清算和日常收付的款项。按规定存入人民银行的其他存款，如大额转汇移存资金、特种存款，以及国有商业银行存放其上级行的存款等，不计算在备付金范围之内。

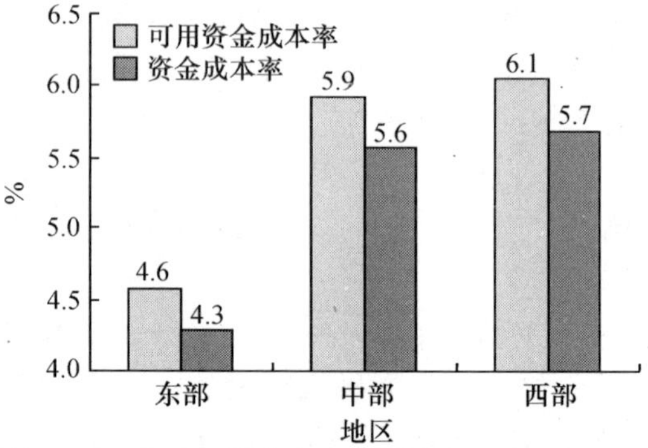

图 3.4.8　各地区的资金成本率和可用资金成本率

这种差异在省份层面可以看得更为清晰。图 3.4.9 中,可用资金成本最高的是西部的宁夏,超过了 8%,其次是贵州,接近 7%,而后是吉林以及陕西。经济比较发达的东部省份——江西、江苏、福建、浙江,资金可用资金成本率最低,其中浙江可用资金成本率约为 4%。

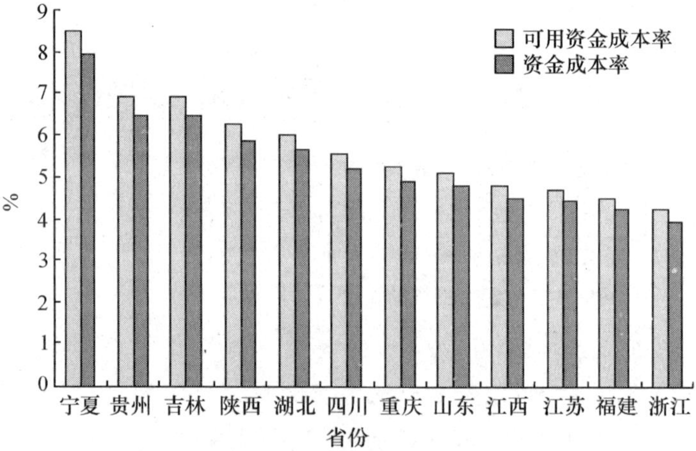

图 3.4.9　各省份的资金成本率和可用资金成本率

当然,随着金融改革的推进,金融机构的效率随着时间有所提高,一个表现就是资金成本率和可用资金成本率的下降。图 3.4.10 显示,这两个比率从 2000 年的 7% 以上,下降到 2004 年的 4% 左右,说明金融机构的资金利用效率在这五年间还是有了很大的提高。

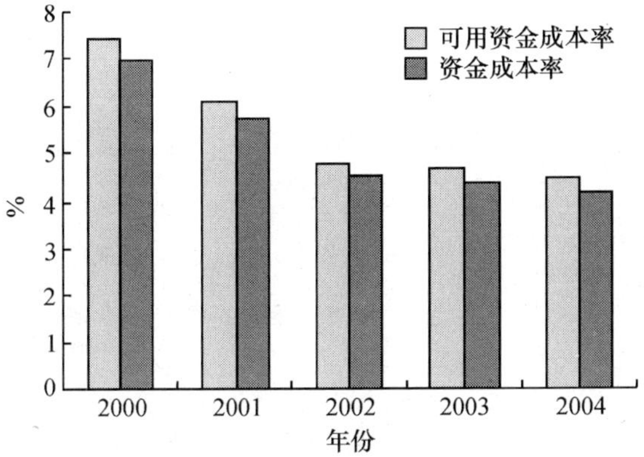

图 3.4.10　各年资金成本率和可用资金成本率

五、其他资金来源

除了企业与个人存款构成金融机构的负债之外,金融机构还可以从以下三个主要渠道得到资金:同业存放、从上级拆入资金以及从同业拆入资金。尽管存款是金融机构资金来源的主要渠道,但是,不同金融机构在不同时期在资金来源方面还是存在不少差异。

图 3.5.1 描述了各金融机构资金来源的分布。由于从同业拆入资金的比重普遍较低,我们重点分析另外三项所占的比重。首先,存款和同业存放都属于个人或机构在本机构存放的其他资金,可以看做更为宽泛的存款。以此为标准可以看到,股份制银行的资金来源几乎全是存款,其中城市商业银行 98% 的存款来自个人、企业、政府和部门,1.8% 来自同业存放。全国性股份制商业银行的资金来源中,存款加同业存放也超过了 98%。农信社的资金来源结构则是存款占近 70%,同业存放占 21%,其余为拆入上级和同业的资金。

拆入上级资金的比重反映了县级金融机构从上级得到的资金支持的力度。上级强有力的支持固然可以减轻本机构组织存款的压力,但是过于倚靠上级也反映了本机构在资金来源方面的独立性不够。如果我们将拆入上级资金的比重作为资金来源约束软硬的一个指标,并假设越能从上级拆入资金的金融机构,它们自有资金(存款和同业存放等)的约束就越软的话,根据对调查数据的分析,四大国有银行中,建行的资金来源约束最

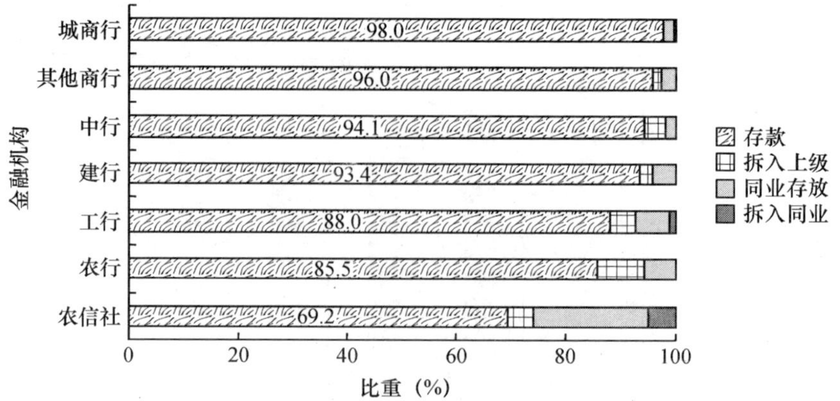

图 3.5.1　各金融机构资金来源的分布

硬，从上级拆入的资金仅占全部资金来源的 2.4%；其次是中行(4%)、工行(5%)，最软的则是农行(8.75%)。

金融机构资金来源也存在地域上的差异(图 3.5.2)。其中东部地区存款占所有资金来源的比重最大，为 89.2%；中部则最低，为 82.5%。东部地区同业存放的比重也最小，在一定程度上也反映出东部地区资金使用上竞争会更激烈。由于同业存放部分衡量了同业没有贷放出去的资金的比重，中西部地区该比重较大可能也反映了中西部地区的当地经济中没有足够具有吸引力的项目。另外，拆入上级资金的比重，也是东部最低(3.4%)，西部其次(4.4%)，中部最高(6.8%)。可以认为，在资金来源的约束方面，中部地区的约束是最软的。

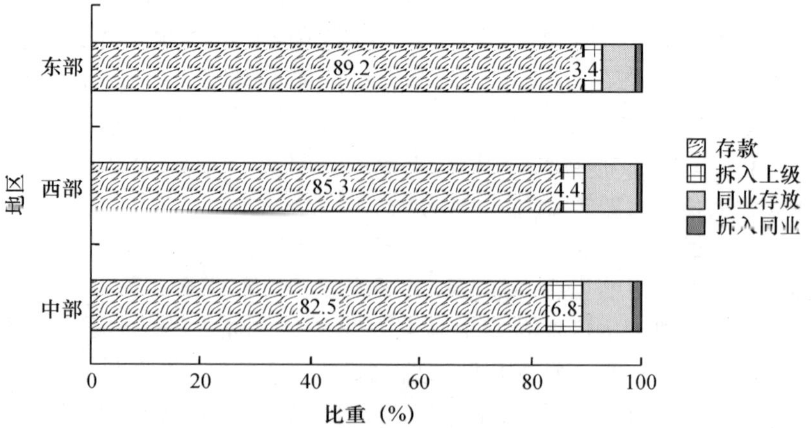

图 3.5.2　各地区金融机构资金来源的分布

进一步分省份来看,图3.5.3表明,除了西部省份中的重庆外,存款占资金来源比重最高的三个省份全部来自沿海地区:江苏(94.7%),浙江(89.3%),山东(87.6%);而存款比重最低的四个省份都在中西部:贵州(79.7%),吉林(80.2%),湖北(81.4%),陕西(82.1%)。而从资金从上级拆入的比重看,比重较高的省份主要在中西部地区,而东部地区该比重普遍较低。金融机构资金来源分布和经济发达程度之间的这种关联的内在机制,是值得进一步研究的课题。

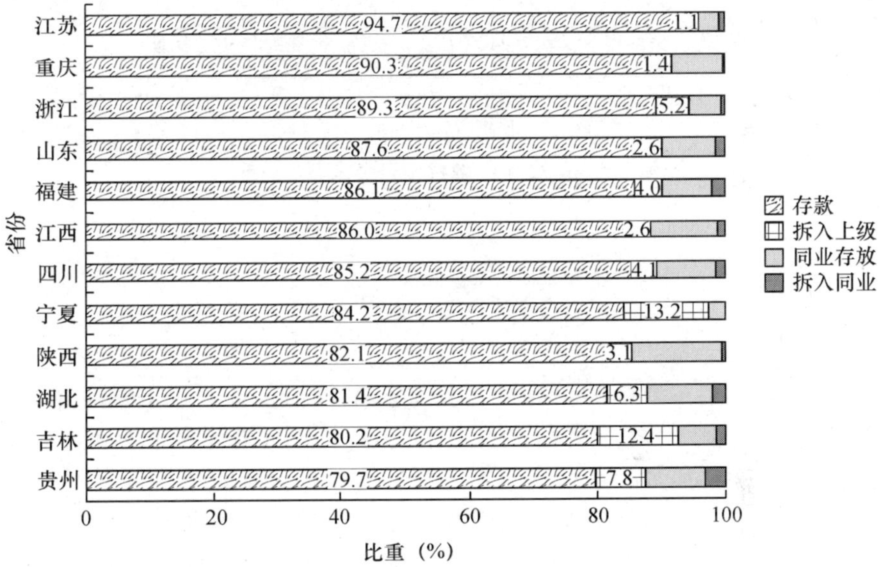

图3.5.3 各省份金融机构资金来源的分布

不过从时间趋势上看,从2000年到2004年,金融机构资金来源分布中,存款的比重由2000年的84.3%上升到2004年的87.4%,而从上级拆入的资金所占比重由5.9%下降到4%,同业存放与拆入的比重大致相当(图3.5.4)。这反映出金融机构资金来源的自主性随着时间的推移有所增强,可能也从一个侧面反映了金融机构的效率在这些年间有所提高。

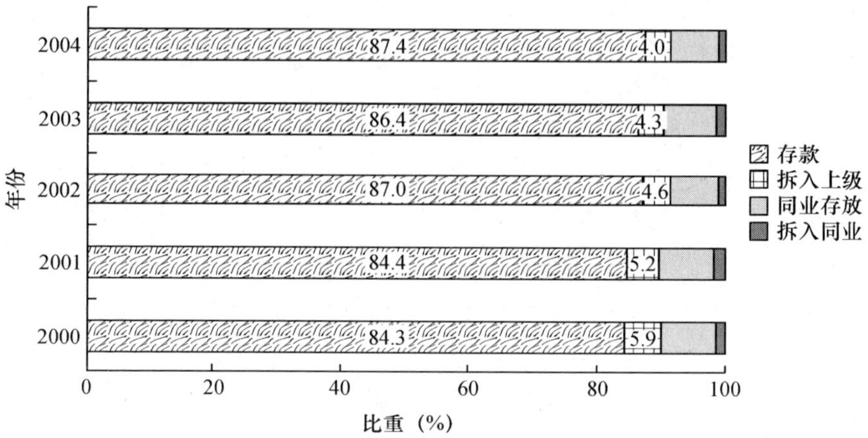

图 3.5.4 各年金融机构资金来源的分布

六、结　　论

在本章我们主要描述了存款市场和金融机构资金来源的基本情况。2000—2004 年间，利率下降而准备金率上升，金融机构普遍感受到日益加重的组织存款的压力。这种压力在不同所有制的金融机构之间并没有很大的差别。从存款市场的竞争程度看，不同地区金融机构面临的竞争状况不同，东部地区的竞争普遍比中西部激烈；就金融机构的类型看，农行和农信社占有较大的市场份额，尤其是在中西部地区。而从存款市场份额的变化上，也可以看出国有银行从县域金融逐渐撤出的趋势。

值得一提的是邮政储蓄。由于邮政储蓄只存不贷，获得的存款又转存人民银行，因此被认为是农村地区金融“失血”的罪魁祸首。但是，自 20 世纪 90 年代，特别是 1998 年以来邮政储蓄的利率一直和其他金融机构相同，因此在吸收存款上并没有利率的优势，而且从市场份额上看，邮政储蓄平均占有的农村存款市场份额为 9% 左右，跟全国总体上邮政储蓄所占存款市场份额接近。在我们的样本中，能够看到的邮政储蓄占存款市场的最大份额是 31%。因此，对不少县来说，邮政储蓄并不是存款市场上吸引储蓄的主要机构。

从存款的结构上可以看到的是，2000—2004 年间，金融机构的定期存款比例明显下降,而活期存款比例大幅上升。由于该时期的低利率政策使得个人不愿意将资金长期存放在银行,而选择活期储蓄,以便能够随时捕捉更好的投资机会,因此,在这个阶段也观察到个人存款在总存款中所占比重不断下降,企业、政府和机关团体的存款比重却在上升。

控制存款成本是金融机构绩效管理的重要工作。存款结构的变化使得相应的利息支出占总存款的额度也在不断下降。但是从资金成本率和可用资金成本率的角度,我们看到股份制银行的资金成本率显著低于其他金融机构,东部省份金融机构的资金成本率显著低于中西部地区。

另外,本章也从存款、同业存放、拆入上级和拆入同业这四个渠道来研究金融机构的资金来源。本调查的数据显示,股份制银行的资金来源主要依靠存款和同业存放,而国有银行和农信社的资金来源依靠上级的时候要多得多;另外,在地域上,也呈现出经济较发达地区资金来源依靠存款和同业存放,而较不发达地区主要来自上级拆入的现象。资金来源结构的不同反映了资金来源对于资金运用约束的软硬程度不同,也影响了金融机构的激励机制,是研究金融机构效率需要考虑的因素。

根据本章的内容,值得进一步探讨的是存款利率管制究竟给金融机构带来了多少不以利率形式出现,但是是为了吸引储户而以各种形式支付给储户的成本,也就是隐含利率(implicit interest rate)的计算。现有国际文献说明,存在利率管制的情况下,金融机构往往需要付出比市场利率下更高的成本来吸引存款,由此造成效率损失。根据数据进一步估算隐含利率可以为我国利率制度的改革提供实证依据,是值得进一步研究的课题。

第四章　贷款及资金运用

发放贷款是中国金融机构的主要业务和主要盈利途径。我国2003年修正的《商业银行法》第七条规定:“商业银行开展信贷业务,应当严格审查借款人的资信,实行担保,保障按期收回贷款。商业银行依法向借款人收回到期贷款的本金和利息,受法律保护。”在本章我们考察受调查金融机构在贷款发放方面的特征。在第一节,我们首先关注金融机构的存款和贷款之间的关系,这一关系主要通过存贷比来表述。在第二节,我们了解金融机构的贷款结构,主要从期限结构、贷款的客户结构以及重点支持的行业结构这三个角度描述贷款结构的异同。在第三节讨论贷款质量,这里我们描述正常运转的贷款的比重,以及历史遗留不良贷款的成因等。

一、金融机构存贷比

在本节我们首先关注贷款和存款之间的关系,其中最主要的指标即存贷比。这里存贷比是指县级金融机构年底贷款余额占存款余额构成的比重。第二章的信息表明,给定金融机构存款额度,存贷比越高,金融机构贷出的贷款越多;如果这些贷款质量优良,存贷比越高就意味着贷款利息收入越高;在既定的存款成本下,越高的存贷比就会带来越高的利润。因此,商业银行往往有提高存贷比的动机。但是,存贷比过高可能导致银行抗风险的能力降低。一方面,存贷比过高,那么银行预留的库存现金存款准备金(即银行在中央银行或商业银行的存款)不足的可能性越大,在短期可能引发支付危机。另一方面,如果贷款扩张过度迅速,在给定地区优质客户有限的情况下,就可能导致呆坏账比例升高,影响金融机构长期的健康状况。目前我国中央银行规定,商业银行最高的存贷比为75%。

在第二章我们也看到,存贷比指标是金融机构上级部门调控的主要指标。比如,2008 年全球爆发金融危机,当年 11 月 5 日,国务院总理温家宝主持召开国务院常务会议,研究部署进一步扩大内需促进经济平稳较快增长的措施,提出到 2010 年年底约投资 4 万亿元,并要求投资"出手要快,出拳要重,措施要准,工作要实"。与此相应,2009 年度我国宽松的货币政策带来了信贷的高速增长。2010 年,应对信贷高速增长的手段虽然包括资本金充足率、窗口指导以及定向票据等,但是对金融机构约束力最大的仍是 75% 的存贷比上限。而 2010 年以来尤其活跃的"揽存"现象,也和金融机构急于达到 75% 的存贷比上限存在密不可分的关系。在本节,我们首先研究样本调查期内金融机构的存贷比状况。

(一) 金融机构的存贷比分布

在图 4.1.1 中,我们首先刻画 2000—2004 年间各金融机构存贷比的均值。由于金融机构间存贷比的变化差异可能比较大,为避免少数存贷比很高或者很低的金融机构的状况主导了我们对于平均状况的判断,我们同时也列出存贷比中值(即将所有存贷比按照从低到高的顺序排列,最中间位置金融机构的存贷比)。根据图 4.1.1,所有金融机构中,只有农行存贷比的均值超过 75% 的上限。事实上,除了农行、工行和农信社的平均存贷比在 70% 以上外,其他金融机构的存贷比都在 65% 以下,其中中行存贷比的均值仅 50% 。从中值的角度看,所有金融机构的存贷比中值都比均值低,说明每个金融机构都存在存贷比较高的分支机构来拉高均值的情况。存贷比均值和中值差距最小的是农信社,其均值和中值都稳定在 70% 上下,因此在存贷比这个指标上,农信社的同质性要比其他金融机构强。均

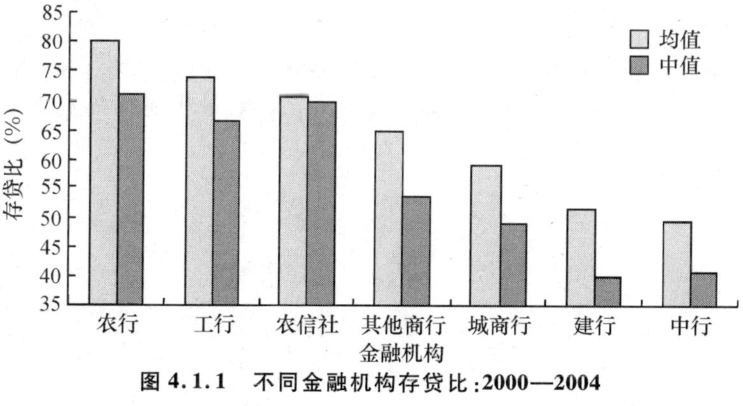

图 4.1.1 不同金融机构存贷比:2000—2004

值和中值差异最大的金融机构是建行和中行。从中值来看，建行和工行存贷比都大致在 40%。另外一类贷款余额不及存款余额一半的金融机构是城市商业银行。如果金融机构获得的资金没有贷出去导致存贷比过低，那么金融机构如何运用贷款之外的资金，是否会使得资金流出本地，形成金融"失血"，就值得关注了。

（二）金融机构的存贷比变动趋势

图 4.1.1 的总结是 2000—2004 年间的平均，并不能很好地反映时间趋势。由于存贷比是一个非常关键的指标，我们在图 4.1.2a 到图 4.1.2g 中，分别比较了各金融机构存贷比各年间的均值和中值。从这一系列图中，我们看到存贷比在不同金融机构的不同年份间的变化趋势有很大差异。其中，农行与工行存贷比均值呈现逐年下降的趋势。我们看到，农行与工行平均存贷比超过 75% 上限的主要是在 2003 年之前。存贷比均值呈上升趋势的有建行、中行、城商行和全国性股份制商业银行。它们的共同特征是 2000 年前后存贷比的均值很低，其中建行和全国性股份制商业银行 2000 年的均值在 50% 到 55% 之间，而中行和城商行存贷比均值都在 45% 以下。农信社存贷比在五年间基本持平。再从均值和中值的差异看，趋势也有所不同。其中，农行、工行的均值和中值差异缩小，显示出不同分支之间存贷比有趋同的趋势；建行、中行、全国性股份制商业银行之间的差异却在拉大，显示出不同分支机构在存贷比方面和上级机构的互动具有较大的差异性。城商行与农信社各年间均值和中值差异的变化不大，显示出对这两类机构而言，存贷比在同一金融机构的不同分支机构之间的格局没有太大的不同。由于除了农行与工行之外的县级支行的存贷比大致都呈上升趋势，因此，总体上的存贷比时间趋势是上升的，并且均值远在规定的 75% 以下。也就是说县级金融机构在资金运用方面仍然存在空间。我们在第七章重点讨论金融"失血"的问题，以加深对于贷款之外的资金运用的了解。

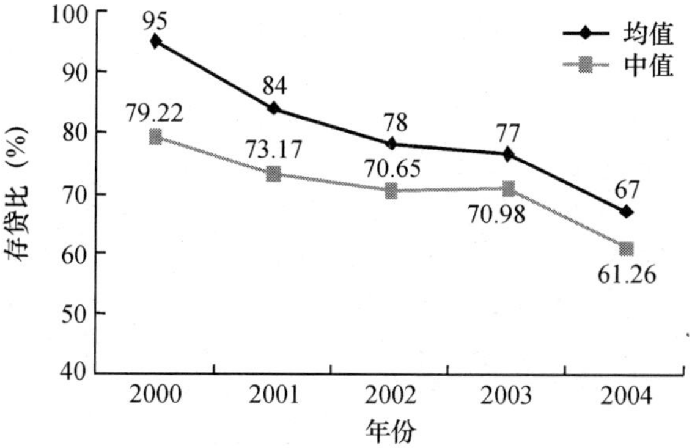

图 4.1.2a　农行存贷比的均值和中值:2000—2004

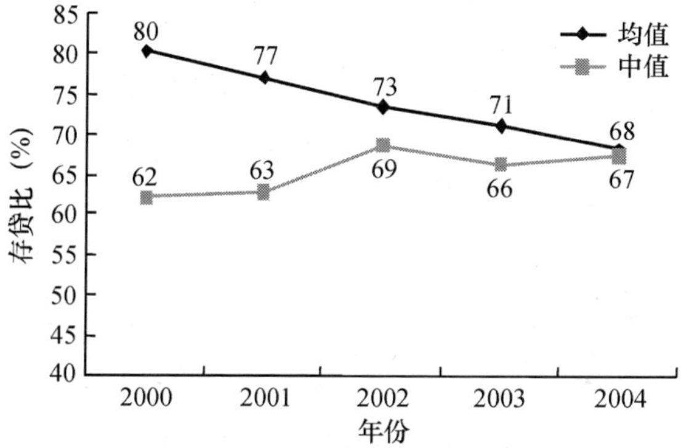

图 4.1.2b　工行存贷比的均值和中值:2000—2004

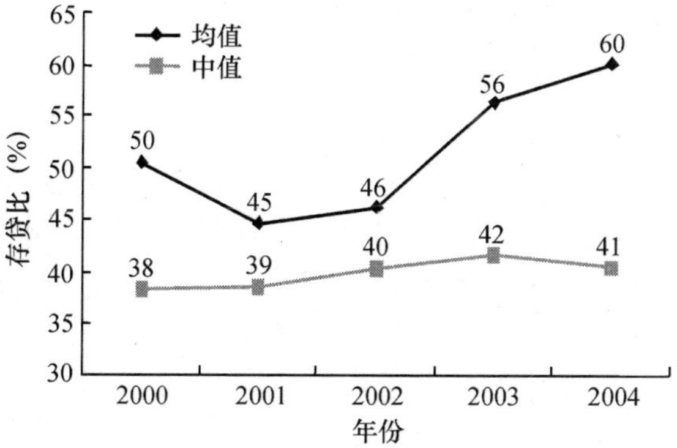

图 4.1.2c　建行存贷比的均值和中值:2000—2004

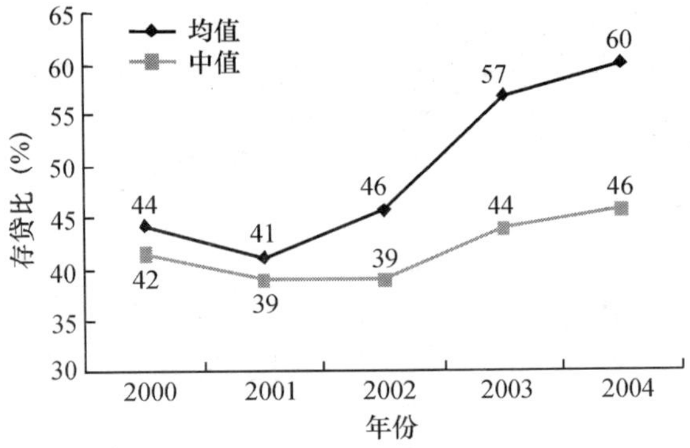

图 4.1.2d　中行存贷比的均值和中值:2000—2004

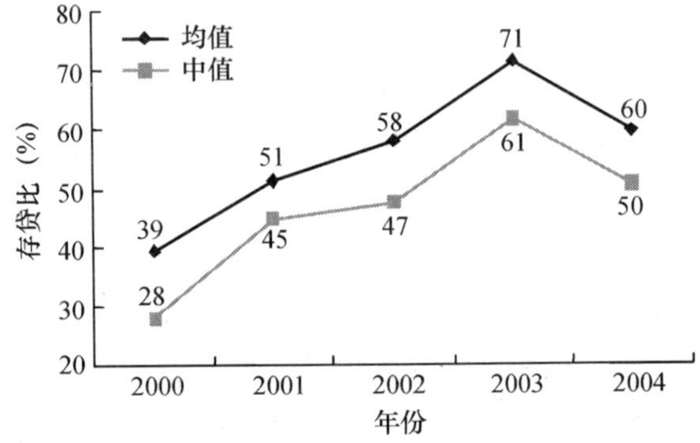

图 4.1.2e　城商行存贷比的均值和中值:2000—2004

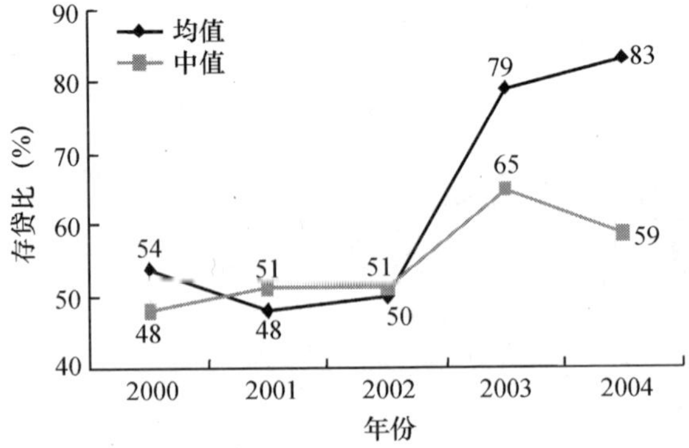

图 4.1.2f　其他商行存贷比的均值和中值:2000—2004

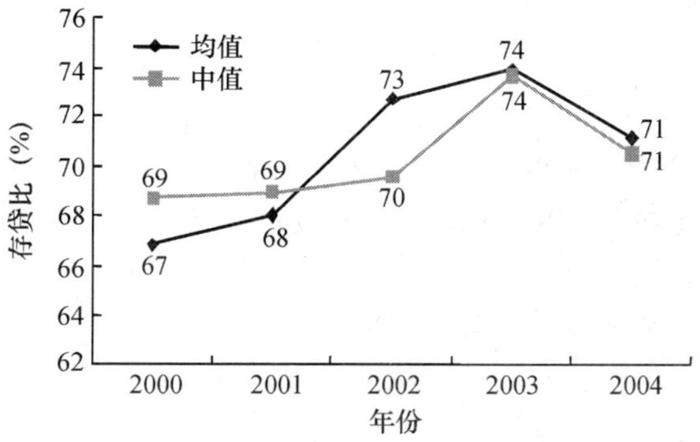

图 4.1.2g　农信社存贷比的均值和中值:2000—2004

（三）存贷比的地区差异

由于各地区之间不同的历史文化背景、经济发展水平以及金融机构与政府和企业、个人的互动态势,存贷款关系的变化还需要从地区层面做进一步的了解。观察 2000—2004 年这五年间的平均态势就可以发现,东、中、西三个地区间的存贷比呈现“两头高,中间低”的态势。其中,东部地区存贷比均值在 2000—2004 年间为 70% ,中部则为 59% ,西部为 67% 。

但是,存贷比的均值不能反映存贷款关系的变化趋势。根据图 4.1.3,东部地区存贷比在 2000—2004 年间上升,而中、西部地区则呈现下降态势。不仅如此,存贷比高低的相对格局也有所改变。在 2000 年,西部地区存贷比最高,当地各金融机构存贷比均值达 76% ;而中部地区和东部地区

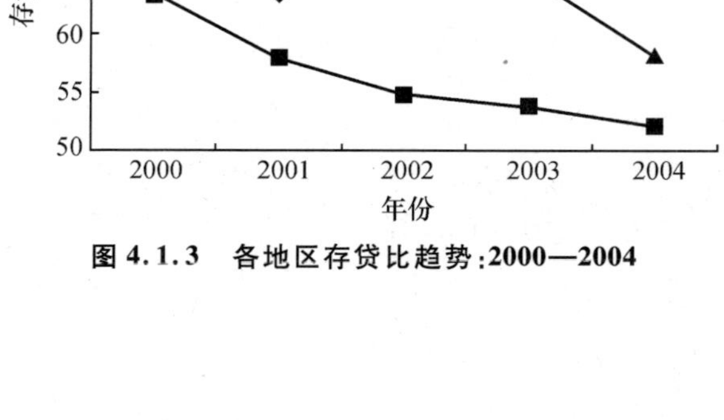

图 4.1.3　各地区存贷比趋势:2000—2004

相当，都在63%和64%之间徘徊；到了2004年，东部地区存贷比达80%，西部地区存贷比下降到58%，而中部地区更下降到52%。这里，存贷比上升最快的是东部地区，而下降最快的则是西部地区，呈现出东部地区资金使用率日渐上升，中、西部地区日渐下降的情形。由于西部地区存贷比总体水平高于中部地区，因此在这五年中出现了平均存贷比东部最高、中部最低而西部位居其中的特点。

单纯分地区刻画存贷比变化可能还是过于粗略。比如同为西部地区，贵州和四川、重庆等地在自然条件、经济发展水平以及"西部大开发"中获得的支持力度还是存在差异；相应地，金融机构的经营绩效等也会存在差异。我们分别从总变化趋势、增长率以及增长率和初始状态之间的关系三个角度描述存贷比的省份间差异。根据图4.1.4，我们看到在2000—2004年间，各省金融机构平均的存贷比均值跨度大。其中，存贷比最高的宁夏该比例均值达101%，而均值最低的江西则为50%。另外，不同省份存贷比变化趋势不同，出现上升的省份有浙江、江苏、福建和山东等东部四省，而中西部省份存贷比都在下降。

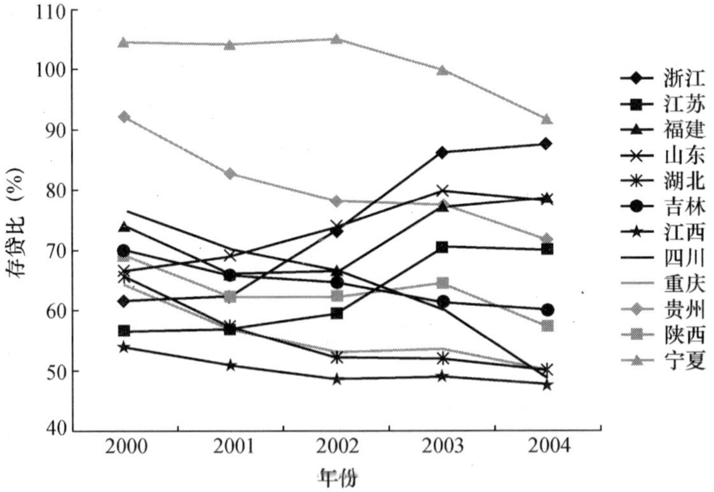

图4.1.4　各省存贷比均值：2000—2004

图4.1.5则展示了不同省份存贷比五年间的平均增长率。该图清楚地表明，存贷比增长率的省份间差异可达近20个百分点。其中，存贷比增长最快的省份是浙江，其平均存贷比增长率近10%；而负增长率最大的则是四川，年平均增长率也达到10%。在增长率层面，东部地区和中西部地

区泾渭分明。其中，东部四省浙江、江苏、福建和山东平均存贷比增长率都为正值；而中西部地区的平均存贷比增长率都为负值，并且负增长率的大小呈现中部、西部夹杂的情形。

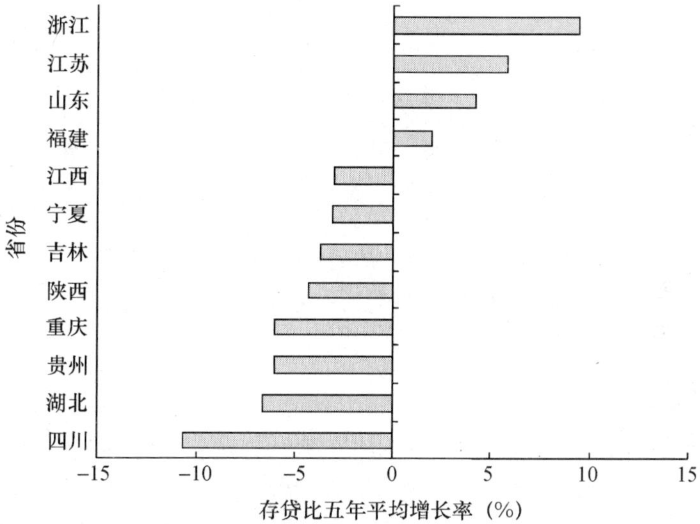

图 4.1.5 各省存贷比平均增长率:2000—2004

在经济增长理论中一个值得关注的主要问题是，不同经济发展水平的国家是否会存在增长收敛(convergence)的可能。如果初始经济发展水平比较低的国家的经济增长水平比较高，那么落后国家就存在赶上发达国家的可能。类似的，在这里我们关注存贷比是否在不同地区间存在趋同的可能，是否在未来可能出现不同地区的存贷比大致相当的现象。为此，我们在图 4.1.6 中描画了初始存贷比和平均增长率之间的关系，其中初始存贷比用 2000 年的存贷比水平来近似。这里，我们大体上可以看到 2000 年存贷比水平和存贷比平均增长率之间存在负向相关关系，即初始存贷比水平越高的地区存贷比存在负增长的可能性也越大。但是，平均增长率对 2000 年存贷比水平做简单二元回归，得到的斜率参数估计值为 -0.15，t 统计量的值为 -1.20，因此在 5% 的显著性水平上，两者的负相关关系并不显著。因此，我们没有找到支持存贷比可能会趋同的证据，而未来各地区的存贷比状况可能存在渐行渐远的可能。

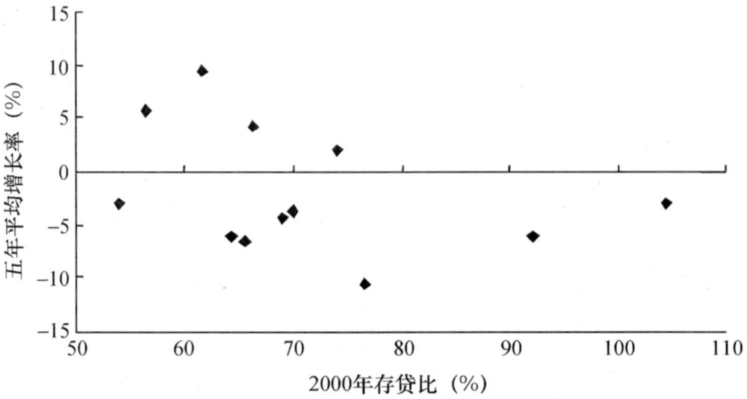

图 4.1.6　初始存贷比和平均存贷比增长率

小结

虽然存贷比在 2000—2004 年间呈现上升趋势，但是大多数县级支行的实际存贷比都在 75% 的上限以下。存贷比在不同金融机构之间的表现也有很大差异。同是国有银行，农行和工行县级支行的存贷比逐年下降，而建行和中行的存贷比则逐渐上升；股份制商业银行的存贷比逐年上升，而农信社基本持平。在时间趋势上，同一金融系统内，不同支行之间存贷比的差异随时间变化也有所不同，其中，农行与工行呈现存贷比趋同的迹象，城商行和农信社格局五年间基本不变，而其他金融机构支行间的存贷比差异则逐渐扩大。在地域分布上，存贷比呈现东部地区持续上升，而中西部地区不断下降的态势。从增长率的角度，我们看到，初始存贷比较高的机构，存贷比的增长率相对较低，但是这一趋势在 5% 的显著性水平上并不显著。这说明，我们看到存贷比未来在不同地区之间虽然存在收敛（趋同）的可能，但是在 2000—2004 年间这一趋势还是比较弱的。

二、贷款结构

商业银行作为资金融通的中介，其资产负债表的期限结构在其经营管理中有重要意义。第三章中已经提到，2000—2004 年间，金融机构的定期存款比例明显下降而活期存款比例大幅上升，如果金融机构“短存长贷”

的特点明显，导致资产负债期限结构错配严重，就会加大流动性风险，即有可能会造成银行资金中长期占压，影响满足储户中短期资金提现的需求，最严重的会出现挤兑的现象。因此，商业银行的资产和负债之间是否存在合理搭配组合，对于防范流动性风险具有重大的意义。

（一）中长期贷款占比

改革开放以来，人民币中长期贷款占全部人民币的比例逐步上升。根据中国人民银行统计调查司的数据，在上世纪 90 年代末，中长期贷款占比一直在 20% 至 22% 之间，但是从 2000 年起，中长期贷款占比增长的速度明显加快。该比例由 2000 年的 26.6% 逐步上升到 2009 年的 52.3%，平均增长率为 2.8%（图 4.2.1）。从 2008 年起，人民币中长期贷款占全部人民币贷款的比例就已经超过了短期贷款占比，到 2010 年 7 月，中长期贷款占比更高达 60%。由于我国目前金融机构没有明确的退出机制，金融机构的安全性在本质上是由政府担保的，因此贷款的长期化和随之而来的更严重的流动性风险，对于宏观经济的总体运行具有深远的影响。我们从微观数据角度进一步描述贷款的期限结构，以帮助我们了解贷款长期化的一部分原因。

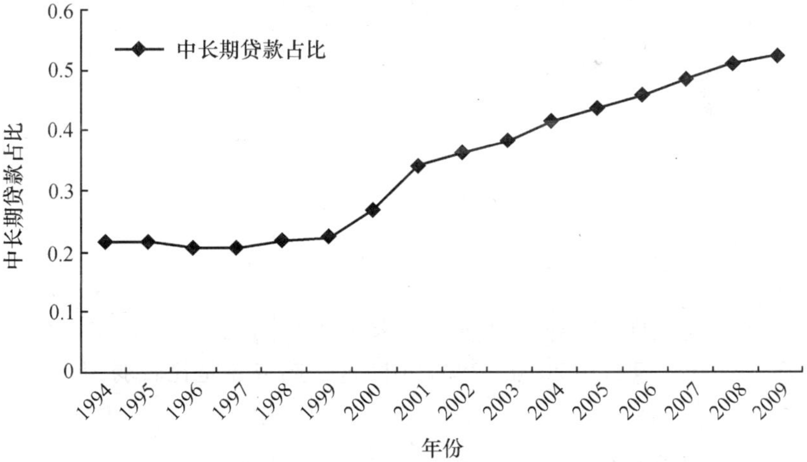

图 4.2.1　全国金融机构中长期贷款占比：1994—2009

1. 县级金融机构的中长期贷款占比

如果分年算出中长期贷款占比的平均值，我们的调查数据显示，2001—2004 年，县级金融机构中长期贷款占比的年平均值分别是 26.3%、26.8%、30% 和 34%。这些比例和总量数据描述的趋势一致，但比例本身大约要低 8 个百分点。由于我们调查的机构为县域金融机构,其中长期贷款比客户多为大企业的大中型金融机构低是正常的现象。另外一方面的原因,就是金融机构加总之后计算出来的中长期贷款占比均值,易于受到极值的影响。比如,在我们的调查数据中,中长期贷款的年均值比中值要高 5—6 个百分点。也就是说,一些中长期贷款占比较高的金融机构拉高了中长期贷款占比的均值。这也说明,单纯依靠总量数据来描述金融机构的贷款结构是远远不够的。

图 4.2.2 进一步分年度刻画了中长期贷款占比的趋势。从图中可以看到,所有金融机构共同的特点,是这些年间中长期贷款占比都在上升。但是上升的趋势以及占比的多少在不同金融机构间存在很大差异。比如,建行县支行中长期贷款占比在 2000 年时不到 40%,而到 2004 年时就已经与短期贷款平分秋色,年均增长率达 3%;农行和工行支行在 2000 年时中长期贷款都占约 30%,但到 2004 年时,工行占比已经接近 40%,而农行尚未超过 35%。全国性股份制商业银行支行中长期贷款占比则呈现出起点低、增长快的特点。在 2000 年时,全国性股份制商业银行的中长期贷款占比勉强达到 5%,而到 2004 年时已经达到了 18%,增长率为 4.4%。城市商业银行则是占比增长率最高的机构,四年内中长期贷款由 17% 增至 34%。农信社的中长期贷款占比则缓步从 11.8% 增加到 20%。

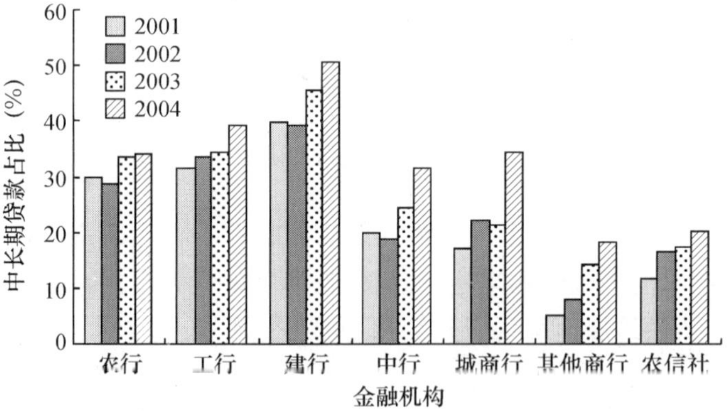

图 4.2.2 县级金融机构中长期贷款占比:2001—2004

2. 中长期贷款占比的地区差异

中长期贷款占比在不同的省份间也存在很大的差异。图 4.2.3 说明,在经济欠发达的省份如贵州、宁夏和陕西,金融机构贷款中中长期贷款占比较高;而发达的东部沿海地区,该比例反而较低,其中,江苏和福建各金融机构的四年平均占比都在20%以内,浙江也未达到30%。除了均值以外,数据也显示,中长期贷款占比的方差在不同的省份间也存在差异。其中,欠发达省份的金融机构中长期贷款占比的差异较大,而发达省份不同金融机构的中长期贷款占比则存在一定的同质性。经济欠发达地区中长期贷款占比高,就使欠发达地区的金融机构暴露在更高的流动性风险中;另外,由于中长期贷款的风险暴露时间较长,只要贷款风险在高管任期内不能被监管机构识破,金融机构就有发放中长期贷款的偏好,这进一步增加了下一个阶段不良贷款占比增加的风险,因此应当引起监管机构的关注。

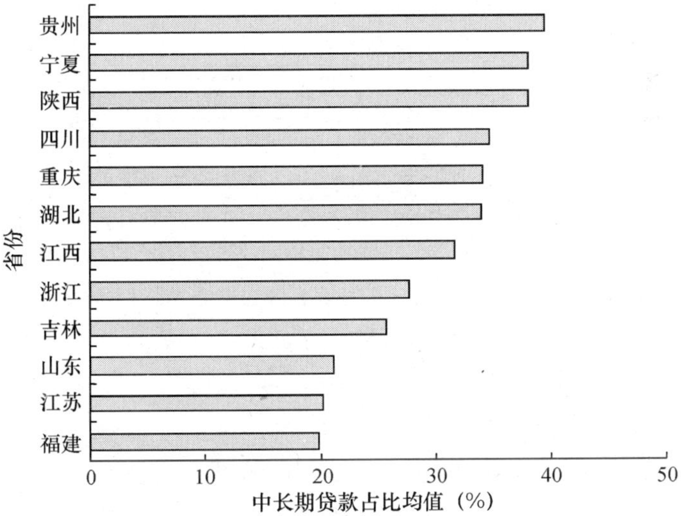

图 4.2.3　各省金融机构中长期贷款占比均值:2001—2004

3. 中长期贷款和相关贷款利率

如果要解释中长期贷款大幅攀升的现象,一个自然的角度就是贷款利率。根据利率的期限结构理论,如果中长期贷款的利率或者收益高于短期贷款,那么从供给层面来说银行会更愿意发放中长期贷款。因此,假如贷款利率可以解释中长期贷款占比的上升趋势的话,我们应当看到中长期贷款利率和短期利率之间的利差会不断增大。图4.2.4刻画了我国从1990年起不同期限贷款的基准利率,该图显示,上世纪90年代不同期限贷款间的利差较大,而2000年以来利差一直很小。

在微观层面,我们在表4.2.1中计算了2001—2004年从3个月到5年期的县级金融机构的贷款利率的均值(囿于调查数据的可得性,我们没有更长期限贷款的利率,但是根据县级金融机构的长期贷款利率趋势和全

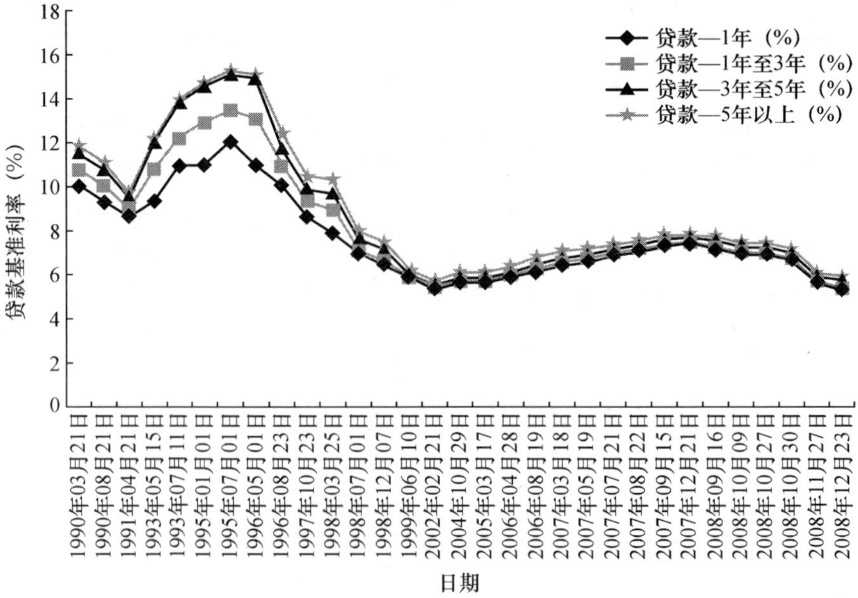

图 4.2.4　金融机构人民币贷款基准利率变动：1990—2008

资料来源：Wind 资讯。

国数据相当的假设，我们可以推断长期贷款利率和流动资金贷款利率之间的利差）。表 4.2.1 表明，在 2001 年间，无论流动资金贷款利率还是中期贷款利率，都呈现了下降的趋势，并且不同期限之间的贷款利差并没有明显增大。

表 4.2.1　各种期限的平均贷款利率（%）

年份	3 个月	6 个月	1 年	3 年	5 年
2001	6.12	6.18	6.36	6.38	6.47
2002	5.68	5.75	5.93	6.00	6.06
2003	5.66	5.73	5.88	5.95	5.96
2004	5.91	6.03	6.20	6.27	6.31

当然，金融机构的贷款余额是平衡过资金的供需之后的最终结果。贷款利差的减少可能会使资金的需求方更倾向于申请中长期贷款。但是从国外的文献看，成长性较好的企业倾向于更多采用短期的债务融资（如 Barelay and Smith，1995）。对于县级金融机构而言，它们面对的企业多为中小企业，而中小企业“贷款难”问题作为长期以来经济发展需要关注的

问题本身,就说明在县级地区,资金的供需两方中,往往是处于供给方的金融机构为主导。因此,考察贷款利差的减少来研究中长期贷款趋势变化的背后的原因仍然是一个值得关注的课题。

由于我们的数据没有企业的资料,这里我们单从资金的供给方来考察贷款结构和利率的关系。我们进一步将中长期贷款分别对1年期、3年期、5年期贷款利率进行回归来考察贷款占比和利率期限之间的关系,表4.2.2再次印证了上面的观察,即如果我们考虑到不同金融机构本身的差异和时间趋势上的差异,那么剩下的中长期企业贷款占比的变动和利率并没有明确的关系。

表4.2.2　中长期贷款占比和不同期限贷款利率的关系

变量	(1)	(2)	(3)
1年期	-0.635		
	(0.616)		
3年期		0.158	
		(0.583)	
5年期			0.0749
			(0.534)
工行	3.406	4.194*	3.151
	(2.306)	(2.246)	(2.263)
建行	10.96***	12.62***	10.02***
	(2.436)	(2.326)	(2.290)
中行	-8.717***	-6.724***	-7.038***
	(2.639)	(2.515)	(2.543)
城商行	-8.546*	-2.089	-8.102
	(5.005)	(4.842)	(5.381)
股份制银行	-22.04***	-17.07***	-23.78***
	(5.203)	(5.016)	(5.377)
农信社	-11.47***	-12.59***	-14.81***
	(2.624)	(2.565)	(2.640)
年份	2.632***	2.730***	2.637***
	(0.694)	(0.673)	(0.683)
截距	-5 234***	-5 437***	-5 249***
	(1 389)	(1 348)	(1 368)
观测值	865	936	913
R平方	0.138	0.134	0.136

注:括号内为标准误。* 显著性10%,** 显著性5%,*** 显著性1%。

对于中长期贷款占比不断上升的现象,学者给出了一些解读。比如童士清(2008)认为,中长期贷款占比的上升和金融机构需要不断降低不良贷款占比的需要之间存在密切的联系。他认为,在处理不良贷款的初期,金融机构可以通过处置、剥离等简单手段。但随着时间的推移,通过降低不良贷款绝对额的方式来降低不良贷款日益困难。从2001年下半年开始,银行普遍采取了加大贷款投放力度的方式以扩大盈利、稀释不良贷款,因此带来中长期贷款的长足增长。但是这一结论并没有实证数据的支持。我们的微观数据运行允许我们同时观察到不良贷款的状况和中长期贷款的状况,因此,在下面的简单二元回归中,我们考察不良贷款占比和金融机构中长期贷款占比之间的关系。

在表4.2.3中,我们关心的因变量是中长期贷款占比。列(1)、(2)、(3)中解释变量的组合不同。其中列(1)采用的不良贷款占比指标包含了金融机构已经核销掉的不良贷款。我们看到,这个总的不良贷款占比和中长期贷款占比之间存在明显的负向相关关系,也就是说,总的不良贷款占比越低的金融机构,它们的贷款结构中,中长期贷款占比就越高。列(2)是去除了金融机构核销掉的不良贷款之后的不良贷款占比,我们称之为账

表4.2.3 中长期贷款占比和不良贷款占比的回归分析

变量名	中长期贷款占比		
	(1)	(2)	(3)
5年期贷款利率	1.873*	1.868*	1.922*
	(1.10)	(1.11)	(1.11)
不良贷款占比	-0.0734*		
(含核销)	(0.04)		
不良贷款占比		-0.03	-0.0937*
(不含核销)		(0.02)	(0.05)
核销带来的差异			(0.13)
			(0.09)
是否控制机构特点	是	是	是
是否控制年份差异	是	是	是
截距	-391.30	-529.90	-423.50
	(2 388)	(2 394)	(2 391)
观测值	295	295	586
*R*平方	0.11	0.10	0.12

注:括号内为标准误。表格中"*"代表在10%的显著性水平上显著。

面不良贷款。列(2)显示,如果单纯考虑账面不良贷款占比,似乎不能够看到账面不良贷款占比和中长期贷款之间存在显著的负向相关关系。但是,在列(3),我们将列(1)中的总的不良贷款占比拆成账面不良贷款占比和由于核销带来的那部分差异时就可以看到,即使考虑去除核销之后的账面不良贷款,也存在该不良贷款占比越低的金融机构,其中长期贷款占比越高的现象,而这一关系在10%的显著性水平上显著。另外,列(3)中标记的核销带来的差异一列虽然在10%的显著性水平上不显著,但是在15%的显著性水平上显著。这里我们也看到,存在当年核销不良贷款占比越低,则中长期贷款占比越高的较弱的证据。这里,我们提供了不良贷款占比和中长期贷款占比之间存在负向相关关系的证据,至于两者之间的因果关系,则需要做进一步的研究。

(二)私营企业贷款占比

我们从金融机构的客户角度考察金融机构的贷款结构,重点考察私营企业贷款占比的状况。自改革开放以来,我国非公有制经济年均增速达20%以上。到20世纪90年代末期,通过加权计算,非国有企业对GDP的贡献率已经达到62%以上。非公有制经济在解决就业、扩大出口、纳税、促进技术进步等方面都起到了重要的作用,目前已经成为社会主义市场经济的重要组成部分。据国家工商总局统计,2006年年末全国注册私营企业498.1万户,在规模以上工业中,中型企业26 625户,小型企业261 875户,占规模以上工业企业数量的99.12%。而根据中国《民营经济蓝皮书》的调查统计,截止到2006年年底,我国私营企业占中国法人企业的60%以上,创造了中国GDP的65%、中国GDP增量的60%,提供了社会新增就业岗位的75%、中国税收的20%和地县税收的50%以上。然而与此同时,私营企业得到的银行正式贷款却不到总量的20%,2009年四大国有银行对私营企业新增贷款仅占全部新增贷款的0.42%[①]。

由于历史及政策原因,私营企业起步晚、自身资本积累严重不足,要谋求发展往往高度依赖外源性融资。而我国资本市场建立较晚,又欠完善,间接融资长期以来在我国的金融结构中占据绝对的主导地位,由国有商业银行和股份制商业银行发放的信贷资金是我国中小私营企业发展的重要资金来源。此外,我国私营中小企业实行“自筹资金、自负盈亏”的方针,

① 根据中国人民银行统计数据计算得出。

所以私营企业很难从国家财政资金得到支持，只能借助企业本身的资本积累和对外融资。相形之下，国有企业和乡镇企业等“国家队”则自身积累充足，直接融资渠道畅通，同时也很容易进行间接融资，所以很少遇到融资困境。IFC（International Finance Corporation，是世界银行专门管理私营事务的分支机构）在1999年对中国私营企业融资状况做了一项调查，该调查研究显示：在过去的5年中，被调查的企业中只有29%能够从银行获得稳定的资金支持，同时有80%左右的私营企业认为融资困难已经严重阻碍了它们的进一步发展。刘民权课题组2003年对浙江温州、湖北咸宁和江苏盐城250家私营中小企业进行调研后发现，在被调查的企业中，76.8%的企业表示面临资金短缺，其中122家企业缺乏短期发展资金，70家缺乏长期发展资金，占总数38.8%的企业认为融资困难是它们目前发展的主要制约因素。中国私营企业的融资，无论是初创时期还是发展时期，都严重地依赖于内源融资渠道，外源性融资渠道在私营企业融资中的作用很小，而且主要来自于非正规渠道。2003年国家统计局对2 434家私营企业融资情况的调查显示，有近4%的私营企业的流动资金部分来自于高利贷，其中有近1%的企业流动资金中有25%以上是靠高利贷筹措的，而这些高利贷的正常利息为每年18%—25%。随着企业的发展，内源融资已根本不能满足私营企业的融资需求，而非正规渠道的资金成本又过高，所以迫切需要稳定的、正规的外源融资的支持。

虽然我国政府已经意识到了这一问题，并出台了相关的政策与措施，例如人民银行规定各商业银行按照《商业银行法》和《贷款通则》自主确定对企业的贷款，从法律和政策上取消对私营企业贷款的限制，同时将中小私营企业定为信贷和配套金融服务的重点扶持对象；人民银行还于1996年批准成立了专门为私营企业服务的中国民生银行。但是我国私营企业发展历史短、规模小，私营企业与国有企业相比遭遇“信贷配给”和“信贷歧视”，存在很大程度上的贷款难问题。我国每年居高不下的存贷差，从某种程度上显示着银行对私营企业的信贷支持还有巨大的发展空间。我们在本研究中进一步观察企业贷款中私营企业贷款占比的基本状况。

首先我们分金融机构考察2001—2004年间，私营企业贷款平均占企业贷款余额的比重。如图4.2.5所示，各金融机构贷款中，私营企业贷款占比的状况有较大差异。其中私营企业贷款占比最高的是城市商业银行，平均占比份额达64.5%，其次则是农信社，达54.7%。四大国有银行中，工行县支行给予私营企业贷款的份额最低，为27.9%，而最高的则是中行，达40.5%。全国性股份制商业银行的私营企业贷款占比为31.2%，即它们有近70%的贷款给了国有或者乡镇企业。

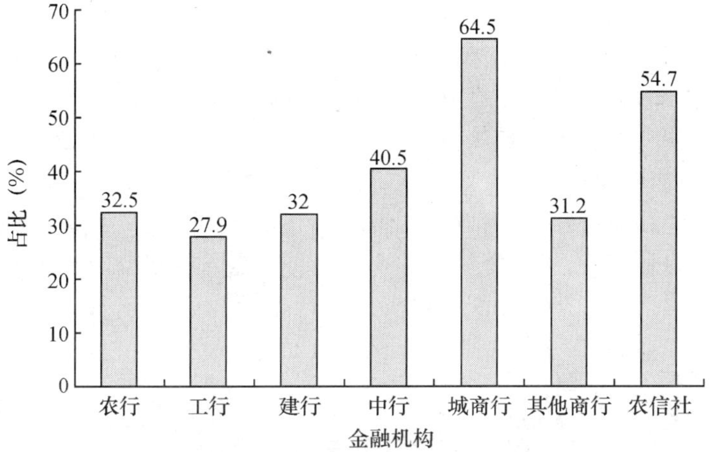

图4.2.5 各金融机构私营企业贷款占比

当然，贷款结构差异的另一个表现角度是地区差异。图4.2.6表明，在经济比较发达的东部沿海地区，私营企业贷款占比较高，其中浙江省金融机构的贷款中，70.3%的贷款由私营企业获得，江苏、福建私营企业贷款占比也超过了40%。当然，私营企业贷款占比的高低也跟当地的经济结构密不可分。比如私营企业贷款占比最低的吉林，私营企业获得的贷款仅为20.9%，这跟当地为老工业基地的性质存在密切的关系。

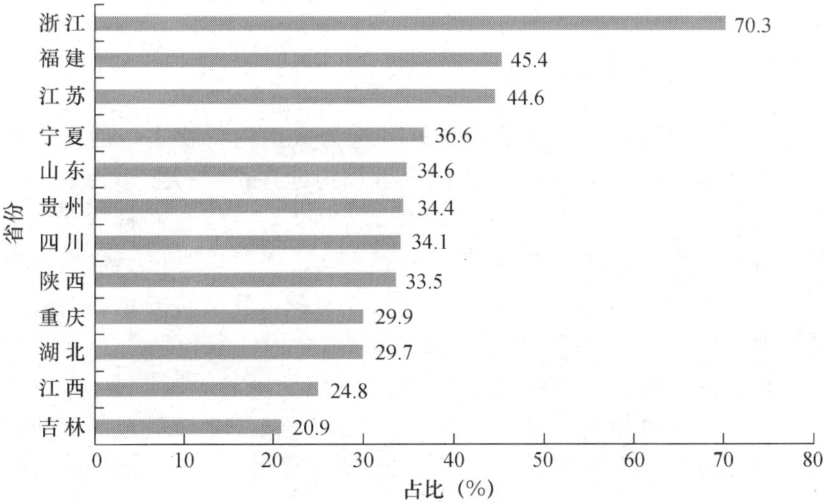

图4.2.6 各省县级金融机构私营企业贷款占比

当然,同一数据也显示,从时间趋势上看,私营企业获得贷款占比在2000—2004年间一直上升。其中,所有金融机构私营企业贷款占比在2000年的平均比重为32.6%,而到了2004年,就上升到了45.2%。当然,各金融机构的上升趋势也存在较大不同。根据图4.2.7,总体上,城市商业银行贷款中私营企业贷款占比2001—2004年间在各家金融机构都呈上升趋势;但从平均增长速度而言,农行和农信社的增长比较缓慢,平均每年增长在2个百分点左右,而四大国有银行的县支行中,私营企业贷款占比增长最快的是建行,平均每年增加5.8个百分点,这也反映出,不同金融机构对于私营企业支持的力度存在较大差异。

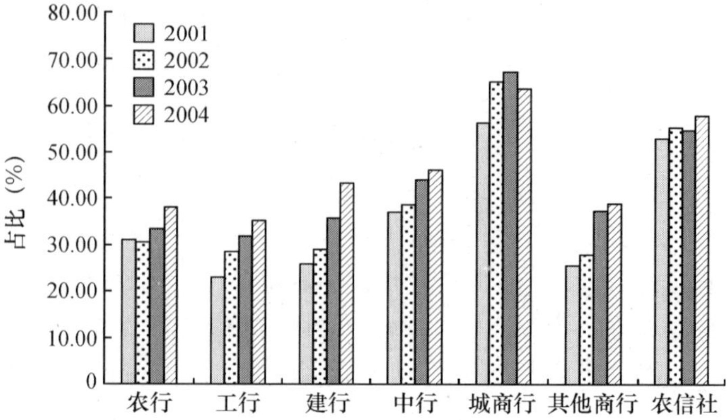

图4.2.7 县级金融机构私营企业贷款占比:2001—2004

(三)主要支持的产业

我们考察贷款结构的最后一个角度是金融机构贷款支持的最重要的行业。表4.2.4列出了2001年不同金融机构选择不同行业作为它们最主要支持的行业的分布。比如,共有六家农行县支行认定它们贷款支持的最主要的行业是农业。这里,农业包括种植业(粮食和其他农产品)、肉蛋禽业、林业和渔业。该表显示出,农行、农信社贷款主要支持的是粮食和农副产品行业,而其他三大国有银行以及城商行、全国性股份制商业银行主要支持的行业为制造业。另外,工行更侧重于化学制品等制造业,而建行会更侧重于煤气水电相关行业,中行则更关注纺织皮革机器制造等。我们看到这三家国有银行支持的行业相近,但是也存在各自不同的侧重点,存在一定的市场分层现象。

到2004年,各金融机构支持的主要行业和2001年的格局相近,唯一的不同在于它们对于农业的支持力度在减小。在 2001 年,共有 14(=6 +5 +1 +1 +1)家农行县支行和 45(=30 +12 +1 +0 +2)家农信社选择农业为主要支持产业,到 2004 年,尽管报告主要产业的农行县支行增加了 3 家,农信社增加了 1 家,但是选择农业为主要支持产业的农行县支行降为 13 家,农信社为 44 家。

表 4.2.4　2001 年金融机构支持的主要行业

主要行业	农行	工行	建行	中行	城商行	其他商行	农信社	总计
粮食	6	0	1	0	0	0	30	37
其他农产品	5	0	0	0	0	0	12	17
肉蛋禽	1	0	0	1	0	0	1	3
林业	1	1	0	1	0	0	0	3
渔业	1	1	0	0	1	0	2	5
其他矿业	0	1	0	1	0	0	1	3
食品饮料	5	2	3	3	0	2	0	15
纺织皮革	3	4	4	7	0	0	2	20
木材木制品	1	2	0	1	0	0	0	4
纸浆纸制造	2	0	1	3	0	0	0	6
化学制品	3	9	2	1	0	3	1	19
石油产品	0	1	3	1	0	0	0	5
橡胶制品	1	0	0	2	0	1	0	4
非金属矿品	2	4	0	1	0	0	0	7
金属矿品	4	0	0	2	1	0	0	7
机器	4	5	3	6	0	0	1	19
运输设备	1	1	3	2	0	2	0	9
其他制造产品	6	3	2	3	3	1	2	20
发电煤气自来水	9	5	15	3	1	1	1	35
建设	0	2	8	4	0	1	3	18
贸易物流	2	1	0	1	0	1	0	5
服务	1	2	7	3	0	0	0	13
总计	58	44	52	46	6	12	56	274

表 4.2.5 2004 年金融机构支持的主要行业

主要行业	农行	工行	建行	中行	城商行	其他商行	农信社	总计
粮食	6	0	1	0	0	0	24	31
其他农产品	4	0	0	0	0	0	15	19
肉蛋禽	2	0	0	0	0	0	3	5
林业	0	1	0	1	0	0	0	2
渔业	1	1	0	0	1	0	2	5
其他矿业	1	1	0	2	0	0	1	5
食品饮料	6	1	1	4	0	2	0	14
纺织皮革	3	2	5	3	2	2	3	20
木材木制品	1	2	0	2	0	0	0	5
纸浆纸制造	3	0	0	1	0	0	0	4
化学制品	3	9	3	2	0	0	1	18
石油产品	0	1	3	0	0	0	0	4
橡胶制品	1	0	0	1	0	1	0	3
非金属矿品	2	2	1	2	0	0	0	7
金属矿品	4	0	4	1	1	0	0	10
机器	1	5	3	8	0	0	1	18
运输设备	1	1	3	2	0	1	0	8
其他制造产品	7	4	2	4	3	2	2	24
发电煤气自来水	7	10	16	9	1	2	1	46
建设	3	4	7	4	5	4	3	30
贸易物流	1	0	0	1	1	2	1	6
服务	4	2	3	1	0	1	0	11
总计	61	46	52	48	14	17	57	295

小结

在本节我们从中长期贷款占比、私营企业贷款占比，以及主要支持行业这三个角度来认识金融机构的贷款结构。数据显示，县级金融机构的中长期贷款呈现上升趋势，这和全国金融机构在这一阶段的趋势一致。我们还看到，中长期贷款占比的增加和贷款利差没有明确的关系，但是和不良贷款占比之间却有千丝万缕的联系。金融机构是否会借拉长贷款期限来压低不良贷款占比，值得进一步研究和关注。从客户来源的角度我们看到，私营企业获得的贷款在这些年间总体上获得了增加，但是基本还是可以看到，国有银行给予私营企业贷款的比重较股份制银行和城市商业银行低了不少，因此可能呈现出一定的所有制偏好。最后，我们从贷款的产业结构来考察贷款的结构。在这一方面，农行和农信社主要支持的产业还是农业以及相关副业；而其他银行则更关注制造业，并且对于同一产业虽然金融机构间有竞争关系，但是也存在客户分层的现象。

三、贷款质量

贷款质量直接关系到金融机构的盈利能力和经营风险，一直是监管机构考察指标的重中之重。在贷款的质量管理方面，我国经历了从以期限管理为主的“一逾两呆”的质量分类方法，向以风险管理为主的“五级贷款”风险分类的转变。“一逾两呆”的贷款质量分类方法将贷款分为正常、逾期、呆滞、呆账四类。其中正常贷款是指借款人能够履行合同，有充分的把握按时足额偿还本息的贷款；逾期贷款是指借款合同约定到期（含展期后到期）未归还的贷款；呆滞贷款是指按财政部有关规定，逾期（含展期后到期）超过规定年限（一般为两年以上）仍未归还的贷款，或虽未逾期或逾期不满规定年限，但生产经营已终止、项目已停建的贷款；呆账贷款是指按财政部有关规定列为呆账的贷款。逾期、呆滞和呆账贷款三类又统称为不良贷款。

1997 年，中共中央、国务院《关于深化金融改革，整顿金融秩序，防范金融风险的通知》（中发[1997]19 号）提出，要参照国际惯例，结合我国实际情况，完善现行信贷资产质量分类和考核办法。1999 年，中国人民银行印发了《贷款风险分类指导原则（试行）》，推行贷款质量五级分类管理。经政策性银行、国有独资商业银行、股份制商业银行和城市商业银行试点和试运行，中国人民银行公布《贷款风险分类指导原则》，从 2002 年起，在我国各类银行全面施行贷款质量五级分类管理，采用以风险为基础的分类方法（简称贷款风险分类法），即把贷款分为正常、关注、次级、可疑和损失五类，并将后三类合称为不良贷款。

在金融机构贷款规模大幅上升，并且在贷款结构上存在中长期贷款比重日渐上升，而从资金来源角度却体现出定期存款比重不断下降的情形下，我们有必要考察金融机构的贷款质量。由于样本期内贷款五级分类并没有完全推行,因此数据收集过程中仍采用了以期限管理为主的四级质量管理措施。我们分别考察各金融机构正常运转贷款和不良贷款的基本状况。

(一) 正常运转贷款占比

正常运转贷款占比是能正常运转的贷款占贷款余额的比重,是体现贷款质量的指标之一。这里,正常运转的贷款是指企业不仅能够按期支付利息,并且也能够按期支付本金的贷款。正常贷款占比是金融机构贷款质量的直接衡量。图 4.3.1 刻画出了各金融机构 2001—2004 年间可以正常运转的贷款占当年贷款余额的比重的平均值。该图显示,从正常运转贷款所占比重看,金融机构可以大致被分为三类。第一类以城市商业银行为代表,它们的表现一直较好。城市商业银行能正常运转的贷款比重四年间都在 95% 左右,表现最好。第二类是贷款质量有显著提高的金融机构。属于这一类型的金融机构包括全国性股份制银行、中行、建行和农信社。其中全国性股份制银行、中行和建行在 2001 年都有 2/3 左右的贷款正常运转,而到 2004 年年末正常运转的贷款余额也达到或超过了贷款余额的 85% 。农信社的贷款质量也有不少改善,这和这期间的农信社改革,去除历史包袱有密切的联系。最后一类是贷款质量平平,并且在样本期间内都没有太大改变的机构。这里,我们看到工行和农行虽然在该阶段贷款质量有所改善,但是能正常运转的贷款到 2004 年年末尚不足 40% 。

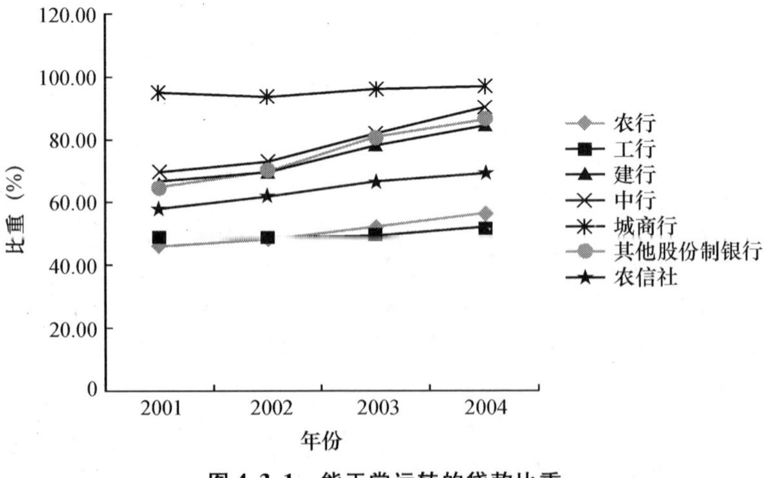

图 4.3.1 能正常运转的贷款比重

由于金融机构正常运转的贷款比重在2001—2004年间都呈上升趋势,可以预计,总体上,随着金融改革的推进,以正常运转的贷款为标准的金融机构贷款质量处于改善之中。当然,贷款质量在地区间还是存在巨大的差异。根据图4.3.2,沿海地区省份,如浙江、江苏、福建等地金融机构的正常运转的贷款比重都在60%以上,而浙江全省金融机构平均比重更在80%以上。西部地区重庆一枝独秀,表现要优于东部地区的山东。中部省份如吉林、湖北等的表现最差,四年平均能正常运转的贷款不及50%。

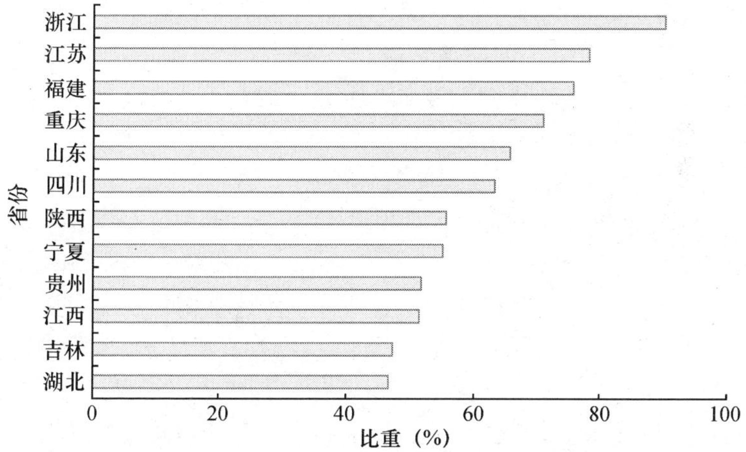

图4.3.2 各省平均正常运转的贷款比重

图4.3.2已经表明贷款质量存在较大的地域差异。由于东部沿海省份原本经济基础较好,而西部地区在"西部大开发"的大潮下,在资源配置

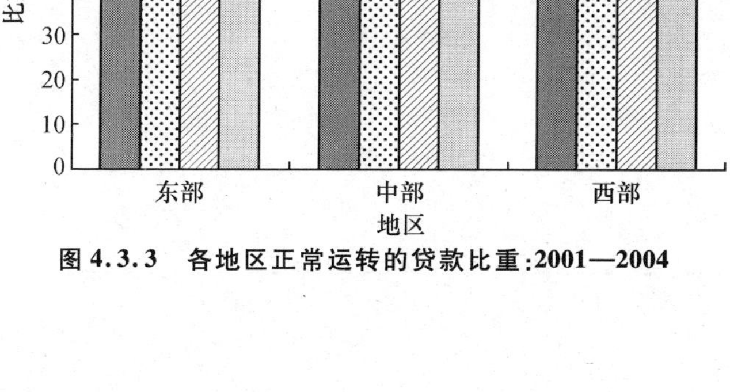

图4.3.3 各地区正常运转的贷款比重:2001—2004

方面也具有一定的优势,因此我们在图 4.3.3 中进一步分地区研究正常运转贷款比重的表现。我们看到,东部地区省份能够正常运转的贷款比重在各年间都在 70% 以上,而中部地区能正常运转的贷款比重最低,到 2004 年时,该比重和西部地区在 2002 年时的水平相当。因此,中部地区的贷款质量需要引起特别的关注。

(二) 不良贷款成因:2001—2004

不能正常运转的贷款中的一部分将最终成为不良贷款。这里,不良贷款主要包含"一逾两呆",即逾期贷款、呆账贷款和呆滞贷款。为了理解金融机构现有不良贷款的成因,我们请县级金融机构分别评估当地政府干预、抵押品折现率低、担保人清偿能力低、贷款没有担保或抵押、法院执行力度不够、借贷人无力还贷以及恶意赖账对于不良贷款成因的影响程度。表 4.3.1 列出了金融机构的评估状况。对于每一种可能的原因,金融机构从重要原因、有一定影响和不重要三个级别中作出选择,体现它们对各项因素成为不良贷款成因的评估。该表显示,金融机构认为,借贷人无力还贷仍然是不良贷款形成的最主要的原因,有超过 75% 的县级金融机构选定无力还贷作为不良贷款形成的最重要的原因。在贷款人无力还贷这一主要原因之外,担保人清偿能力低和法院执行力度不够,是金融机构列为重要原因的另外两个原因。我们看到,仅有 6.73% 的金融机构认为法院执行力度不够对于不良贷款的形成没有重要影响;认为担保人清偿能力低不重要的机构也不到 10%。此外,有接近 30% 的金融机构认为,贷款没有担保或抵押会是不良贷款的重要成因。当然,政府的干预和客户恶意赖账对于金融机构而言也是重要的不良贷款成因。

表 4.3.1　贷款未能回收的原因占比(%)

	重要	一定影响	不重要
当地政府干预	19.44	51.10	29.47
抵押品折现率低	26.23	57.41	16.36
担保人清偿能力低	44.92	47.69	7.38
贷款没有担保或抵押	33.88	36.51	29.61
法院执行力度不够	39.14	54.13	6.73
借贷人无力还贷	75.15	22.19	2.66
恶意赖账	36.54	50.96	12.50

由于不良贷款的形成可能是由多个原因共同造成的,我们在表4.3.2中刻画各原因之间的相关关系。该表显示,当地政府干预和法院执行力度这两个指标之间的相关系数达0.28,也就是说,认为当地政府干预是重要原因或者是一定原因的金融机构,也倾向于认为法律执行力度不够是形成不良贷款的重要原因。类似的,数据显示,认为政府干预是不良贷款成因的机构,也更倾向于认为恶意赖账是不良贷款的重要成因。当地政府干预和借贷人无力还贷或者贷款没有担保或抵押之间的相关关系很弱。法院执行力度较弱地区的金融机构,更倾向于认为担保人清偿能力低、没有抵押和担保以及贷款后客户赖账是不良贷款的重要成因。另外,在金融机构眼中,借贷人无力还贷和法院执行力度之间没有太大的关系。也就是说,金融机构倾向于认为,如果借贷人确实无力还贷,法院执行力度再强也无济于事。由于恶意赖账对金融机构的运转以及金融环境的改善造成极其不利的影响,有必要专门考察认为恶意赖账是不良贷款重要原因的金融机构对于其他成因的评估。这里,认为恶意赖账是不良贷款重要成因的机构,往往认为不良贷款的形成与当地法院执行力度不够(相关系数0.29)、贷款没有担保或抵押(相关系数0.23)、担保人清偿能力低(相关系数0.22),以及当地政府干预(相关系数0.20)有着密切的联系。

表4.3.2　不良贷款成因之间的相关系数

	当地政府干预	法院执行力度不够	借贷人无力还贷	恶意赖账	抵押品折现率低	担保人清偿能力低	贷款没有担保或抵押
当地政府干预	1.00						
法院执行力度不够	0.28	1.00					
借贷人无力还贷	0.01	-0.02	1.00				
恶意赖账	0.20	0.29	0.02	1.00			
抵押品折现率低	0.13	0.09	0.17	0.18	1.00		
担保人清偿能力低	0.12	0.26	0.20	0.22	0.37	1.00	
贷款没有担保或抵押	0.07	0.18	0.05	0.23	0.23	0.27	1.00

对于不同的金融机构,恶意赖账导致不良贷款的渠道也会有所不同。表4.3.3分析了不同金融机构认定的恶意赖账导致不良贷款和其他因素导致不良贷款之间的相关关系。总体上来看,执法不力和恶意赖账的出现密切相关。四大国有银行认为执法不力和恶意赖账的出现之间的相关系数都在0.3以上,建行和全国性股份制银行则认为两者的相关性在0.4上下。另外,恶意赖账和政府干预之间的关系也比较密切。全国性股份制银行的县支行数据显示,不良贷款成因中政府干预和恶意赖账之间的相关系数达0.4。四大国有银行除中行外,都报告两者的相关性在0.2以上。无担保或抵押的重要性在不同金融机构间差异较大。其中,城市商业银行的数据显示,无担保或抵押和恶意赖账之间的相关性高达0.92,全国性股份制银行和建行报告的数据显示两者的相关性近0.4,而中行的数据则显示无担保或抵押和中行支行面临的恶意赖账之间没有特别大的关联。认为担保人清偿能力低和恶意赖账之间存在高度关联的金融机构是建行和城市商业银行。总体上看来,对股份制银行和城市商业银行来说,如果出现恶意赖账式的不良贷款,这类不良贷款往往和抵押或担保不到位存在较大的关联;而国有银行则倾向于认为恶意赖账和政府干预以及执法不力之间存在更大的关联。

表4.3.3 恶意赖账和其他主要不良贷款成因的相关关系

恶意赖账和	政府干预	执法不力	无担保或抵押	担保人清偿能力低
农行	0.21	0.35	0.12	0.08
工行	0.20	0.30	0.31	0.28
建行	0.30	0.40	0.37	0.52
中行	0.08	0.30	0.06	0.18
城商行	0.13	0.29	0.92	0.60
股份制银行	0.40	0.39	0.38	-0.08
农信社	0.14	0.15	0.15	0.02

(三)不良贷款的历史原因

提高金融机构经营绩效需要妥善处理机构已有的不良贷款。其中由于历史原因形成的不良贷款"包袱"的沉重程度不同,因此需要采用与不良贷款成因相一致的举措。我们先回顾不良贷款的历史成因,再考察在样本期内,这些原因如何影响了金融机构的历史性不良贷款的形成。

1. 不良贷款的历史背景

我们有必要首先对国有银行不良贷款的历史包袱的形成原因进行梳理(可参阅刘华,邓启锋(2006))。改革开放以前,财政在建设资金(包括国有企业资金)供给中始终处于决定性的地位,而银行系统始终处于补充的次要地位。当时的银行系统主要承担企业单位的社会资金结算、社会暂时闲置分散资金的吸收和为企业季节性、临时性资金需要提供贷款等任务,是政府和企业的大出纳。从20世纪80年代初开始,改革开放使经济发展加速,资金需求大增。此时以财政资金作为主要资金来源的支持方式已经不能适应经济发展的需要。由于银行并不是独立于财政和国有企业的系统,国有银行开始成为国有企业发展的主要资金来源。这导致国有企业对银行贷款的过度依赖。1983年6月25日,国务院批转中国人民银行《关于国营企业流动资金改由人民银行统一管理的报告的通知》,对国有企业的流动资金和信贷人员都做了具体的规定。这些规定的实质,是使国营企业的流动资金改由人民银行统一管理。具体而言,人民银行有权制定流动资金管理制度,管理企业的国拨流动资金,核定企业的流动资金定额和计划,考核企业使用流动资金的效益。

这一银行统一管理企业流动资金的制度,在具体操作中变成了银行统包企业流动资金的供给,有些情况下甚至出现银行对企业的流动资金增补取代了企业自有资金的积累的现象。在这种资金结构下,国有企业的一切经营风险和市场风险都因此而转嫁给了银行,国有企业因此没有积极性去改善治理结构、调查了解市场需求并提高经营效益。另外,由于国有银行并没有摆脱政府和企业大出纳的角色,仍然必须承担政策性业务,支持一些盈利能力较差但是对于社会安定等具有重要意义的国有企业。随着市场经济的发展,国有企业逐渐不能在竞争加剧的市场环境中胜出,因此出现产品销售困难、绩效难以改善的情况。国有企业改制登上历史舞台。

1988年8月,国务院决定成立国家国有资产管理局,以行使对境内外全部国有资产的管理职能。1993年11月,国家明确对国有资产实行国家统一所有、政府分级监管、企业自主经营的体制。这意味着在政企分开之外,首次提出了政资分开的概念。1993年以后,深圳、上海等地开始进行国有资产管理体制改革的探索。1998年,国务院机构改革过程中,国家国有资产管理局被撤销并入财政部。15个以主管行业内企业为主要职能的专业经济部门被改组为隶属于国家经贸委的"局",并明确不再直接管理企业。2001年2月,国家经贸委下属九个国家局被撤销。2002年11月,建立中央政府和地方政府分别代表国家履行出资人职责，享有所有者权益，权利、义务和责任相统一，管资产和管人、管事相结合的国有资产管理体制。①

在20世纪90年代中后期，国有企业改制过程中，政企不分导致各地政府暗示国有企业银行债权，使得银行对于不少国有企业的债权变成不良贷款。另外，抑制通货膨胀、加强宏观调控也一直是90年代宏观政策的重点。为了避免因投资产生更多的呆坏账，金融系统选择抽紧银根。而这又带来企业的经营状况日益恶化，银行已经贷放出去的贷款不能及时收回，形成新的不良贷款。这类恶性循环成为这一时期国有银行不良贷款形成的重要原因。

在农村地区，重要的金融机构是农信社，而它们的不良贷款历史原因和城市地区的国有银行有所不同。在新中国成立初期，随着公有化程度的提高，个人对生产资料的所有权被取消，农信社的合作性质相应被淡化，并被转化成国家银行在农村的基层机构，政府行政性指令放款占农信社贷款的相当份额。80年代以来，这种“官办”的制度安排已不适应农村经济的发展变化。1996年农信社与中国农业银行脱钩，受人民银行代管，并开始按合作性原则运作。但是“行社分家”时，农信社承担了其中部分的不良贷款。

农信社不良贷款中，不可忽略的部分来自农村合作基金会。1999年1月，国务院发布第3号文件，正式宣布全国统一取缔农村合作基金会，否则将按照国务院1998年7月13日发布的《非法金融机构和非法金融业务活动取缔办法》和1998年8月11日颁发的《转发中国人民银行整顿乱集资乱批设金融机构和乱办金融业务实施方案的通知》(国办发[1998]126号)的有关规定进行处理，并追究主要负责人及有关责任人的责任。资料显示，到正式提出整顿关闭之前，全国已有的2.1万个乡级和2.4万个村级农村合作基金会(融资规模大约为1 500亿元)，全部被“一刀切”地取缔，由此结束了在中国10年左右的存在历史(赵俊臣(2008))。农村合作基金会关闭后，政府为保持社会稳定，将农村合作基金会的借款划转给农信社。但是，划归农信社的借款中，90%以上的借款难以收回，这就形成了农信社的不良贷款。

改革开放以来，各地一拥而上不少“五小”企业。“五小”企业是指1996年《国务院关于环境保护若干问题的决定》中明令取缔关停的小化

---

① 资料来源：搜狐财经国企改革大讨论，http://business.soho.com/s2004/gouqigaige.shtml。

工、小钢铁、小电镀、小印染、小水泥五行业内的15种重污染小企业，以及国家经贸委限期淘汰和关闭的破坏资源、污染环境、产品质量低劣、技术装备落后、不符合安全生产条件的“新五小”企业。这些生产规模小、能耗高、工艺简单、产品质量差、设备落后、环境污染严重的小型工业企业，属国家明令淘汰的对象。1999年秋天的十五届四中全会着重推进国有企业战略性改组，并明确强调：对浪费资源、技术落后、质量低劣、污染严重的小煤矿、小炼油、小水泥、小玻璃、小火电等人们常说的“五小”企业，要坚决地实行破产关闭。尽管破产关闭这些对环境构成重度污染的企业长期而言有利于中国经济的发展，但是如何处理这些企业的贷款并没有明确的规范，其中的不少贷款就成为金融机构的不良贷款。

另外，各地政府及部门在农信社都不同程度地存在借贷业务，部分政府借款虽已逾期多年，却不能保证按季付息和逐年归还本金，成为农信社不良贷款的来源之一。不良贷款的其他主要来源，还包括集体经济时期遗留的不良贷款、供销社不良贷款、粮食收购部门的不良贷款、合并城市信用社形成的不良贷款、乡镇企业改制的贷款、拆借给证券公司形成的不良贷款等。

2. 样本金融机构的历史不良贷款

前文梳理了以国有银行和农信社为代表的城市和农村金融机构的不良贷款历史沿革，现在我们可以具体了解一下，对于受调查金融机构而言，这些历史因素在金融机构的历史性不良贷款中占有多大的比重。根据上文的总结，不良贷款的历史原因大致可以分为11类，即集体经济时期遗留的不良贷款、供销社不良贷款、粮食收购部门的不良贷款、合并城市信用社形成的不良贷款、农行和农信社分家形成的不良贷款、关闭农村合作基金会形成的不良贷款、国有企业改制的贷款、乡镇企业改制的贷款、政府部门拖欠的贷款、拆借给证券公司形成的不良贷款和其他类型的不良贷款等。表4.3.4分别给出了这些不同类型不良贷款出现的平均频率。如果金融机构报告该项不良贷款余额为正值，我们就认为该机构出现了该原因导致的不良贷款。比如，64%的农行支行报告自己的不良贷款中有集体经济时期遗留的不良贷款，它们当中的86%报告农行和农信社分家时它们因此承担了不良贷款。表4.3.4的最后一行为各金融机构报告不良贷款成因总数的均值，而最后一列则是某一项不良贷款成因在全部金融机构中被选中的比重。

表 4.3.4 各金融机构的不良贷款成因

	农行	工行	建行	中行	城商行	其他商行	农信社	总计
集体经济	0.64	0.13	0.15	0.09	0	0.06	0.60	0.31
供销社	0.83	0.05	0.09	0.12	0	0.22	0.38	0.30
粮食收购	0.60	0.03	0.03	0.05	0	0	0.14	0.17
合并城市信用社	0.73	0.11	0.05	0.04	0	0	0.54	0.29
农行和农信社分家	0.86	0	0.02	0.02	0	0	0.64	0.31
合作基金会	0.38	0	0.03	0	0	0	0.33	0.15
乡镇企业改制	0.70	0.22	0.26	0.26	0.06	0.33	0.74	0.43
国有企业改制	0.70	0.47	0.37	0.42	0	0.50	0.42	0.46
政府部门/关闭"五小"	0.53	0.13	0.15	0.14	0	0.11	0.63	0.31
拆借证券	0	0	0	0	0	0	0.07	0.01
其他	0.14	0.16	0.15	0.09	0.18	0.17	0.21	0.15
总计	6.10	1.28	1.31	1.23	0.24	1.39	4.68	2.90

由表4.3.4我们看到，农行不良贷款的成因最为复杂，平均而言，11大项成因中农行有6.1项导致历史遗留不良贷款，而其中，出现频率最高的有农行和农信社分家（86%）、供销社不良贷款（83%）、合并城市信用社（73%）、国有企业改制（70%）和乡镇企业改制（70%）。农信社不良贷款成因复杂程度居次，平均而言农信社不良贷款成因接近5项，按照报告频率的高低来列举，主要包括乡镇企业改制（74%）、农行和农信社分家（64%）、政府部门拖欠（63%）和集体经济遗留（60%）等。工行等国有银行的不良贷款成因相对简单，平均一家金融机构报告的不良贷款成因在2项以下。国有银行报告的主要不良贷款成因包括国有企业改制、乡镇企业改制，以及关闭"五小"企业带来的不良贷款（在问卷中，政府部门干部欠款形成的不良贷款一问仅调查农信社，而关闭"五小"企业一问仅调查银行，因此在表格中将两者合并为一行）。全国性股份制商业银行不良贷款的形成，主要也和国有企业、乡镇企业改制以及关闭"五小"企业有关。城市商业银行的历史包袱最轻，有近6%报告不良贷款成因包含乡镇企业改制的原因。

从地区角度看不良贷款成因（表4.3.5），我们看到中部地区不良贷款成因最多，其次则是西部和东部。在成因细项中，国有企业改制给近三分之二的中部地区县级正规金融机构带来不良贷款，也使近一半的西部地区县级金融机构形成不良贷款；乡镇企业改制造成了类似的后果。关闭"五小”企业是40%的中西部金融机构不良贷款的成因。因此,从成因的普遍性角度看,国有企业改制、乡镇企业改制和关闭“五小”企业是造成金融机构不良贷款的最为普遍的原因。

表 4.3.5　各地区不良贷款成因

	东部	中部	西部
集体经济	0.24	0.33	0.38
供销社	0.28	0.33	0.30
粮食收购	0.14	0.24	0.15
合并城市信用社	0.26	0.30	0.31
农行农信社分家	0.26	0.33	0.34
合作基金会	0.14	0.12	0.18
乡镇企业改制	0.38	0.51	0.43
国有企业改制	0.34	0.63	0.46
政府部门/关闭“五小”	0.17	0.40	0.40
拆借证券	0.00	0.04	0.01
其他	0.15	0.16	0.16
总计	2.35	3.40	3.12

但是,单看不良贷款发生的频率并不足以反映不良贷款各项成因的相对严重程度。我们以2001年贷款余额为基数,计算各项历史原因导致的不良贷款总和占2001年总贷款余额的比重,以便了解各金融机构的历史遗留不良贷款负担(注意,这里的历史遗留不良贷款是请金融机构回忆的所有不良贷款,实际账面不良贷款余额会小于这里的不良贷款总额,因为1999年前后剥离了部分不良贷款)。图4.3.4和图4.3.5分别从金融机构类型和省份的角度考察不良贷款余额比重的均值。根据图4.3.4,农行历史遗留不良贷款比重最大,达到2001年贷款余额的近60%,其次是工行(28%)和农信社(22%)。

从地区的角度看,东、中、西部三地区的历史负担也有显著差异。其中,东部地区历史遗留不良贷款平均约占2001年贷款余额的11%,西部地区约占22%,而中部地区平均却高达59%。图4.3.5更从省份角度说明,中部地区历史遗留问题严重的省份以湖北、江西和吉林为最,其中,湖北和江西县级金融机构历史遗留不良贷款占2001年贷款余额的比重都超过了60%。相比之下,东部地区的浙江和福建的不良贷款占比在10%以下,江

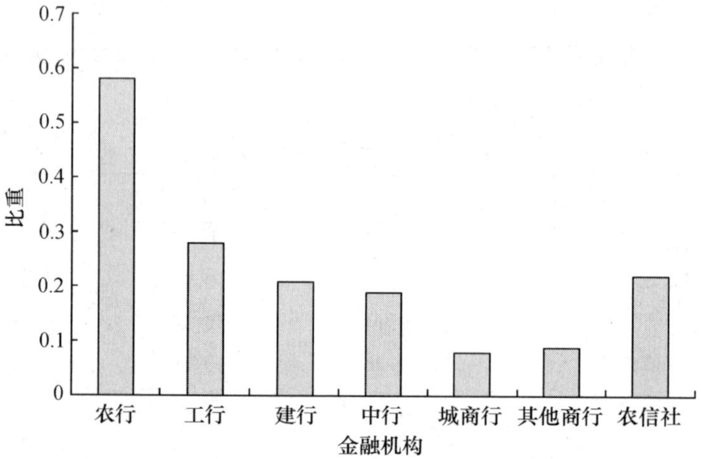

图 4.3.4 历史遗留不良贷款占 2001 年贷款余额比重

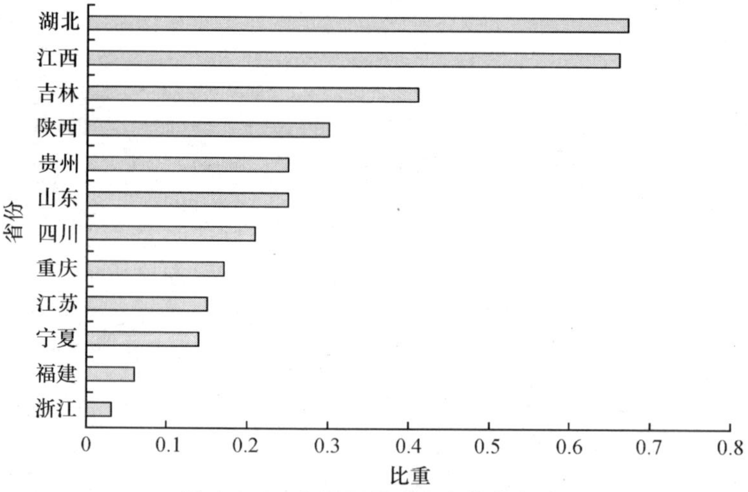

图 4.3.5 各地区历史不良贷款负担

苏的平均负担为 15%，均远远低于东部地区。因此，从地域分布我们看到，东部地区金融机构绩效好，历史遗留负担也轻；而西部地区金融机构绩效差，历史负担也重。

我们进一步研究各项不良贷款成因在全部历史原因形成的不良贷款中所占的比重。图 4.3.6 先给了我们一个所有金融机构历史不良贷款占全部不良贷款均值的概貌。根据该表，国有企业改制贷款在不良贷款中占最大的比重，30% 的历史遗留不良贷款缘于此；其次则是乡镇企业改制

(14%)以及农行和农信社分家形成的不良贷款(12%)。由于拆借给证券公司虽然带来了不良贷款,但是报告的不良贷款余额低,在均值位置上显示比重接近于0,因此我们在后文的讨论中将不再涉及拆借给证券公司的问题。

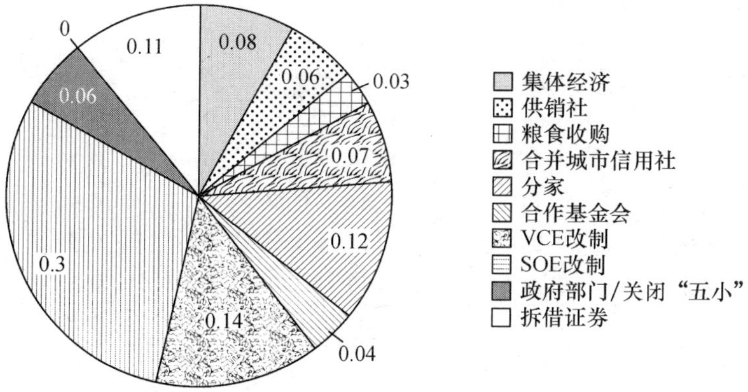

图 4.3.6　不良贷款成因占全部历史不良贷款比重

具体就各家金融机构而言,不同成因带来的不良贷款余额占全部历史不良贷款的比重也存在很大差异(表 4.3.6)。对农行来说,历史遗留不良贷款主要源于农行和农信社分家(28%)、国有企业改制(13%)、供销社不良贷款(13%)、乡镇企业改制(12%)等原因。工行历史遗留不良贷款中,57%源于国有企业改制,另外 8%源于关闭“五小”企业,7%源于乡镇企业改制。这三类企业的改制与关闭,造成了工行历史遗留不良贷款的 72%。建行和中行历史遗留不良贷款主要也是源于这三类企业的改制与关闭,其中建行总比重达 65%,中行达 64%。

全国性股份制商业银行也深受这三类企业变革之害,它们带来的历史性不良贷款占全国性股份制商业银行历史遗留不良贷款的 73%。城市商业银行因为成立较晚,它们的不良贷款成因几乎和上述历史事件没有什么关系,97%的历史遗留不良贷款都被归于“其他”一项。农信社的历史不良贷款中,最主要的来源是农行和农信社分家时承担的不良贷款(20%),其次是乡镇企业改制(17%)。值得关注的是政府部门干部欠款未还形成的历史不良贷款达到农信社历史不良贷款的 13%。这一点也显示了农信社产权主体地位被人为虚置,产权关系模糊,实际上则属国家或者集体所有,基本上还属于依靠政府隐形担保的准国有银行机构,这种产权设置会对其绩效产生深远的负面影响。

表 4.3.6　各项原因导致的历史不良贷款占全部历史不良贷款比重

	农行	工行	建行	中行	城商行	其他商行	农信社
集体经济	0.05	0.10	0.13	0.04	0	0.01	0.11
供销社	0.13	0.03	0.01	0.05	0	0.10	0.02
粮食收购	0.08	0	0	0.03	0	0	0
合并城市信用社	0.13	0	0	0.03	0	0	0.12
农行农信社分家	0.28	0	0	0	0	0	0.20
合作基金会	0.04	0	0.02	0	0	0	0.10
乡镇企业改制	0.12	0.07	0.14	0.15	0.03	0.24	0.17
国有企业改制	0.13	0.57	0.47	0.56	0	0.45	0.06
政府部门/关闭“五小”	0.03	0.08	0.04	0.03	0	0.04	0.13
其他	0.01	0.14	0.18	0.11	0.97	0.17	0.08
总计	1.00	1.00	1.00	1.00	1.00	1.00	1.00

就地区而言，图 4.3.7 描述了各省金融机构中，不同成因形成的不良贷款占历史遗留不良贷款余额的比重。不奇怪的是，不同省份之间不良贷款成因仍然存在很大的差异。比如对于中部地区的金融机构而言，国有企业改制、乡镇企业改制贷款以及关闭“五小”企业构成了它们不良贷款历史负担的主要组成部分；而福建等地由于不良贷款历史负担较轻，目前看到的主要不良贷款出现在农行和农信社，因此农行和农信社分家构成了历史遗留不良贷款的主要组成部分。该表说明，各地区各金融机构历史负担

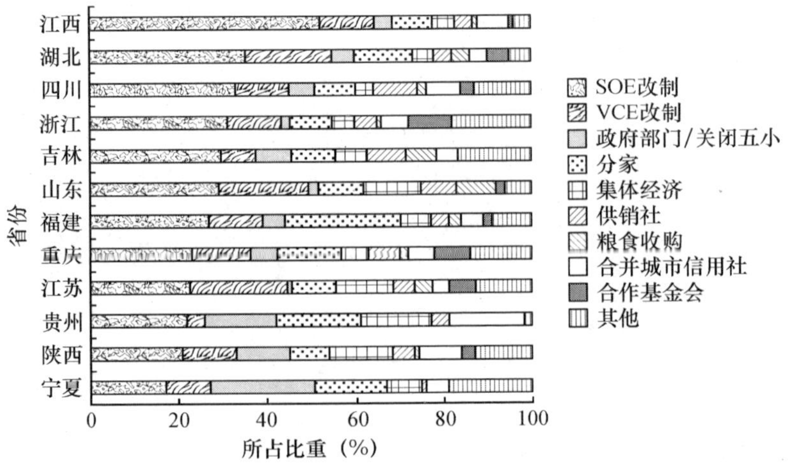

图 4.3.7　各地区不良贷款成因所占比重

的形成时期不同，成因也有较大差异。但是，上世纪末的不良贷款，主要在90年代后期形成的现象值得进一步关注。因为1992年以来，中国经济进入新的成长期，而与此相伴的也有更多的金融机构不良贷款；如果这些不良贷款形成的内部和外部原因没有被深入探究，就难以有效防止新的不良贷款不断产生。

四、结　　论

在本章，我们从存贷比、贷款结构和贷款质量这三个角度描述了金融机构的贷款与资金运用的基本状况。数据显示，在样本期间，金融机构基本保持存贷比比重在央行规定的75%这一上限之下，但是不同金融机构、不同地域之间存贷比随年份发展的变化也有很大差异。其中，东部地区存贷比持续上升，而中西部地区存贷比持续下降的趋势尤其值得关注。中西部地区总体上发展水平较低，但同时运用在当地的资金也相对比较少，因此未来不同地区之间经济发展水平是否会收敛值得深入研究。我们在对农村地区金融“失血”的研究中，对存贷比的决定因素做了进一步的分析（第七章）。

从贷款结构的角度看，数据显示，无论对于全国还是对于样本调查数据，贷款中的中长期贷款占比大幅上升都是值得关注的现象。近年来，监管机构对于不良贷款“双降”指标的关注度不断提高，比如2010年7月22日，银监会发布公告指出，2010年第二季度我国商业银行不良贷款保持“双降”，拨备覆盖率进一步提高。截至2010年第二季度末，我国境内商业银行（包括大型商业银行、股份制商业银行、城市商业银行、农村商业银行和外资银行）不良贷款余额4 549.1亿元，比年初减少425.2亿元；不良贷款率1.30%，比年初下降0.28个百分点（张玮（2010））。如果金融机构的治理结构和效率在短期内并没有很大的提高，但是又急于满足监管机构的“双降”要求，那么就有动机采用各种扭曲的措施达到监管机构的要求。比如，由于不良贷款率和不良贷款余额往往是贷款核销以后的结果，“持续双降”并不一定意味着高风险类的信贷投放大量减少，而很可能是因为银行核销力度大，大量不良贷款被核销掉了。此外，金融机构也更有动机将可能成为不良贷款的那类贷款的期限尽量拉长。我们的数据也表明，金融机构的中长期贷款占比和不良贷款占比之间存在明显的负向相关关系。

因此，要监控金融机构的绩效，单纯看不良贷款余额和不良贷款率，不深入了解金融机构的贷款结构，可能并不能全面防范不良贷款增加带来的金融风险。

本章我们还梳理了不良贷款历史遗留问题的成因。我们看到，国有企业改制、乡镇企业改制、关闭“五小”企业等是金融机构历史遗留不良贷款形成的主要原因。这些企业的关闭或者改制给金融机构造成不良贷款，和金融机构在贷款决策中不能完全独立决策等有着千丝万缕的联系。另外我们看到，政府部门的欠款形成的不良贷款也是农信社不良贷款的重要形成原因。

因此，金融机构的决策如果不能完全独立于政府部门，它们未来就仍然面临如何有效处理不良贷款的问题。比如，2010 年 7 月 22 日标准普尔发表的《贷款质量风险上升不大可能重创中国银行业的原因》报告中虽然指出，中国银行体系的信用风险在上升，但该行业的自身实力仍足以确保稳定。该报告也指出，地方融资平台贷款占 2008 年 1 月至 2010 年 6 月新增贷款的 30%—35%，并占中国银行体系贷款总额的 18%—20%；这些贷款的质量很有可能在未来数年内恶化，给银行带来资产质量问题。如果不良贷款的历史成因在 21 世纪仍然存在，那么大量不良贷款的风险就不会消除。这类风险在经济高速成长期间易于隐藏，但是在我国提出可持续发展、建立和谐社会、国际金融风险对于我国经济的冲击越来越大的前提下，深入了解金融机构的贷款结构、全面防范金融风险势在必行。

下　篇

第五章 金融机构规模与中小企业贷款①

引 言

最能体现我国的经济结构和金融结构之间不匹配现象的，莫过于中小企业对经济增长的贡献和它们从正规金融机构获得的信贷数额之间的不匹配了。自 1978 年改革开放以来，我国经济进入快速增长的轨道。1979—2007 年间，我国 GDP 年均真实增长率达 9.75%。不管我们采用什么标准来评定，我国都是当今世界经济增长速度最快的经济体之一。我国的中小企业对我国的经济增长发挥着积极作用。根据国家统计局的数据，截至 2005 年年底，我国 99% 的企业是中小企业。这些企业创造了 GDP 总值的 59%，总销售额的 60%，总税收的 48.2%，并解决了城市地区 75% 的就业。另外，中小企业在国际贸易和对外投资方面也非常活跃，其中，进出口额的 68.85% 和对外投资的 80% 都是由中小企业创造的。林毅夫，李永军（2001）更从要素禀赋结构的角度，说明由于中小企业相对于大企业来说生产出更多的社会财富，中小企业在促进经济增长和提高人民生活水平方面起到了巨大的作用。

和它们对经济的贡献相比，中小企业贷款难的问题更是众所周知。林毅夫（2007）指出，2006 年超过 4 000 万家中小企业中，能够获得银行贷款的不超过 50 万家。换句话说，有超过 98% 的中小企业没有正式融资的机会。世界银行的《中国投资环境调查》（*Investment Climate Survey for China*）也表明，和其他亚洲国家相比，中国的中小型企业面临着更多的信贷约束，它们获得银行贷款的机会也更加有限。根据这项调查，中国的中小企业获

① 本章改写了作者和沈明高、徐忠、白营合作的文章“Bank Size and SME Lending: Evidences from China”，该文发表于 *World Development* 2009 年第 37 卷第 4 期，第 800—811 页。本章进一步充实了该文观点。

得的银行贷款只占资本的12%，而马来西亚和印度尼西亚的中小企业能获得的银行贷款占资本的21%和24%。这项调查还表明，“对规模更小的企业而言，它们能够从正规金融融资的难度就更大。在中国雇员人数超过100人的企业中，平均有27%的资金是通过银行贷款筹集的，而在印度这个比例是39%。雇员人数为20—100人的企业资金有30%是银行贷款，相比之下印度的这个比例为38%。雇员人数少于20人的企业银行贷款额只占资本的2.3%，平均而言，印度这样的企业有29%的资金是银行贷款。”(D. Dollar 等, 2003, 第41页)

缺乏恰当的融资渠道已成为中小企业发展的主要障碍。林毅夫(2007)认为，由于中小企业往往是劳动密集型企业，当它们面临信贷约束时就难以承担劳动力成本，从而影响企业的长期生存。许多中国的经济学家因此鼓励建立中小型银行来解决中小企业贷款难的问题(Zhang, 2000；林毅夫，李永军，2001；Zhang, 2002；Li, 2002；Guo and Liu, 2002；Wang and Zhang, 2003)。这些建议建立在中小型银行向中小企业贷款存在比较优势的基础上，因为它们更倾向于与借款人的互动(e. g. Berger 等, 2002)，并能够利用更多的“软信息”(Petersen, 2004)，来应对诸如信息不对称、道德风险和逆向选择等问题(e. g. , Stigliz and Weiss, 1981)。

现行鼓励金融机构贷款给中小企业的措施大致可分为两类。一是通过行政指令、补贴等方式，鼓励现有金融机构，主要是现有大型金融机构多贷款给中小企业。比如，2009年9月国务院出台《关于进一步促进中小企业发展的若干意见》(以下简称《意见》)，提出将对金融机构中小企业贷款增量给予适度补贴；2010年2月，银监会强调在2009年银行小企业金融服务取得明显突破的基础上，2010年各银行的小企业贷款要确保“两个不低于”，即“涉农贷款和小企业贷款增量不低于2009年的增量，增速不低于全部贷款的平均增速，信贷投放的增速要确保不低于全部贷款的平均增速”。二是大力发展与中小企业相匹配的中小金融机构，期待这些机构会给中小企业更多贷款。比如，《意见》也提出支持设立村镇银行和小额贷款公司。2010年5月13日，国务院下发的《国务院关于鼓励和引导民间投资健康发展的若干意见》更指出要放宽金融机构的准入政策，支持民间资本以入股方式参与商业银行的增资扩股和农村信用社、城市信用社的改制工作。鼓励民间资本发起或参与设立村镇银行、贷款公司、农村资金互助社等金融机构，放宽村镇银行或社区银行中法人银行最低出资比例的限制，适当放宽小额贷款公司单一投资者持股比例限制等。

上述两类措施反映了不同机构在大力发展中小银行能否解决中小企业贷款难问题上存在不同的看法。前一类措施间接承认了给中小企业贷款基本不存在盈利空间,因此需要利用行政指令或者补贴,以达到提高给中小企业贷款目标的思路。由于行政指令和补贴对于民间的中小银行不易于实施,因此这类指令和补贴的主要目标是大中型金融机构。而后一类措施则相信给中小企业贷款仍然是有利可图的,不过中小型金融机构在从中小企业贷款中获利的能力与空间更大。这两类措施的核心差异,体现在金融机构规模和中小企业贷款的可得性这两个问题上。这里,最核心的问题是,是否大力发展中小银行就能从根本上改变中小企业贷款难的局面?这是本章着重要回答的问题。

本章第一节回顾了相关文献,第二节重点介绍作为回归模型基础的“软信息”和“硬信息”理论;第三节从我们的数据出发,探讨金融机构的激励机制与信息处理,第四节是我们的模型和相应的结论。

一、有关银行规模与中小企业贷款的文献

中小企业的长足发展往往不能完全依靠内部的资金积累实现,而中小企业由于信息不透明的程度比大型企业要高,获得直接融资的难度很大,因此,通过银行获得贷款这一间接融资方式成为中小企业获得长期发展所需资金的主要手段。对于大力发展中小银行能否解决中小企业贷款难的问题,国内与国际学者抱有不同的看法。

有不少学者认为,由于信息不对称、道德风险和逆向选择问题,大型金融机构不愿意向小企业提供贷款(如 Stigliz 和 Weiss(1981)),而中小银行在给中小企业贷款方面更具有优势。比如,Banerjee 等(1994)提出了两种假说,一是“长期互动假说”(Long-Term-Interaction Hypothesis)。这种假说认为,中小金融机构一般是地方性金融机构,它们往往专门为地方中小企业服务。通过长期的合作关系,中小金融机构对地方中小企业经营状况的了解程度逐渐加深,这就有助于解决存在于中小金融机构与中小企业之间的信息不对称问题。二是“共同监督假说”(Peer-Monitoring Hypothesis)。这一假说尤其适用于解释合作性中小金融机构的行为。该假说认为,即使中小金融机构并不充分了解地方中小企业的经营状况,也不能对中小企业实施有效的监督,但为了大家的共同利益,合作组织中的中小企

业之间会实施自我监督。相比之下,大型金融机构一般不拥有这种信息优势。由于经常调换主管人员,大银行支行在地方上设立的分支机构对地方企业的了解程度相对较差;另外,就算这些地方分支机构的主管人员能够充分了解地方中小企业的经营状况,如何全面准确地向上级传达有关这些中小企业的信息又是一个难题。

Banerjee 等(1994) 已经指出了信息传递的问题,而 Berger 和 Udell (2002)进一步从"软信息"和"硬信息"的角度阐释中小银行为什么更有给中小企业贷款的优势。他们将中小企业从金融机构得到的贷款分为四类,即财务报表型贷款、以资产为基础的贷款、信用评分型贷款和关系型贷款(Relationship Lending)。前三种贷款通常被称为交易型贷款(Transactional Lending)。交易型贷款所依据的是企业的"硬信息",比如财务报表、抵押品的质量和数量、信用得分等,这些信息容易数码化,不具有人格化的特征,可以很方便地在所有人员之间传递。关系型贷款(Relationship Lending)则指银行的贷款决策主要基于长期积累的有关借款企业及其业主的相关信息进行,比如财务和经营状况,企业行为、信誉和业主个人品行,以及是否存在继承人问题,其技术是否领先,未来前景如何等。这些信息具有强烈的人格化特征,往往只能意会不能言传,具有模糊性,难以用书面报表的形式进行统计归纳和传递。也就是说,"硬信息"常常是数字化的,而"软信息"更多要靠意会。这种差异意味着"硬信息"更容易被收集、存储和传输。此外,从收集方法的观点来看,收集和使用"硬信息"的人往往不同,而"软信息"往往由相同的人收集和评估(Petersen (2004))。

许多实证研究支持了"小银行优势"的决定假说。比如,Berger 和 Udell (1995, 1996), Peek 和 Rosengren (1996), Strahan 和 Weston (1996) 发现,在小企业贷款中,中小银行给中小企业贷款占其资产的比重往往更高。Berger, Saunders, Scalise 和 Udell (1998) 以及 Peek 和 Rosengren (1998)则从并购角度研究银行规模的变化,他们发现,银行兼并后形成的更大规模的银行往往会减少给小企业的贷款。Cole, Goldberg 和 White (1999)研究了大银行向小企业的贷款行为,发现大银行在批准其小企业贷款时,更关注财务指标;它们对于之前本机构是否给予某中小企业贷款这些历史状况的重视程度比中小银行低,因此认为大中型银行给中小企业的贷款更多为交易型贷款。

但是也有一些研究表明,银行规模变大并不一定带来中小企业贷款的减少。例如,Strahan 和 Weston(1998)研究了银行并购对小企业贷款的影响。他们发现，如果并购发生在小银行之间，那么这种并购倾向于增加中小企业贷款。Berger, Rosen 和 Udell(2001)研究了向中小型企业贷款和银行在当地市场份额的关系。他们发现，平均而言，金融机构给中小企业贷款占企业贷款的份额，大致与小银行在贷款市场上所占份额的比例相当，也就是说，中小银行并没有特别给中小企业更大份额的贷款。

Berger, Klapper 和 Udell(2001)还提出了“脆弱银行障碍假说”(Distressed-Bank Barrier Hypothesis)。也就是说，如果银行有破产风险，那么政府、存款人、投资人和监管部门通常会要求银行调整其风险组合，通常就是要求银行减少贷款的风险。由于关系贷款所依赖的“软信息”不容易向政府或者监管部门报告并通过审核，有破产风险的银行往往不得不减少给予中小企业的关系贷款。此外，中小企业也不愿意向有破产风险，或者仅仅是存在破产可能的银行贷款，因为如果资金忽然断流导致中小企业不得不在短期内寻找新的贷款者，这类冲击对于中小企业的资金链可能是致命性的。他们的研究还发现，更严格的监管标准审查倾向于让银行减少关系贷款。由于一般而言，中小银行抗击冲击的能力要弱于大型金融机构，他们的研究表明中小银行未必就可以给中小企业更多的贷款。

上述文献的共同点，是承认小银行有获取“软信息”的优势。那些不支持中小银行会增加给中小企业贷款的文献，就其本质而言，是在讨论有什么样特质的中小银行不会增大给予中小企业的贷款。另外，文献中模型的推论都建立在一个隐含假定的基础上，即如果“软信息”可获得的话，银行一定会充分利用这些“软信息”。这一假定对于纯粹追求利润最大化的独立的金融机构可能是一个合理的假设。但是，我国金融体系以四大国有银行为主，这种格局至少会从四个方面影响金融机构内部收集和使用“软信息”的积极性，从而使得该假说在我国能否成立存在着不确定性。

首先，四大国有银行除了追求自身利益最大化之外，常常还有支持地方经济发展、稳定就业等多重目标。从第二章可以看到，金融机构的主要经营目标除了盈利之外，还有服务三农、服务国企等。在上世纪末，选择盈利作为主要经营目标的金融机构不到总机构数的60%。尽管到2004年，以盈利为主要目标的金融机构上升到82%，但是仍然不能忽略经营目标不单单是盈利时，对于金融机构借贷行为的影响，因为如果金融机构有能力获得“软信息”，但是这些“软信息”不能够有效地转化为利润，机构内部收集这类“软信息”的积极性就会受损。

其次，大型国有银行虽然在县层面有规模较小的支行，但是总部和分支之间的互动如何影响"软信息"的收集和使用的问题并没有被仔细研究。在有关银行总部和分支关系的文献中需要特别提到的是 Berger 和 DeYoung (2001)。他们研究了银行总部和分支之间的距离如何影响其分支的效率。他们发现随着距离的增加,银行总部对于分支施加影响的难度在增大。这与关系贷款难以从远方操作这一理论推断一致。除了地理距离,距离的另一形式是分支机构拥有的贷款审批权。一方面,如果分支机构拥有完全的贷款审批权,那么分支与总部间的地理距离就并不那么重要了;另一方面,总部只要能够将贷款审批权完全上收,就算支行与总行地处同城,它们收集和处理"软信息"的激励和能力也会完全不同。如果分支机构对资金没有足够的控制权,也就是说即便金融机构有潜在的优质客户,它们也没有能力将资金迅速贷出去,那么小规模的金融机构也不能给中小企业更多的贷款。在第二章我们已经看到,不同金融机构在贷款审批权方面的安排有很大的差异,这就给我们提供了充分的信息来研究贷款审批权的大小对银行贷款中小企业贷款比重的影响。

再次,由于"软信息"的收集成本比"硬信息"高,信息收集人是否会积极收集对于金融机构长期发展有益的"软信息",取决于"软信息"的质量是否会影响他们的个人收益。

最后,除了盈利之外,不同地区的金融机构的借贷行为还或多或少会受到当地政府以及法律环境的影响。比如,地方政府可能影响金融机构的贷款决策,使它们不得不向政府偏好的企业提供更多的贷款。执法程度亦是一个重要的因素,因为执法不力意味着有更高的风险。因此,当地分支机构是否可以获得"软信息"是一回事,是否愿意充分利用这些信息却是另一回事。

要回答大力发展中小银行能否带来更多的中小企业贷款的问题,就不能不在共同因素之外,额外考察上述四个层面的因素对于金融机构贷款行为的影响。

本章的目标是选用县级金融机构的调查数据,具体考察影响中小企业贷款的因素,为大力发展中小银行能否带来更多中小企业贷款提供新视角。我们采用的数据是县级支行数据,而不是如国外文献中常采用的总部的数据,这里的原因有两个。第一,是技术上的可执行性。如前面章节所讨论的,其他国家金融体系中常常有众多银行机构,比如美国有 1 135 家银行(Classsens 和 Laveven(2004)),而我国金融机构体系主要由四大国有银行、13 家全国性股份制银行、城市商业银行和农信社等组成。由于城市商业银行数目少、市场份额低，忽略不计的话，我国独立的金融机构数目在20家之内。用上述文献中视每一家金融机构为独立机构的方法来研究中国数据，就会导致观测点不足的问题。比如如果我们关注工行总行的信息，那么一年仅能获得有关工行的一个观测值。第二，如果仅采用总部数据，我们就无法观察分支机构与总部之间的互动会如何影响对中小企业至关重要的关系贷款的发放，而县级数据给了我们充分的信息来好好研究两者之间的互动。

在下面的章节中，我们将根据现有文献，采用调查数据，研究金融机构的规模和它们给中小企业贷款的行为是否存在关联。具体而言，我们分别讨论内部因素，如金融机构规模、贷款审批权、“软信息”的重要性、信贷员激励机制等，以及共同因素如竞争程度、法律执行力度、政府影响等如何影响金融机构给中小企业贷款的决策。

二、数据与方法

本节主要介绍我们使用的数据和其中涉及的估计方法。这套数据的抽样以及代表性等在第一章已经介绍过，这里不再赘述。需要重点介绍的有因变量、中小企业贷款占全部企业贷款的比重，以及关键的解释变量。

我们用县级金融机构对中小企业的年度贷款余额占向所有企业贷款余额的百分比来衡量金融机构对中小企业贷款的力度。据国家统计局的定义，如果一个企业拥有不到0.4亿元总资产，销售额不及0.3亿元，那么它属于中小型企业。图5.2.1分金融机构描绘了2000—2004年间，各金融机构的贷款中给予中小企业贷款额度的比重。该图显示，农行企业贷款中，中小企业贷款占比平均在85%以上，高于其他金融机构。工行、其他三大国有银行和农信社在2000—2004年间给予中小企业的贷款呈现下降之势，而其他股份制商业银行中小企业贷款所占比重基本持平在70%至75%之间。

图5.2.1表明，中小企业贷款余额占企业贷款的比重平均在60%以上，似乎和前文所述中小企业贷款难的现象不一致，这里有两点需要解释。首先，由于调查数据是县域金融，尽管县域包括了城市的区，但是县级行政区域中抽到的大型企业数目还属凤毛麟角。金融机构的企业贷款对象因此主要局限在中小企业之中，这会导致中小企业获得的贷款占全部企业贷

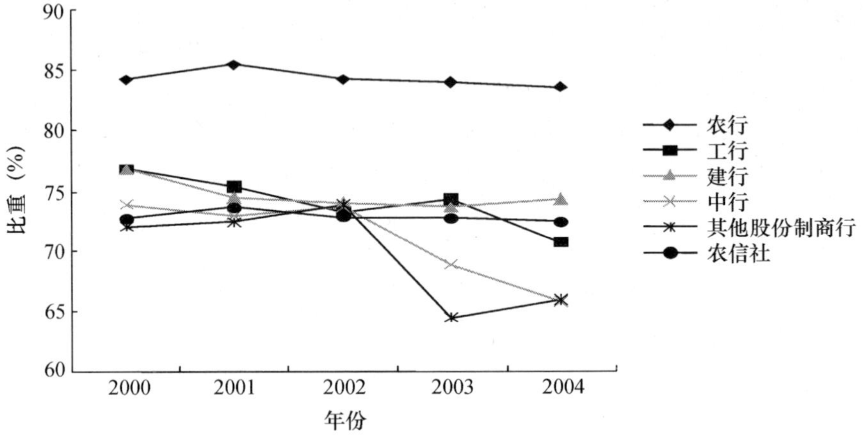

图 5.2.1　各金融机构中小企业贷款占比

款的比重较高。其次，单看余额本身并不足以完全反映中小企业资金可得性的问题，因为一家规模较大的中小企业可能获得企业贷款余额中较大的比重，而其他企业可能根本得不到贷款。

另外，单独看申请贷款的企业和潜在可能的客户之间的关系也不足以反映中小企业获得贷款的难度，因为如果企业虽然缺少资金，但是认为自己去银行根本不可能获得贷款，那么它们可能根本不去试，也就是说，去申请的企业往往是认为自己申请比较能够成功的那些。为了检验这个看法，我们在图 5.2.2 中描述了各金融机构报告的 2004 年向它们申请贷款的中

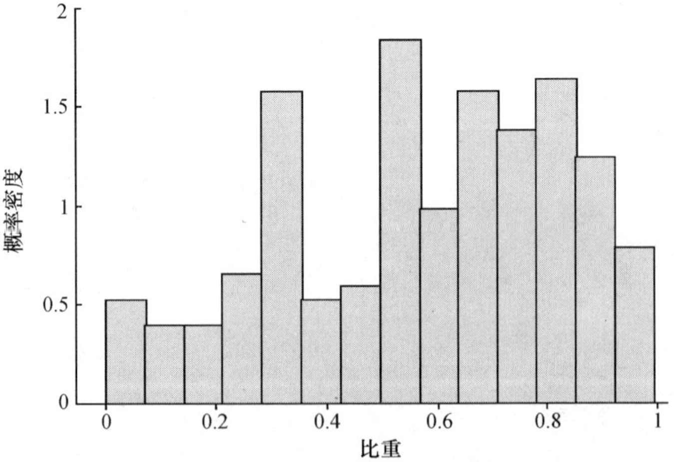

图 5.2.2　申请贷款中小企业占潜在客户的比重(2004 年)

小企业占所有中小企业潜在客户的比重。该图显示，对不少金融机构来说，申请贷款的客户不到潜在客户的一半。当然，从银行角度看到的潜在客户可能不够准确，更准确的做法是视一个县的所有中小企业为其潜在客户，再考察它们满足客户需要的程度。在资料可得的情况下，我们会进一步从这个角度考察中小企业贷款可得性的问题。尽管从县域看，中小企业贷款难的状况似乎不严重，但是由于中小企业贷款占比在不同金融机构之间仍然有很大的差异，这为我们理解这种差异的原因提供了丰富的信息。

我们采用银行总资产来描述银行的规模。图 5.2.3 显示了 2000—2004 年每个类型的金融机构总资产的平均值。根据这一标准，农村信用社是最大的银行，其次是四大国有银行，然后是股份制银行。当然，这里银行的规模是指支行的规模。如果不采用分支而采用加总的方法，那么我们只有 16 家银行（四大国有银行加 12 家股份制银行）和农信社五年的资料，所有观测值数目不会超过 100 个，因此，我们还是以分支机构资产的大小来近似它们在当地的规模。

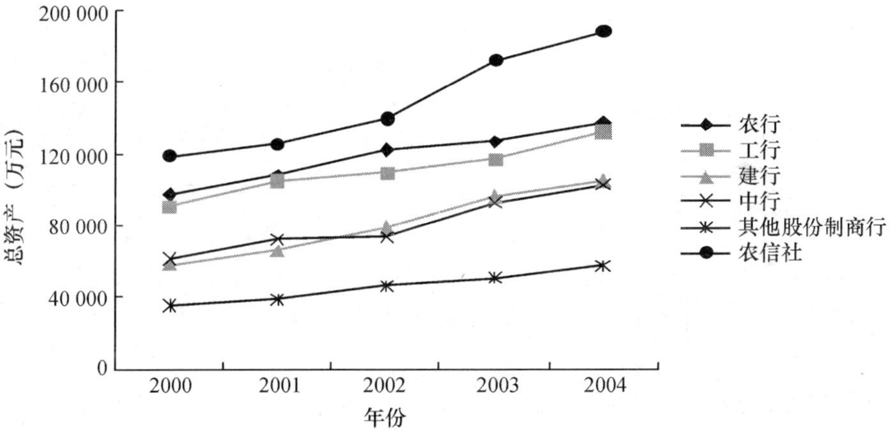

图 5.2.3　各金融机构总资产

在考虑其他因素之前，我们首先考察银行规模和中小企业贷款的相关关系。从表 5.2.1 中，我们并不能看到银行的规模和中小企业贷款的份额之间有明显的线性关系。如果按照资产的规模将资产最多的 1/3 金融机构定义为大型，其次的 1/3 为中型，最后的 1/3 为小型的话，我们看到规模较大的农行支行和农信社给中小企业的贷款的比重会增加；但对其他三大国有银行和股份制银行来说，却是规模较大的金融机构给予中小企业贷款的比重较低。

表 5.2.1 不同规模金融机构的平均中小企业贷款占比(%)*

	小支行	中等支行	大支行
农行	80.26	83.04	87.45
工行	86.95	76.19	60.20
建行	79.85	73.81	70.19
中行	78.45	71.14	66.52
农信社	67.86	70.37	82.26
其他股份制银行	76.54	66.41	63.94

* 按金融机构总资产从高到低分三等份,定出大、中、小支行。

金融机构发放关系贷款的前提是有足够的积极性来收集和利用“软信息”。由于“软信息”本身很难量化,因此就难以衡量金融机构掌握“软信息”的多少,我们主要采用两个变量来近似当地分支机构获取“软信息”的能力。第一个变量是支行行长(信用社主任)是否是本地居民的虚拟变量。一个机构的经营模式、治理结构等往往深受领导人的影响,如果分支机构的领导人是当地居民,那么他对于当地的风土人情、文化、企业家的个性人品和未来发展前景等,要比一个由上级任命的、从外地调来的领导人更了解。因此,我们认为,如果分支机构的领导人是当地居民,那么该金融机构掌握的“软信息”就比较多。

第二个变量侧重于度量银行所认定的“软信息”的重要性。调查问卷让金融机构评估未受理中小企业贷款申请的主要原因。[①] 受访金融机构逐一评估问卷涉及的七项原因在本机构决策中的重要性,其中最重要评分为1,最不重要评分为7。由于这七项原因实际反映了“硬信息”在机构贷款决策中的重要性,我们将这七个选项加总后得到的总分实则反映了“软信息”的重要性。也就是说,总分分值越高,则认为“软信息”在金融机构贷款决策中扮演越重要的角色。

---

① 问题如下:去年以来,本机构对中小企业贷款申请未受理的主要原因是(按从最重要到最不重要的顺序排列,最重要为1,最不重要为7):

(a) 企业信用等级低,不符合贷款条件
(b) 企业没有足够的抵押品或担保
(c) 申请贷款项目风险大
(d) 企业存在逃、废债的可能
(e) 银行信贷资金紧张
(f) 受机构内部资金管理体制的约束,信贷资金必须上报上级主管部门
(g) 其他(请具体填写)

前文已述，金融机构能够调配的资金量、金融机构内部激励机制的设计都会影响金融机构是否会使用“软信息”来贷款给优质的客户。我们用贷款审批权，即由本机构和本机构的分支机构能够决定的贷款占总贷款的比重来衡量县级金融机构的资金自主性。图 5.2.4 比较了本机构当年发放的贷款中，由本机构以及基层分支批准，而不需要上级批准的贷款的比重。我们用这一指标来衡量分支机构贷款审批权的多寡。根据图 5.2.4，不同金融机构间贷款审批权的安排有很大的差异。由于农信社由银监会直接管理，它们拥有的贷款审批权最多，平均超过 95% 的贷款往往都是由它们自己批准的；股份制银行和四大国有银行中的建行和中行给予支行及其基层机构的贷款审批权仅在 20% 左右徘徊，工行和农行的贷款审批权则介于两者之间。

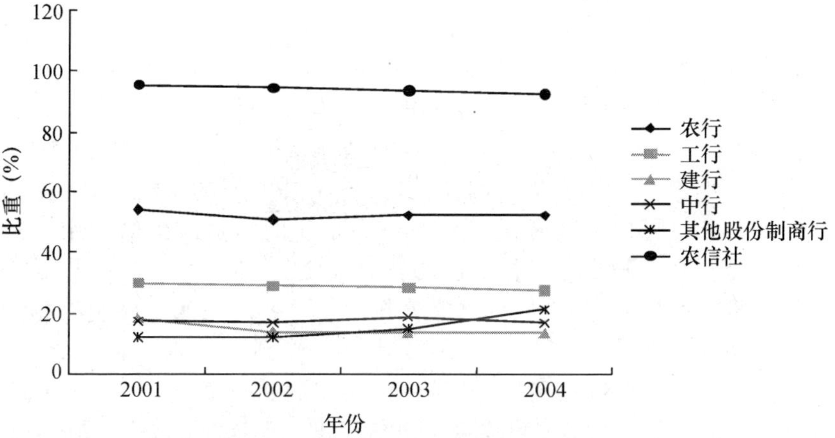

图 5.2.4　各金融机构的平均贷款审批权

除了考虑贷款审批权的大小对于关系贷款的影响之外，还需要关注金融机构的经营目标、外部环境以及内部的激励机制。就经营目标看，我们在第二章有详细的探讨，这里重点关注利润指标在上级机构考核中的权重。对利润的更多关注意味着银行管理层创造利润的能力在其业绩评估时更重要。如果所有对利润权重的未遗漏的观察数据都是正数，利润最大化至少是经营目标的一部分。因此，我们进一步控制可直接影响利润的因素。当然，为了实现利润最大化，银行需要控制成本。在本章中我们使用平均存款成本来描述银行获得资金的成本，该成本不仅包括利息成本，还包括为了获得存款，金融机构所支付的各类非利息成本，在第三章我们对于存款成本有详细的讨论。

如果使用"软信息"后所得到的报偿,或者相应的风险没有和信贷经理的个人福利以及职业发展挂钩,那么他们可能就没有足够的动力收集"软信息"。在"软信息"的收集和使用问题上,除了需要考虑分支机构的利润目标,还需要考虑"软信息"的具体收集人的利益,具体而言,我们需要考虑信贷员的收入和他们的贷款之间的关联。当他们的个人收入与贷款质量有密切联系时,他们会更有动力使用更多"软信息"来评估贷款质量。此时,小银行收集"软信息"的比较优势才可能带来更多的中小企业贷款。在本章中,我们使用"工资是否与贷款质量挂钩"的虚拟变量来控制这些因素。我们认为在其他条件不变的情况下,分支机构工资与贷款质量挂钩往往会提高信贷员搜寻优质中小企业客户的积极性,从而能给中小型企业更多的贷款。

为了充分了解金融机构对中小企业贷款的行为,我们还需要考虑金融机构面临的外部环境。首先需要考虑的就是竞争。如果金融机构在当地面临较激烈的竞争,那么为了在竞争中处于有利的位置,金融机构就愿意投入更多的资源,来寻找可以给本机构带来高回报的潜在客户,当然,它们也会更愿意承担一定的风险。因此,在其他条件不变的情况下,我们的待检验假设是竞争可以提高金融机构对中小企业的信贷。我们使用银行的贷款市场份额来刻画金融机构面临的竞争程度。

另外,金融机构所处地区的体制安排也是需要考虑的。体制安排如何影响经济体中的个体行为,最近在文献中也受到了关注。比如,Hasan,Wachtel 和 Zhou(2008)发现,市场经济中法律的执行力度(用每 10 000 人中拥有的律师人数来近似)和政治自由化程度(民主党派和无党派人士参与人民代表大会的程度)可以被用来解释省 GDP 的增长速度。在本章中我们也检验政府对于金融机构贷款决策的影响和当地司法执行力度是否会影响金融机构给中小企业贷款的比重。我们构建一个没有政府影响的虚拟变量来近似政府对于金融机构贷款决策的影响程度。当本地分支机构的主管认为在决策贷款时,他们从来没有遇到来自当地政府的影响时,该变量取值为 1,否则为 0。[①] 为衡量执法力度,问卷还询问了每家分支机构的主管,当企业拖欠贷款时他们的策略。[②] 问题给出五个备选方案:

---

① 问卷中的相关问题是:你觉得在贷款决策时,一般情况下,会不会受到来自当地政府的影响?(代码:1 = 肯定有;2 = 有时有;3 = 没有)

② 问卷中的相关问题是:一旦企业拖欠贷款,你是否会考虑通过向法院起诉的方式来清收贷款?

(1) 这是最常用的方式;(2) 有时会;(3) 这是没有办法的办法;(4) 不会;(5) 不需要。当他们选择选项(3)时,我们认为当地的执法力度较弱。由于可以带来高回报的中小企业的项目可能有更高的风险,如果企业无力偿还贷款,而金融机构又不能依靠执法机关来清收贷款的话,那么金融机构自己就需要更多地承担给中小企业贷款而带来的风险,这可能导致金融机构更加不愿意贷款给中小企业。

我们主要利用当地的主要行业来刻画经济基本面。我们把非农产业从农业产业中分离出来,因为不同的产业结构会对金融机构的贷款行为产生不同的影响。另外,金融机构的治理结构会影响机构的整个决策,在前面的章节中,我们也看到不同所有制的金融机构在激励机制、存贷款方面都存在很大的差异。为控制这部分差异,我们在回归中加入了金融机构的虚拟变量,并以中国农业银行作为基本对照组。另外,虽然同为县级行政机构,农村地区和城市的区在经济发展程度、政府影响程度以及执法力度等方面都存在较大差异。为控制这类差异,我们还使用了该地区是否属于农村地区的虚拟变量。我们在表 5.2.2 中给出了上述变量的统计描述。

表 5.2.2 变量的统计描述

变量	观察值	平均值	标准差	最小值	最大值
中小企业贷款占企业贷款比重(shsmeloan)	1 751	75.55	31.68	0	100
支行的贷款审批权(%)(laprv_sf)	1 389	43.42	40.01	0	100
资产对数的滞后变量(llnasset)	1 420	10.96	1.14	3.04	14.54
利润权重 (profitwgt)	1 039	30.66	21.01	0	100
农村信用社与利润权重相互关系(rccprfwgt)	1 039	6.21	12.91	0	60
贷款市场份额 (shloanmk)	1 342	17.53	14.08	0	94
工资是否与贷款质量挂钩(respnpl)	1 730	0.63	0.48	0	1
“软信息”的重要性(softinf)	1 740	2.78	0.72	1	6.5
虚拟变量:没有政府影响(nogovinf)	1 915	0.36	0.48	0	1
虚拟变量:执法力度弱(weaklaw)	1 915	0.39	0.49	0	1
虚拟变量:地区在农村 (rural)	1 915	0.45	0.50	0	1
存款成本的平均值(ac_depos)	1 521	2.95	8.10	0	100
管理者为当地居民的假设(native-banker)	1 910	0.47	0.50	0	1
主要产业为农业(agr)	1 915	0.14	0.35	0	1

三、计量经济模型

在本节我们介绍我们运用的计量经济模型。为了检验主要假设和评估提到的其他因素，我们估计下面的回归方程

$$\text{Shsmeloan}_{it} = \beta_0 + \beta_1 \text{llnasset}_{it} + \beta_2 \text{laprv\_sf}_{it} + \beta_3 X_{1it} + \beta_4 X_{2it} + \beta_5 X_{3it} + \varepsilon_{it} \quad (1)$$

其中，中小企业贷款占金融机构企业贷款余额的比重用以刻画金融机构给中小企业贷款的力度，总资产的自然对数用以衡量金融机构的规模，我们特别把贷款审批权作为一个单独的解释变量，以便刻画分支机构对于贷款的自主程度对于中小企业贷款占比的影响。其余的解释变量则被分为三组，其中 X_{1it} 表示通过直接影响利润而影响贷款决策的变量，X_{2it} 表示会间接影响贷款决策的变量，最后一组是其他变量，包括地域变量、年份变量等。每个变量的定义详见表 5.3.1。

表 5.3.1　因变量和解释变量

shsmeloan		机构 i 在 t 年年末给中小企业的贷款占所有企业贷款的比重
llnasset		总银行资产自然对数的滞后变量
laprv_sf		贷款余额中支行能够决定贷款的比重。0 代表地方银行没有贷款审批权，100 代表它们有充分的自主决定贷款权
X_{1it}		一套主要通过直接影响利润来影响贷款的解释变量
	profitwgt	利润权重
	rccprfwgt	农村信用社虚拟变量和利润权重的关系
	shloanmk	贷款市场份额
	nativebanker	管理者是本地居民的假设
	sofitinf	"软信息"的重要性
	respnpl	工资和贷款质量挂钩的假设
	ac_depos	存款成本的平均值
X_{2it}		间接影响贷款决定
	nogovinf	没有政府影响的假设
	weaklaw	法律环境是弱化的
	agr	主要产业是农业
X_{3it}		其他控制变量，包括该地区是否是农村地区、机构类型和年份假设
ε_{it}		随机误差项

为了检验我们的主要假说,我们需要分析上述变量对中小企业贷款影响的方向和统计上的显著性。我们希望研究的是,银行的规模和贷款审批权究竟怎样影响分支机构给中小企业的贷款。但是要量化这些效果我们就不能回避一类问题,就是主模型只描述了相关关系,并不能确定变量间的因果联系。现实中可能存在这样的情况,即关键变量互为因果,因此难以分离其中一个因素如何影响另一个因素的效果。比如,中小企业贷款的多少,本身可能影响机构的规模;而中小企业贷款的多少影响着机构的绩效,也可能进一步影响上级愿意给予分支机构的贷款审批权,也就是说,因果关系的方向,可能是从因变量往自变量,而不是单单从自变量往因变量。

我们分别通过以下措施来处理上面的内生性问题。首先,对于支行的规模,为避免当期支行规模和中小企业贷款之间可能存在的关联,我们用资产规模的滞后项来近似金融机构的规模。也就是说,当期中小企业贷款能够影响当年的支行规模,但是不能影响其历史。只要误差项之间不存在序列相关,这个假定就可以帮助我们弱化中小企业贷款也会影响支行规模的问题。由于数据是县级金融数据,故很多变量的外生性是依靠数据的结构来支持的。比如,我们认为可以视贷款市场份额为外生,因为一个地区金融机构间的竞争态势可能是长期竞争的结果,而不能单单因为某一个分支机构的改变而在短期内带来巨大的改变。利润比重也可以被视为外生,因为它主要是由机构的上级根据方方面面的考虑通盘决定,并不是分支机构能够轻易影响的。在第二章我们也看到,在样本期间,利润比重随时间的变化不大,这进一步支持了我们认为利润比重在短期内可以被视为外生的假设。

但是贷款审批权的内生性却需要更多关注。因为虽然不同金融机构对于县级支行的贷款审批权安排可能带有每一家金融机构自己的特色,但是同一家金融机构内部贷款审批权安排的决定因素本身也是非常值得研究的问题。一个可能的因素就是如果分支机构给中小型企业的贷款带来了更多的利润,上级分支机构可能就会给它们更多的贷款审批权;反之亦然。

解决内生性的问题通常都需要寻找合适的工具变量。这里,我们利用数据的特点,即虽然分支机构是我们关心的主体(因变量注脚中的 i 代表分支机构),但是数据是按照县来收集的,也就是说,在 i 的上方还有一个层级。根据 Wooldrige(2002,第 89 页)“经济学家常常利用价格或者税收的地区变动作为个体层面等式中内生性解释变量的工具……这里的想法是，对于每个个体而言，我们可以假设价格为外生的。”我们也可以用县级的贷款审批权信息作为单个金融机构贷款审批权的工具变量。具体而言，我们选用一个县所有金融机构贷款审批权的中值作为单个金融机构贷款审批权的工具变量。一个合格的工具变量首先需要和被怀疑具有内生性的变量之间有关，另外也需要该变量本身不能是内生的，也就是说，该变量和不可观测的因素之间没有系统性关联。我们认为，上级在决定分支机构贷款审批权时，考虑到本机构的下级要在当地的竞争中处于有利的地位等因素，他们对贷款审批权的分配就需要参考其他银行。因此，我们选用的工具变量和贷款审批权高度相关。此外，所有县级金融机构贷款审批权的中值可以透过竞争等因素来影响本机构的中小企业贷款比重，但是我们控制上述因素后，认为其他机构贷款审批权的中值和本机构无关就不是一个很强的假定了。因此，我们认为工具变量的选取是基本合理的。

当然，我们对使用工具变量估计结果的信心建立在工具的质量上。如果工具变量很弱（即内生变量和工具之间的相关性较弱），我们依靠大样本特性得出来的估计量和统计量在有限样本下的表现会乏善可陈。Nagar (1959); Bound, Jaeger 和 Baker (1995); Sawa (1969) 等都指出了弱工具变量的问题。如果大样本理论因为工具变量较弱而不能好好运用，那么依据大样本估计出的参数很可能有极大的误导性。

由弱工具所造成的偏差可以由 Angrist 和 Krueger (2001) 提出的约简式方程解决。根据他们的结论，采用约简式来估计时，就算工具变量是弱工具变量，最小二乘估计量也能给出无偏估计。Chernozhukov 和 Hansen (2005) 拓展了这一思路，并发现此时最小二乘估计量对异方差和自相关也稳健。我们在后文中也采用约简式来估计主方程，因此有必要对这一方法加以说明。

假设主要方程为 $Y = X\beta + u$，其中 X 为内生解释变量，可以用工具变量矩阵来表述 X 的生成机制，即 $X = Z\Pi + v$。我们检验的原假设是 $H_0:\beta = 0$，备择假设 $H_1:\beta \neq 0$。采用约简式就是将 X 替换到主方程中，得到 $Y = Z\gamma + \varepsilon$，其中 $\gamma = \Pi\beta$，$\varepsilon = \beta v + u$。由于工具变量和 X 存在相关性，即 Π 不是零矩阵，因此，如果原假设 $H_0^{'}:\gamma = 0$ 不被拒绝，我们也不能拒绝 $H_0:\beta = 0$；反之同理。因此，只要 Z 和 X 是相关的，检验 $H_0^{'}:\gamma = 0$ 就等同于检验 $H_0:\beta = 0$（因为 Π 不是零矩阵）。这一检验过程对于弱工具变量稳健，主要是因为只要 X 和 Z 不是完全无关的，那么该方法在检验变量系数等于零时，仅要

求 X 和 Z 存在相关关系，而对相关关系强弱的程度没有要求。由于该方法操作比较简便，因此非常有吸引力；并且，它也可以作为近年来弱工具变量文献中提出的一些检验方法的特例。比如通过恰当选择变量并当样本足够大时，这种方法等同于 Kleibergen（2002，2005，2007）提出的 LM 法。它最简单的版本可以看做是 Stock 和 Wright（2000）的 S 统计量的近似。

具体而言，我们采用常规的二阶段最小二乘估计法和约简式下的工具变量法，来估计各类解释变量对于中小企业贷款占比比重的影响。尽管数据是四年的面板数据，但我们并没有采用随机效应或者固定效应的估计方法，这里最主要的原因是，如果采用随机效应模型，我们就需要假定影响中小企业贷款比重的因素中，那些不随时间发生改变但又无法观测的因素和其他解释变量完全无关，而这一假定往往和现实不符。如果采用固定效应模型，我们就无法研究政府影响、执法力度等制度层面的因素对贷款决策的影响。另外，由于线性面板数据的方法主要依靠差分的策略来消除不随时间改变的银行层面无法观测的因素的影响，因此，剩下的效果往往只是随年份发生改变的那些微小的变动。对于四年这样短暂的时间，以及我国极大的地域差异而言，仅关注时间层面变动的影响不能对于全局做出完整的解读。但是，完全不控制分支机构间不可观测的系统性差异，我们的估计也一样是有偏的。根据我们在上篇的介绍，分支机构间的差异往往可以从它们的所有制形式、地区和时间层面来刻画，因此，我们在回归模型中控制了机构类型、时间趋势和地域差异，以便平和截面层面和时间层面的解释变量的变动对于因变量的影响。

四、实证结果

本节着重报告上节介绍的回归模型的估计结果。表 5.4.1 和 5.4.2 给出了对模型(1) 的估计系数，其中表 5.4.1 显示了二阶最小二乘估计的结果。由于分支机构贷款审批权和县级金融机构贷款审批权中值之间的相关系数为 0.43，可能存在弱工具变量的问题，因此我们采用约简式来

表 5.4.1 银行向中小企业贷款的影响因素，二阶最小二乘法

	(1)		(2)		(3)		(4)		(5)	
贷款审批权	0.111*	(0.065)	0.125	(0.104)	0.071	(0.099)	0.155	(0.107)	0.158	(0.105)
资产对数的滞后项	-0.579	(0.865)	-0.552	(0.982)	-0.805	(1.029)	0.874	(1.412)	0.810	(1.427)
利润权重			-0.224***	(0.057)	-0.245***	(0.069)	-0.278***	(0.085)	-0.278***	(0.085)
农信社 × 利润			0.424	(0.260)	0.432*	(0.260)	0.472*	(0.261)	0.466*	(0.265)
贷款市场份额			-0.291**	(0.117)	-0.299**	(0.120)	-0.369***	(0.126)	-0.366***	(0.127)
“软信息”的重要性			0.983	(1.707)	1.314	(1.706)	1.031	(1.815)	1.033	(1.826)
工资与贷款挂钩					5.104**	(2.347)	7.791***	(2.491)	7.863***	(2.487)
没有政府影响					-0.466	(2.344)	-2.408	(2.563)	-2.273	(2.539)
执法力度弱					-5.792**	(2.269)	-6.141**	(2.484)	-6.248**	(2.524)
地区在农村							5.437*	(3.107)	5.497*	(3.118)
存款成本的平均值							0.126**	(0.058)	0.129**	(0.062)
行长是否为本地居民									-0.932	(2.627)
主要产业是农业									-0.487	(3.636)
中国工商银行	-6.975**	(3.213)	-11.519***	(4.028)	-13.297***	(3.979)	-11.300***	(4.226)	-11.205***	(4.273)
中国银行	-7.363**	(3.363)	-12.934***	(4.617)	-15.902***	(4.442)	-14.417***	(4.885)	-14.417***	(4.886)
中国建设银行	-6.874**	(3.437)	-23.543***	(4.741)	-23.933***	(4.977)	-19.329***	(5.181)	-19.181***	(5.088)
股份制银行	-10.619***	(3.458)	-21.452***	(6.358)	-19.493***	(6.905)	-13.624*	(7.590)	-13.246*	(7.756)
农村信用社	-14.501***	(3.711)	-28.496***	(9.549)	-24.680***	(9.343)	-30.632***	(9.535)	-30.265***	(9.988)
常数项	84.528***	(10.227)	98.146***	(12.057)	103.035***	(12.667)	79.529***	(16.412)	80.435***	(16.959)
观察值	1 292		791		743		662		662	
R 平方	0.01		0.08		0.09		0.10		0.10	

注：括号中为标准误。* 显著性 10%；** 显著性 5%；*** 显著性 1%；因变量：中小企业贷款份额。

表 5.4.2　银行向中小企业贷款的影响因素，约简法 IV

	(1)		(2)		(3)		(4)		(5)	
贷款审批权的中位数	0.068**	(0.029)	0.081**	(0.041)	0.065	(0.042)	0.108**	(0.044)	0.109**	(0.044)
资产对数的滞后项	−0.340	(0.832)	0.174	(0.938)	−0.400	(0.990)	1.559	(1.315)	1.569	(1.349)
利润权重			−0.206***	(0.052)	−0.222***	(0.059)	−0.260***	(0.076)	−0.259***	(0.077)
农信社 × 利润			0.440*	(0.260)	0.443*	(0.261)	0.511*	(0.263)	0.504*	(0.265)
贷款市场份额			−0.279**	(0.118)	−0.308***	(0.119)	−0.361***	(0.129)	−0.360***	(0.129)
“软信息”的重要性			3.399*	(1.754)	3.970**	(1.762)	2.526	(1.798)	2.562	(1.817)
工资与贷款挂钩					5.539**	(2.380)	8.077***	(2.506)	8.091***	(2.494)
没有政府影响					−0.472	(2.298)	−2.914	(2.487)	−2.897	(2.487)
执法力度弱					−4.622**	(2.286)	−5.120**	(2.483)	−5.235**	(2.528)
地区在农村							5.556*	(3.067)	5.628*	(3.080)
存款成本的平均值							0.126*	(0.068)	0.131*	(0.069)
行长是否为本地居民									−0.782	(2.492)
主要产业是农业									0.567	(3.634)
中国工商银行	−9.622***	(2.590)	−14.512***	(3.018)	−15.083***	(3.156)	−12.510***	(3.349)	−12.298***	(3.505)
中国银行	−10.221***	(2.509)	−14.740***	(3.088)	−15.592***	(3.144)	−15.866***	(3.319)	−15.733***	(3.386)
中国建设银行	−11.853***	(2.880)	−27.937***	(3.911)	−27.118***	(4.398)	−24.353***	(4.583)	−24.197***	(4.568)
股份制银行	−14.608***	(3.305)	−23.252***	(5.704)	−19.952***	(6.639)	−13.994*	(7.404)	−13.440*	(7.774)
农村信用社	−9.440***	(2.670)	−22.422***	(8.343)	−20.139**	(8.216)	−23.647***	(8.392)	−23.684***	(8.745)
常数项	84.696***	(9.771)	84.774***	(12.647)	89.585***	(13.52)	68.544***	(17.26)	68.472***	(17.84)
观察值	1 360		818		770		678		678	
R 平方	0.03		0.09		0.10		0.12		0.11	

注：括号中为标准误。* 显著性 10%；** 显著性 5%；*** 显著性 1%；因变量：中小企业贷款份额。

估计并在表5.4.2中报告估计结果。[①] 在这两张表中,每一个模型都用不同的设定估计了五次。这种做法一方面允许我们检验估计系数的稳健性,另一方面也允许我们通过不同的设定来考察加入新的因素后,现有因素对中小企业贷款比重影响的直接效果。比较表5.4.1和表5.4.2,我们发现对于大多数解释变量估计系数类似,这说明我们模型的设定基本稳健,并且弱工具变量的问题并不严重。因此,我们重点来解释表5.4.2,但也会讨论这两个表之间的重要分歧。

我们首先关心的是支行规模对于中小企业贷款比重的影响。表5.4.2表明,在控制其他因素的情况下,银行规模在所有因素中并不重要,这一点在表5.4.1中也可以看到。也就是说,当我们考虑了金融机构的内部和外部因素之后,机构的规模大小和中小企业贷款之间没有明确的关系。在表5.4.2中,贷款审批权的中位数的系数似乎在五个设定中都是显著的。因此,分支机构拥有的自身贷款审批权越大,就越愿意贷款给中小企业这一假说存在实证支持。

此外,利润在绩效评估中占的权重明显影响着银行对中小企业的贷款行为,但是这种影响对农村信用社和非农村信用社是不同的。对农村信用社而言,利润权重越大,中小企业贷款的比重就越高,因为利润权重与农村信用社的相互作用系数是正的,并且绝对值比其他机构的大。其他金融机构,特别是国有银行,利润比重越大时给予中小企业贷款的比重反而越少,这支持了近年来银行撤出农村是为逐利这一看法。

表5.4.2中衡量"软信息"重要性的变量的显著性存在变化,而这种变化本身包含了信息。在第(2)列,模型显示,更重视"软信息"的分支机构中小企业贷款占比更高;但在我们控制了工资是否与贷款质量挂钩、政府的影响力和执法力度,以及存款成本等因素之后,"软信息"重要性的变量就不再显著了。这种变化表明"软信息"是重要的,但它的重要性只对那些重视员工的激励(信贷员的工资和贷款质量挂钩),以及成本管理(存款成本),并且在政府干涉少、执法力度强的地区的金融机构中才能体现出来。

我们的第五个假说涉及竞争:在竞争越激烈的地区,金融机构拥有的

① 另外一个策略是直接检验工具变量是否是弱工具变量,如采用Stock和Yogo(2002)的方法。本章中分别考虑了不存在弱工具变量,以及存在弱工具变量的情形,目的是考察估计的稳健性。

贷款市场份额越小,它们就越倾向于给中小企业信贷。从制度安排层面,我们也看到,如果执法不力,分支机构会选择减少对中小企业的贷款。政府的影响在所有的设定中并不显著,也就是说,中小企业贷款的比重受到政府影响的成分并不大。第二章的描述表明,在 2001—2004 年间,随着贷款审批权的上收,政府对于金融机构的影响日益削弱。这可以作为政府影响不明显的一个原因。

其他因素也会影响中小企业贷款比重。例如,农村地区贷款给中小企业的比重相对较大,这自然是因为农村地区中小企业的比重本身就很大。此外,与中国农业银行相比,所有其他银行对中小企业贷款的份额都要小些。在控制了“软信息”的重要性这一指标后,行长(主任)是否是本地人对中小企业贷款的影响并不显著。

五、结　　论

中小企业融资难的问题已经引起了政府和学术界的广泛关注,因为它对我国经济的可持续发展具有重要意义。中国的许多学者建议通过建立中小型银行解决这个问题。但是,文献并没有就银行规模和小企业贷款的关系达成共识,并且中国缺少对中小企业贷款影响因素的综合评估。

本章探讨了影响金融机构给中小企业贷款决策的因素,旨在回答大力发展中小银行能否解决中小企业贷款难的问题。我们的研究显示,如果用总资产来衡量银行的规模,那么在控制了金融机构内在的激励机制和上下级间的一些制度安排,以及以竞争程度、执法力度、政府影响等为代表的外在经济环境后,没有证据显示金融机构的规模会显著影响中小企业能够获得的贷款。但是,如果定义中小银行的标准是按照金融机构的层级的多少——层级少的金融机构比层级较多的金融机构小——那么本研究显示,层级少且贷款审批权多的金融机构倾向于给中小企业更多的贷款。按照这一标准,本章为大力发展中小银行能够缓解中小企业贷款难的问题提供了实证支持。

为什么大力发展中小银行能够缓解中小企业贷款难的问题?支持小银行倾向于提供更多中小企业贷款的文献的主要依据是“如果银行规模小,那么它可以收集更多的‘软信息’,中小企业提供‘硬信息’的能力弱,但是却拥有大量‘软信息’,因此中小银行更愿意贷款给中小企业”。我们的研究表明，在中国，即使银行有收集“软信息”的优势，但是否有一个对充分利用这种信息的激励机制也是上述说法成立与否的关键。如果当地银行有较高的自主贷款审批权，如果上级能够增加利润在业绩评估中的比重，而本级机构也将工资与贷款质量挂钩并实施成本控制措施，那么当地银行往往致力于“软信息”的收集和使用，以寻找高品质的客户。

我们认为，大力发展中小银行能够缓解中小企业贷款难的问题，最主要的原因是当地金融机构的数目会因此增加，从而促进竞争。文献通常讨论的“软信息”的重要性只有在金融机构有恰当的治理结构、激励机制和较高的资金自主权的情况下才能发挥作用。由于风险较低的企业已经成为已有金融机构的客户，竞争使得新兴的金融机构将会更积极地寻求风险和回报相对较高的中小企业作为自己的客户。另外，竞争会促进新老金融机构都改善内部治理结构，设定合理的激励机制，以便能在竞争中存活下来。

除了分支机构的规模，我们还考察了自身贷款审批权、对信贷人员的激励制度（激励评价中利润权重和支付机制）、分支机构面临的竞争，以及所处地域的制度等因素如何影响中小企业贷款比重。我们发现，在控制了内部激励机制和外部环境以及制度安排之后，银行规模对中小企业贷款并不具有统计上显著的影响。此外，如果一个分支机构有更多的自主贷款审批权、将信贷员的工资与贷款质量挂钩，并面临更激烈的竞争，给中小企业的贷款会更多。从体制角度看，我们发现，薄弱的执法力度会导致中小企业贷款减少。

因此，要发展因治理结构、激励机制恰当而充满活力的中小银行，就需要注意在发展中小银行的具体举措方面的导向。现有的常见做法是由大中型金融机构牵头，建立起和自己在治理结构、激励机制方面类似但规模较小的金融机构。比如，2008 年 4 月 21 日，银监会党委副书记、副主席蒋定之在“大中型商业银行参与新型农村金融机构试点工作座谈会”上强调，大中型商业银行要提高认识、积极响应、主动参与、加快推进，在培育和发展新型农村金融机构工作中发挥更大的作用。但是由于控制其他因素后，规模小本身并不能带来更多的中小企业贷款，在大银行因为认为无利可图而撤出农村金融市场的情况下，通过行政指令让大中型银行参与到中小银行设立中的举措，就默认了大中型金融机构设立中小金融机构无利可图这一观点。短期内大量设立的中小金融机构，在长期可能成为新一轮呆坏账的源头，因此未必能够达到满意的效果。

《国务院关于鼓励和引导民间投资健康发展的若干意见》的发布带来新的更可能成功的导向。由于大力发展中小银行给监管部门带来了巨大的挑战,而民间却存在着相当一批活跃在非正规金融市场的非正规金融机构。周其仁(2009)指出,改革就是把能解决问题的方法合法化。本章的研究显示,引导民间投资进入中小金融机构,尤其把在市场竞争中生存有一段时间的非正规金融机构合法化,是大力发展中小银行的有效途径之一。

第六章　银行业市场结构与我国县级金融机构效率[①]

引　言

2010 年 7 月 21 日，美国总统签署《多德-弗兰克华尔街改革和个人消费者保护法案》（Dodd-Frank Wall Street Reform and Consumer Protection Action），这是继“大萧条”之后美国历史上金融监管和改革的新的里程碑。此轮金融改革的一个核心目标，是处理一些银行“大到不倒”（too big to fail）的问题。尽管美国国内普遍认为该法案是“大萧条”以来最严厉的金融改革法案，但是要真正执行该法案还需要制定并通过很多新的规则，因此这一法案的严厉程度实际上还很不确定。比如，此轮法案并没有给大银行的资本以及杠杆率订立明确的上限，而是将判断“大”银行是否大到不能破产的甄别权给了监管者。没有给出明确上限的一个原因，就是立法者担心如果给出确定的上限，那么美国的大银行在竞争中会处于比其他国家更不利的地位。这些担心的隐含逻辑，是银行规模如果足够大，那么在竞争中可以处于比较有利的地位，因此可以有更好的绩效。

我国金融改革滞后于其他领域的改革，但是也存在一定的“后发优势”，即可以更多地从发达国家金融业的发展中及时吸取经验教训，作为前车之鉴。当发达国家的金融业面临大银行存在“大到不能破产”的问题时，我们需要及时研究我国金融业的市场结构与金融机构的绩效之间存在何种关系，以评估中国金融机构“大到不能破产”的可能性。本章的研究重点是采用县级金融的数据来考察金融机构绩效与市场结构之间的关系。

---

① 本章基于作者和沈明高、徐忠、王晓康合作的《市场结构与我国银行业绩效：假说与检验》一文改写。该文发表于《经济研究》2009 年第 10 期。

本章安排如下：第一节介绍有关金融业市场结构和金融机构绩效的中外文献，第二节介绍根据我们的调查数据估算出的中国银行业市场结构，第三节介绍所采用的金融机构效率的估计方法，第四节具体分析影响绩效的因素，最后一节作结。

一、有关银行业市场结构与金融机构绩效的文献

国外的很多研究发现，一家银行的盈利能力（或绩效）与银行业市场结构（集中度或者市场份额）存在着密切的关系。在现有的有关银行绩效的文献中，主要存在两种关于市场结构的假说，即市场力量假说和效率结构假说。其中，市场力量假说包含了传统的结构绩效（Structure-Conduct-Performance，或 SCP）假说与相对市场力量（Relative-Market-Power，或 RMP）假说。

市场力量假说的核心是市场力量决定绩效。Bain（1951）最早提出了传统的结构绩效假说，他认为，在一个集中度较高的市场中，由于竞争不充分，有垄断能力的企业的行为和面临完全竞争的企业不同（即结构决定行为，structure-conduct），因此有垄断能力的企业可以制定较高的价格从而获得较高的利润（即行为决定绩效，conduct-performance）。与此类似，相对市场力量假说认为，只有那些市场份额较高、产品差异化较大的企业可以利用其垄断能力获得较高的利润（Shepherd（1982））。

基于文献对于上述两种建立在市场力量之上的假说的批评，效率结构假说指出，一般认为的市场结构与绩效之间的关系是一种伪关系，背后的主要原因是企业之间的效率差异（Demsetz（1973），Peltzman（1977））。根据所定义的效率的不同，效率假说通常又分为 *X*-效率假说和规模效率假说。其中 *X*-效率理论认为，由于一些企业拥有较高的管理和技术水平，能够用较低的成本生产出给定数量和质量的产品，那么这些更有效率的企业的生产成本就更低，利润就更高。这些成功的企业通常都拥有较高的市场份额，从而使得所在市场的集中度也相应提高。规模效率理论（Scale Efficiency）同样认为效率是市场集中度提高背后的驱动力，银行之间技术和管理等水平是相似的，不同的是规模优势。具有规模优势的银行的盈利能力较强，相应地也拥有更大的市场份额和市场集中度。根据效率结构假

说，效率的不同导致了盈利能力和市场结构的差异，因此盈利能力和市场结构之间的相关关系是虚假的。

市场力量假说与效率结构假说具有完全相反的政策含义。如果实证数据支持前者，那么政策制定者应该支持反垄断的政策；而如果证据支持后者，就不应该简单地对集中度较高的市场采取反垄断的措施。这是因为，如果市场力量假说是正确的，那么市场集中度越高，由垄断带来的社会福利的损失也越大。在效率结构假说看来，市场集中度的增加是竞争的自然结果，因此并非必然增加社会福利损失。由于这两类假说的政策内涵截然不同，实证证据的指向对于政策制定者就至关重要。

在20世纪90年代早期，关于银行集中度和竞争的实证研究发现，在集中度越高的市场中，中小企业贷款的利率越高，而储蓄的利率越低（Berger and Hannan（1989），Hannan（1991））。但是，如果把市场集中度和银行的市场份额同时放入回归方程中解释盈利能力，很多研究发现市场份额的参数是显著为正的，而市场集中度的参数不显著，这样的结果已经可以拒绝传统的结构绩效假说。然而，在相对市场力量假说与效率结构假说之间还存有很多争论。有的人认为前面的结论支持了相对市场力量假说（Shepherd（1982，1986）；Rhoades（1985）；Kurts and Rhoades（1991）），而另一些人则认为这种结果支持效率结构假说（Smirlock，Gilligan and Marshall（1984，1986）；Smirlock（1985）；Evanoff and Fortier（1988））。

Steven（1990）和 Mueller（1986）认为，企业在市场中的力量是由它的市场份额和市场集中度之间的关系决定的。如果由于市场集中度高而引起了同谋，在这样的市场中，效率差的企业在价格伞的保护下同样可以获得高利润。因此在这样的市场中，市场份额和市场集中度都能解释市场结构与企业盈利之间的关系。

Smirlock 等（1984）用 q 值作为银行盈利能力的度量，发现如果把市场份额和市场集中度同时放在方程中，市场份额的系数显著为正，而市场集中度的系数不显著。他们认为，市场份额并不会带来市场力量，所以市场份额的系数为正就一定是支持了效率结构假说。与此不同，Shepherd（1986）认为垄断力量可能来自三个方面：一是高的市场份额；二是高的市场集中度，寡头之间的同谋可以增加市场控制力；三是进入壁垒。不论是以上的哪个原因，该市场中的企业都可以获得市场控制力。他的结论是在决定利润的作用上，市场份额一定比市场集中度大。也就是说，一个企业的利润高并不主要是由于它处在一个集中度较高的市场，而是因为它的市场份额比较高。但这种关系到底是由垄断力量引起的还是由效率引起的，还有待讨论。根据 Shepherd(1986)的观点，Smirlock 等(1984)认为，垄断力量的来源只有市场集中度而将市场份额排除在外的做法是不对的，但是他们的结果仍然无法区分相对市场力量和效率结构假说。Smirlock 等(1986)辩解说市场份额和垄断力量的关系是很模糊的，没有研究证明这两者之间有直接的关系。

在这些研究中，虽然有研究者认为效率是市场结构背后的驱动力，但却没有将效率变量包含在经验估计方程中，因此无法判断相对市场力量与效率结构这两种假说哪一个是正确的。Berger(1995)在回归方程中加入了代表 X-效率和规模效益的变量，发现在加入效率变量后，市场份额和市场集中度的系数都没有明显的变化。也就是说，如果效率结构假说正确，那么市场份额和市场集中度的系数都会变得不显著。另外，Berger 还发现市场份额与效率之间并没有显著的关系，这进一步否定了效率结构假说。Frame 和 Kamerschen(1997)也得到了相似的结论。

在国内，也有一些研究试图检验相对市场力量与效率结构这两种假说。贺春临(2004) 利用 1995—2000 年中国银行的数据对市场力量和效率结构假说做了检验，发现市场份额对银行的盈利能力没有解释力，并且市场集中度和盈利能力之间还有不太显著的负相关关系。他还发现，效率可以较好地解释资产收益率，但与市场集中度和市场份额没有明显的关系。因此，作者拒绝了相对市场力量与效率结构这两种假说，并认为四大国有银行的垄断地位并非市场作用的结果，而是源于政策因素；国有银行的高市场份额也不是由于其规模收益的长期累积，所以市场结构的变量对绩效没有解释能力也是不足为奇的。赵旭等(2001)对 15 家商业银行 1994—1998 年的资料进行了实证研究，并引进了效率这一变量，得出结论认为效率是解释银行绩效的主要变量。但是，该文采用的数据包络法由于忽略了随机误差，对于效率因子的估计很难准确。秦宛顺和欧阳俊(2001)的文章中没有加入市场集中度变量，但他们也发现市场份额和绩效只有非常弱的相关关系。这些文章研究的都是 2000 年以前的数据，当时由于中国的银行还没有摆脱以前的体制，市场结构主要是由于历史因素造成的，不会受到经济环境、金融机构的行为和效率的影响。

在本章中，我们采用上篇介绍的调查数据来研究市场结构与金融机构绩效之间的关系。在样本研究期(2001—2004 年间)，我国银行业的市场结构出现了新的变化,非国有的商业银行和包括民间金融在内的金融机构的实力得到增强,银行业实际上已经处于一种比较好的竞争环境中。因此有必要对金融机构的绩效和市场结构的关系做更深入的研究。

二、中国银行业的市场结构

在我国原有的经济体制下,银行业处于国有银行的高度垄断下。金融机构的行为受到行政命令的影响很大,表现为面临预算软约束和绩效低下。随着我国经济的开放程度逐渐提高,金融行业的改革也越来越深入。在改革的过程中,有很多全国性和地方性的股份制商业银行加入到银行业的竞争中,同时还有外资银行、民间金融等金融机构的参与,我国银行业的垄断程度逐步降低,竞争程度逐步上升。面对竞争的压力,国有银行开始主动提高自己的实力以应对不断升级的竞争压力,促进了我国银行业效率的整体提高。本章将采用数据来考察市场结构对金融机构绩效的影响。

表 6.2.1 是贷款市场分年度的市场结构描述。[①] 表 6.2.1 表明,在 2001—2004 年间,四大国有银行在贷款市场中仍处于主导地位。虽然在这四年中它们的市场份额有所下降,但四大国有银行之和仍超过 50% 的市场份额。农行和工行在存贷款市场的份额逐年下降,建行基本持平,中行有略微的上升。这说明在四大国有银行之间也存在着激烈的竞争。同时,农信社的市场份额也很大,并且有逐年上升的趋势。特别是在 2004 年农信社改革以后,市场份额有了很大的提高,当然,这和四大国有银行逐渐从农村地区贷款市场撤出存在一定的关联。其他商业银行、城市信用社和其他金融机构的份额都有所上升。

① 我们对问卷中的缺省值进行了处理。我们先假设没有填写的数据为零,然后对同一年和同一个县市的所有机构的市场份额数据求和。如果求得的和介于 99% 和 101% 之间,我们就认为这样处理是没有问题的,否则就将该观测值从样本中删去。

表 6.2.1 县级金融机构分年度贷款市场份额(%)

金融机构	2001	2002	2003	2004
农行	26.52	25.83	24.14	22.44
工行	17.97	16.92	15.66	13.59
建行	9.87	9.83	9.59	9.36
中行	5.04	6.32	7.04	5.91
农信社	23.67	24.67	27.91	31.71
其他商业银行	1.39	1.67	2.19	1.96
城市商业银行	0.64	0.35	0.19	0.45
非正规金融	5.45	6.13	4.98	6.80
其他	9.41	8.25	8.25	7.63

本章所称的市场结构是指特定的市场中企业数量与企业规模的分布，以及市场力量的分化程度。本章中采用县级金融机构在贷款市场中所占的份额和赫芬达尔指数(Herfindahl Index,HHI)来描述我国银行业的市场结构。

在衡量市场集中度方面,我们采用的主要指标是HHI。HHI是市场中所有企业的市场份额平方和:

$$\mathrm{HHI} = \sum_{i=1}^{n} (x_i)^2$$

HHI指标包含了市场中所有企业的市场份额信息。HHI指数越小,则市场的竞争越激烈。在完全竞争条件下,HHI=0;在完全垄断条件下,HHI=1。在本章下面的分析中,将主要采用HHI指标衡量市场集中度和竞争程度。在目前已有的文献中,计算市场集中度指标时大多只有全国性的商业银行的数据,对于其他金融机构的忽视使得这些指标都不能很好地反映市场的真实状况。而我们的数据正好弥补了这个缺点,在计算中既包含了全国性的商业银行,也包含了农村信用社、城市商业银行、民间金融等其他金融机构的数据,所以我们得到的市场集中度数据会更全面和可靠。在计算贷款市场的HHI指标时,我们包括了农业银行、工商银行、建设银行、中国银行、农村信用社、其他商业银行、城市信用社和其他金融机构。

衡量市场集中度的另一个常用指标是产业集中度指标(Concentration Ratio,CRn)。CRn衡量的是在行业中前n大的企业的相关指标占整个市场的份额和:

$$\mathrm{CR}n = \frac{\sum_{i=1}^{n} x_i}{\sum_{i=1}^{N} x_i}$$

其中 N 为整个行业中的企业总数,x_i 表示第 i 家企业的贷款市场份额。这是较常用的市场集中度指标。表 6.2.2 计算了县级金融机构在 2001—2004 年间的平均 HHI 指数和 CR5 指标。

表 6.2.2 县级金融机构分年度市场集中度

年份		2001	2002	2003	2004
		HHI 指数			
HHI	全部	0.28	0.28	0.28	0.30
	东部	0.20	0.19	0.19	0.19
	中部	0.22	0.22	0.23	0.25
	西部	0.29	0.30	0.29	0.32
		CR5 指标			
CR5	全部	83.08	83.58	84.35	83.02
	东部	75.55	76.40	76.84	76.01
	中部	62.25	65.10	67.41	70.25
	西部	86.89	88.21	86.01	88.12

从表 6.2.2 中我们可以看出,市场集中度指标——CR5 和 HHI——也随着时间的变化而变化。一般认为,HHI 值大于 0.18 则为寡占型的市场,介于 0.1 和 0.18 之间为适度集中的市场,小于 0.1 则是低集中度的市场。因此,从全国总体状况来看,我国贷款市场 HHI 值均大于 0.18,但是,如果按照东中西三个部分来看,东部地区接近适度集中的市场,中部地区集中度稍高,而西部地区,集中度则最高。就趋势而言,我们看到在 2001—2004 年间,虽然东部地区 HHI 指数略有下降,但由于中部和西部地区该指数显示上升的趋势,因此总体而言贷款市场上市场集中度稍有上升。这说明市场集中度在我国分地区仍然存在一定的差异。

从 CR5 的角度看,全国而言,贷款市场的 CR5 都超过了 75%。根据 Bain(1951)的竞争结构分析法,一个市场的 CR5 超过 75% 则被认为是寡占型的市场。分地区看,东部地区也是处于适度竞争市场的边缘,而西部地区则很明显属于寡占市场。但是,根据该指标中部地区显得比东部地区的竞争性更强。CR5 指标被诟病的主要缺陷是不能说明在最大的这 n 家企业之间的市场份额分布，也忽略了其他企业的市场份额信息。该指标的这一缺陷或许可以解释这一现象。因此，我们的研究将主要采用 HHI 指数，而仅在稳健性检验中采用 CR5 指标。

总体看来，四大国有银行和农信社在我国的存贷款市场中处于绝对垄断的地位。但是在时间趋势上，四大国有银行以外的其他商业银行的市场份额有所上升，这说明了我国的金融市场正朝着多元化的方向发展，全国性的股份制商业银行和城市商业银行的实力都有所增强。我国银行业正在朝着一个越来越开放、竞争越来越激烈的方向发展。

三、县级金融机构效率的度量

要厘清市场结构和银行绩效之间的关系，一个重要环节是度量金融机构的效率。一个地区银行业的市场集中度和处于该地区的银行的效率有很直接的关系。在一个市场集中度较低的市场中，参与竞争的银行较多，参与者就会想方设法提高自己的管理能力和技术水平，因此开放和充满竞争的市场有利于银行效率的提高。反过来，经过长期的竞争，效率较高的银行会获得越来越多的市场份额，这就会改变当时的市场结构。如果竞争的各方力量不均衡，竞争的结果就是市场集中度的提高。

对于市场份额和绩效的关系，相对市场力量假说认为市场份额高的银行具有垄断力量，所以有比较高的盈利能力；而效率结构假说认为效率高的银行会获得比较高的市场份额，从而获得高的盈利能力。要判断这两种假说哪一种正确，关键是如何度量效率。我们先介绍相关文献中如何度量效率，再介绍我们的度量方法。

（一）度量方法综述

文献中常用来度量效率的方法可分为四类，即数据包络法（data envelopment analysis，DEA）、随机边界法（stochastic frontier approach，SFA）、厚层边界法（thick frontier approach，THFA）和自由分布法（distribution-free approach，TFA）。Berger，Hunter 和 Timme（1993）指出，现有的效率度量方法主要的区别在于如何分解由人为因素造成的效率因子和非人为的随机因子。数据包络法完全忽略了随机误差的存在，直接把所有偏离效率边界的成分都归结为效率因子的作用。在目前关于效率的文献中，有很大一部分是用了数据包络法来衡量银行的效率。随机边界法也称计量边界法(econometric frontier approach,EFA),该方法对效率因子和随机因子的成分都给出了假设。由于效率低,只能增加成本,而随机因子则可能降低或者增加成本,因此通常要假设非效率因子符合非对称的半正态分布,随机因子则满足对称的正态分布,并假设这两个因子是正交的。Ferrier 和 Lovell(1990)用这种方法计算了银行的效率。厚层边界法则依平均成本高低将样本分为四组,分别估计出各组的成本函数,将偏离其自身成本函数估计的成本部分视为随机误差,不同组的估计成本之差归为效率因子。Berger 和 Humphrey(1991)用这种方法研究了美国银行的效率。自由分布法不对随机误差做任何的假设,认为对于某个特定的机构来说,效率因子是不随时间变化的,而不同时间的随机误差会互相抵消。Berger(1995)和 Frame,Kamerschen(1997)使用了这种方法。

这四种方法各有优缺点。数据包络法由于忽略了随机误差,对于效率因子的估计很难准确。随机边界法对于效率因子和随机误差的假设太严格,而这些假设又很难检验。厚层边界法忽略了属于同一分组的机构的效率差别。而自由分布法必须使用面板的数据,并且需要假定效率不随时间发生改变。对于本项研究而言,我们认为自由分布法最具优势。这一方面是因为,自由分布法所需要的假设最少,可以允许估计出的效率采取任何的分布形式;另一方面,虽然自由分布法面临的最主要的批判是效率不随时间发生改变,但是 DeYoung (1997)采用美国银行数据,来检验对自由分布法而言假设多少年内效率不随时间改变为最优,他得出的结论是在七年之内假定效率不随时间改变是可以接受的。我国金融改革滞后,因此我们认为假设四年内金融机构效率不变是可行的。

估计效率因子的一个关键步骤是选取成本函数。成本函数的形式经过了几个阶段的演变。Alhadeff(1954)和 Schweiger,McGee(1961)使用多元回归分析来估计银行成本,但这样的做法不具有理论基础。Benston(1965)和 Bell,Murphy(1968)将银行的生产函数假定为 Cobb-Douglas 函数,在银行追求利润最大化和要素之间的替代弹性为 1 的假设下推导得到成本函数。但这样的假定可能和现实不符,会导致模型设定的误差。Benston,Hanweck 和 Humphery(1982)使用了 translog 成本函数形式,克服了这些困难。此后研究成本函数的文献基本上都采用 translog 的函数形式。

在计算效率因子时,投入和产出项的选择也是很关键的。早期研究金融机构的文献采用单一产出的方法,这样做并不符合银行业务的实际情况，如 Schweiger 和 Mcgee（1961），Bell 和 Murphy（1968），Benston（1972）等。为了克服这个缺点，Benston，Hanweck 和 Humphery（1983）将银行的各项业务整合成一个指数来代表银行的产出。Clark（1984）也采用将各项产出加权平均的方法来获得银行的产出项。Benston，Berger，Hanweck 和 Humphrey（1983）则提出以多元产出的方法来代替单一产出。之后的研究基本就采用了多元产出的方法。根据 Berger，Leusner 和 Mingo（1997），多元产出法还可以分成两种，即中介法和产品法。在中介法中，成本包含利息支出和营业费用，产出即是经过银行中介的总金额，包含储蓄和贷款，投入要素为劳动力和实物资本，所以劳动力价格和实物资本的价格被作为投入要素的价格。在产出法中，成本只包含营业费用，产出为交易的笔数，只有实物资本价格作为投入要素价格包含在成本函数中。综合起来看，中介法可以更全面地描述金融中介的实质。

（二）方法描述

由于我们的数据只跨越四年的时间，因此我们选取自由分布法作为主要估计方法。具体估计步骤如下。假定 Y 为投入产出品，W 为投入产出品价格，则第 m 组中第 j 个观测值的成本函数如下：

$$OC_{mj} = C(Y_{mj}, W_{mj}) \cdot x_m \cdot v_{mj}$$
$$\ln OC_{mj} = \ln C(Y_{mj}, W_{mj}) + \ln x_m + \ln v_{mj} \qquad (1)$$

其中 x 是效率因子，v 是随机误差。这里，效率被视为不随时间发生改变的和银行相关的因素。在估计方法上文献采用了两种方法。一是将每一年的数据视为一个方程，采用表面无关回归（Seemingly Unrelated Regressions）来估计（1）式，然后将所得残差对于每个金融机构按年平均，得到对于该金融机构在样本年间效率的估计。采用该方法的估计有 Berger（1997）；刘志新，刘琛（2004）。这种估计方法本质上要求效率因子和其他解释变量之间不存在线性相关关系。在面板数据中，我们也可以使用随机效应模型来估计效率因子，而这正是本章采用的方法。二是采用面板数据中的固定效应模型，为每一家金融机构设立虚拟变量，这些虚拟变量的参数就衡量了该金融机构的效率因子。我们可以采用 LSDV 方法（Least Squares Dummy Variable）将成本函数和效率因子一同估计出来。这一估计方法的优势是允许效率因子和其他会影响解释变量的因素存在相关关系。

在为每一家金融机构估计效率因子后，我们令 $\ln x^{\min}$ 代表效率因子中的最小值。文献认为由于 $\ln x^{\min}$ 代表金融机构中成本和可观察因素之间的差距，$\ln x^{\min}$ 最小的机构可被视为从成本角度最为有效率的机构，它的效率因子被设为 1。其他金融机构 i 的效率因子则可由下式来构造：

$$X\_EFF_i = \exp((\ln x)^{\min} - (\ln x_i))$$

代表相对效率的参数 X_EFF 介于 0 和 1 之间，金融机构的效率越高，则 X_EFF 越接近于 1。所以 X-EFF 衡量的是某一金融机构相对于效率最高的那一个机构的相对效率。

我们依照现在大多数文献的做法，选用 translog 形式的成本函数：

$$\ln OC = \alpha + \sum_{r=1}^{4}\beta_r \ln y_r + \sum_{m=1}^{2}\gamma_m \ln w_m + \frac{1}{2}\sum_{r=1}^{4}\sum_{s=1}^{4}\beta_{rs}\ln y_r \ln y_s + \frac{1}{2}\sum_{m=1}^{2}\sum_{n=1}^{2}\gamma_{mn}\ln w_m \ln w_n + \sum_{r=1}^{4}\sum_{m=1}^{2}\rho_{rm}\ln y_r \ln w_m + \ln x + v$$

系数满足一般的对称性条件，即 $\beta_{rs} = \beta_{sr}$，$\gamma_{mn} = \gamma_{nm}$。

在投入产出品数量和价格的选择上，我们采用了“中介”方法。OC 指的是所有的营业成本，包括利息支出、金融企业往来支出、手续费支出和营业费用。产出 Y 是所有通过银行“中介”的资金数量。我们选择了四种产出品，分别是：活期储蓄（$y1$）、定期储蓄（$y2$）、企业贷款（$y3$）和个人贷款（$y4$）。W 是投入要素的价格：$w1$ 为劳动力价格，我们用当年职工的平均工资来代表；$w2$ 是实物资本价格，即（营业费用 − 工资和福利支出）/固定资产。

（三）估算结果

我们采用县（市）级金融机构调查问卷中的数据进行估算。我们的估算样本剔除了成立于 2001 年之后的金融机构的信息，以保证参与计算的金融机构都有四年的信息。在清理完相应的数据后，用于计算效率因子的数据涉及 239 家金融机构四年间的观测值。

在问卷中，年底贷款余额可分为个人贷款、企业贷款和政府贷款。但一些机构没有回答政府贷款的具体数额，个人贷款和企业贷款两者中也只回答了一个。这样的观测值约占总观测值数的 20%。因此对于企业贷款余额的缺省值，我们用总贷款余额减个人贷款余额来近似，个人贷款余额的缺省值则用总贷款余额减去企业贷款余额来近似。根据同时回答个人贷款余额、企业贷款余额和总贷款余额的信息，我们看到个人和企业贷款约占总贷款的 97.2%，所以这样的做法对结果的可靠性应当不会产生很大的影响。

在表6.3.1中,我们给出了不同省份金融机构的效率因子统计指标。效率因子在不同省份的分布基本满足经济较发达地区金融机构的效率比较高的估计。由于总样本效率因子的标准差为0.15,我们看到10个省的效率因子标准差都不大于整个样本的标准差,这在某种程度上可以说明效率具有趋同性。也就是说,经济环境中的某些因素影响了金融机构的效率,使得处于同一个地区的银行具有相近的效率。

表6.3.1 不同省份金融机构的效率因子估计

省份	均值	中值	最小值	最大值	标准差
福建	0.52	0.49	0.25	0.97	0.19
浙江	0.51	0.50	0.28	0.84	0.14
重庆	0.50	0.46	0.26	1.00	0.18
江西	0.45	0.48	0.27	0.61	0.10
四川	0.45	0.53	0.20	0.76	0.15
山东	0.42	0.41	0.25	0.58	0.08
陕西	0.40	0.42	0.23	0.61	0.11
江苏	0.40	0.40	0.20	0.55	0.10
吉林	0.40	0.39	0.20	0.68	0.14
宁夏	0.39	0.37	0.31	0.52	0.08
贵州	0.37	0.37	0.22	0.52	0.09
湖北	0.36	0.36	0.23	0.49	0.07

表6.3.2给出了不同金融机构的效率因子均值。可以看到,城市商业银行和其他股份制商业银行(如普发行、招商行)的平均效率最高,在四大国有银行中以建行的平均效率为最高,其次是工行、中行。农信社和农行的效率最低。从效率因子的标准差上来看,农行和农信社的标准差较小,加上它们的效率因子小于全部样本平均,说明农行的分支机构和农信社的效率在全国范围内都是普遍比较低的,而其他全国性的商业银行的绩效在全国范围内的波动比较大。这些排序和我们预期的绩效状况基本相符。

表 6.3.2 不同银行的效率因子估计

金融机构名称	机构数	均值	中值	最小值	最大值	标准差
城市商业银行	11	0.62	0.59	0.44	0.90	0.14
其他商业银行	11	0.58	0.55	0.28	1.00	0.22
建设银行	27	0.53	0.54	0.32	0.84	0.12
工商银行	18	0.53	0.55	0.27	0.97	0.18
中国银行	34	0.49	0.48	0.25	0.77	0.11
农信社	68	0.40	0.40	0.21	0.60	0.09
农业银行	70	0.36	0.34	0.20	0.65	0.10
总计	239	0.44	0.42	0.20	1.00	0.14

四、金融机构盈利能力的影响因素分析

在这一节,我们采用县级金融的数据,来分析金融机构的绩效与市场结构之间的关系。要检验相对市场力量假说和效率假说这两种假说中,哪种更符合中国的现实,我们需要厘清市场份额、市场集中度、当地的经济环境等和金融机构绩效之间的关系。

(一) 市场份额和绩效的关系

根据相对市场力量假说,银行会由于其具有的高市场份额而得到控制市场的力量。一般说来,市场份额较高的大银行总是在应对经济环境的变化、获得稀缺资源和影响政策的制定等方面具有优势。在利率由市场决定的市场中,领导者还可以通过影响利率来提高自己的盈利能力。这些都是市场力量的表现,这样的市场力量可以提升高市场份额的银行的盈利能力。

而根据效率结构假说,市场份额的分布是竞争的结果。拥有良好的管理能力和技术水平的银行通过多年的积累才能获得市场领导者的地位,因此这样的银行理应拥有更强的盈利能力。换言之,银行在市场中的地位是由该银行的盈利能力决定的,而不是银行在市场中的地位决定了它的盈利能力。

文献中针对美国银行的大部分研究都倾向于支持相对市场力量假说。

虽然效率对盈利能力有很强的解释力,但它并不足以改变市场份额和绩效之间的关系。也就是说,即使考虑了效率可能同时影响金融机构的市场份额和它们的绩效,我们仍然可以看到市场份额比较高的金融机构的绩效比较好。另外,在效率和市场份额的关系上,也没有足够的证据证明,效率越高的银行就能获得越高的市场份额。

在中国目前的市场环境下,虽然竞争比以前更激烈了,但似乎还不足以影响四大国有银行的垄断地位。即使在运营的效率上,各家银行有很大的差距,但这样的差距还没有能够显著地改变多年以来所形成的市场份额分布。因此,我们就特别关注市场份额比较高的那些金融机构是否会因为它们所具有的市场力量而表现得更好。

(二)市场集中度和绩效的关系

在市场集中度和银行绩效的关系上,从不同的分析角度将会得到完全不同的结果。一方面,根据传统的 SCP 理论,在集中度较高的市场中,金融机构就会获得一种垄断力量。这些机构可能会采取合谋的策略来提高盈利能力,因此市场集中度和盈利能力是正相关的。另外一方面,由于市场的高度集中而获得的垄断力量有可能会降低金融机构的效率。在一个竞争较充分的市场中,金融机构迫于竞争的压力,会尽力提高自身的效率来获得更高的利润和生存机会。这样看来,市场集中度的降低有利于提高金融机构的效率,从而增强盈利能力。这两种效应在不同的市场中会有不同的反映。

我们认为在金融市场的不同发展阶段,市场结构和银行绩效之间关系的强弱会有所不同。在市场发展的初期,由于参与竞争的机构较少,总体上的经营效率也都比较低,此时引入竞争会有助于提高金融机构的效率。李华民(2005)认为,引入股份制银行和外资银行的竞争会降低国有银行的利润。短期内来看,国有银行的利润可能确实因为竞争者的参与而有所降低;但是竞争可以迫使国有银行提高自身的效率,长期内应当可以起到提高金融机构绩效的效果,也就是说,市场集中度可以通过影响效率的渠道来影响盈利能力。在秦宛顺和欧阳俊(2001)的文章中,我们确实看到了这样的关系。但该文在做回归时加入了效率和市场集中度,没有单独考虑市场集中度对盈利能力的影响。还有,他们所用的是 1995—2000 年的数据,当时的银行业的竞争程度还不高,所以在他们的文章中这种效果并不太显著。我们用 2001—2004 年的数据分析市场集中度对盈利能力的影响,可以检验一下这种关系是否有新的发展。

但是,当金融市场发展到比较成熟的阶段时,由于参与竞争的机构数目较多,并且其效率已经发展到一定的水平,进一步加强竞争的强度可能不会对银行的绩效有很显著的影响。同时,在这些市场中,利率在很大程度上是由市场决定的,这样市场份额较大的几家机构就有可能形成同盟,使得价格往有益于银行的方向发展。这也许就可以解释,在大多数研究美国银行业的文献中,市场的集中度对绩效的解释能力虽然很弱,但在大多数情况下都是正向的关系。

市场集中度和绩效的关系有很强的政策指导意义。如果我们确实发现在市场集中度较低的市场中,银行的效率更高,相应有更强的盈利能力,这就说明竞争的引入有利于我国目前阶段银行业的发展,并不需要因有的研究者所担心的对国有银行绩效的不利影响而裹足不前。如果这一结论成立,金融改革的方向就应当采取进一步的开放政策,降低银行业的进入门槛,让更多的股份制商业银行参与到竞争中来。

(三)经济环境对市场结构和绩效的影响

在发达国家,金融市场都已经获得了比较充分的发展,竞争非常充分,所以市场的集中度一般都较低,并且市场集中度受经济环境影响的程度不高。但是,在中国目前的环境下,除了四大国有商业银行和农信社以外,其他全国性的商业银行规模都还非常小,所以这些机构会有选择性地进入一些经济比较发达的地区。而在这些经济较发达的地区,地方性的金融机构也能获得比较好的发展。可以想象,经济越发达,存贷款市场的容量越大,则该地区金融市场的集中度就会越低。

此外,经济的发达程度还会影响到金融机构的绩效。正如我们上文中所讨论的,在这些地区的竞争会更加激烈,要想获得竞争的优势就必须投入大量的资源来改善自身的管理能力和技术水平,全国性的银行自然而然就会对经济发达地区的分支机构加大投入来提高经营效率。同时,经济较发达的地区也会在人力资源、基础设施和政策环境等方面具有优势,企业的整体质量也会比较好。不论是全国性的银行在这些地区的分支机构,还是地区性的银行,都会因为这些原因拥有更高的效率。

(四)模型的变量设置

研究金融机构的绩效与市场结构之间的关系涉及三方面的数据,包括绩效、市场结构和当地的经济环境。前文已述，金融机构的绩效包括两个方面，即银行的盈利能力（performance）和银行的效率（efficiency）。在国外的相关研究中，对银行盈利能力的测度一般采用以下四种指标：资产收益率（ROA）、净资产收益率（ROE）、净利差（NIM）、非利息收益率（NIR）。

ROA 与 ROE 是较为常用的指标，不仅包括了净利息边际收益，还包括了银行通过其他中间服务收取费用的能力。但由于我国的银行普遍有很多历史遗留的呆坏账，因此有很多机构的净资产为负值。有的银行虽然有正的净利润，但由于其净资产为负，这样计算得到的 ROE 就是负值，因此 ROE 就不能很好地描述银行的盈利能力。NIM 是利息收入和利息支出的差与总资产的比值，它能够反映银行对存款及贷款两种服务的定价能力。该指标在数据中的缺省值太多，因此在本章中不作为绩效考核的主要指标。NIR 测量除利息收入之外的其他收入。由于我国银行仍然以存贷款业务为主，NIR 同样不能较好地描述银行的经营绩效。综上，我们选用 ROA 作为绩效的衡量指标之一。

本章采用的另一个银行绩效指标为不良贷款占比。在 2004 年之前，国内金融机构的贷款分类仍为四级：正常贷款、逾期贷款、呆滞贷款和呆账贷款。通常以“一逾两呆”，即逾期贷款、呆滞贷款和呆账贷款来衡量金融机构的不良贷款数。本章采用的数据首次在县级金融机构层面上提供了金融机构在 2001—2004 年间不良贷款的基本状况，并分析了市场力量指标和效率指标如何影响一个金融机构的不良贷款占比。

本章采用的市场结构指标是银行在贷款市场上的市场份额和贷款市场的市场集中度。由于盈利的主要来源是贷款的利息收入，因此用贷款市场的市场结构指标是比较合理的，即赫芬达尔指数 HHI。

本章中银行的效率是指文献中的 *X*-效率。第三节中计算得到的效率因子用来描述银行的效率。

在国外的大多数文献中，市场容量的增长率被用来当做控制当地经济情况的变量。比如 Berger（1995）用存款市场的增长率，Frame 和 Kamerschen（1997）用存款市场的增长率和人均收入作为控制变量。由于本章使用的是贷款市场的变量，因此使用贷款总量的增长率来控制市场的增长前景。另外正如前面所分析的，市场容量的大小可能会对市场集中度和绩效产生影响，所以当地的贷款总额被用来控制市场的容量。除此之外，银行的绩效和市场结构还会受到经济结构的影响，比如小企业所占比例大的地区，银行的竞争可能会更加激烈。此外，由于小企业一般是私营企业，这些企业的质量可能更高,从而对银行的绩效有一个正面的影响。这样,我们分别使用贷款总量的自然对数、贷款总量的增长率和中小企业比重三个变量来控制市场的容量、市场的增长性和经济结构。

具体而言,我们计算 ROA、不良贷款占比和效率因子等信息的数据来自于金融机构问卷,当地贷款总额、当地贷款总额的增长率、金融机构在贷款市场的份额和市场集中度数据直接取自地方经济问卷,或者根据地方经济问卷计算而得。中小企业所占比例来自于《中国区域经济年鉴》(2002—2005 年)。表 6.4.1 给出了变量的统计描述。

表 6.4.1 变量描述

变量名	描述	观测值个数	样本均值	最小值	最大值
	被解释变量				
ROA	净利润和总资产的比值	1 299	0.20	-23.69	56.50
不良贷款占比	一逾两呆/贷款余额	1 362	27.17	0.00	99.29
	解释变量				
贷款市场份额(%)	该机构在贷款市场的份额	1 362	16.50	0.00	94.00
赫芬达尔指数	该机构所在的贷款市场的赫芬达尔指数 HHI	1 362	0.24	0.00	0.89
效率因子(随机效应)	用随机效应方法估计出的效率因子(0 为最无效,1 为最有效)	865	0.44	0.20	1.00
效率因子(固定效应)	用固定效应方法估计出的效率因子(0 为最无效,1 为最有效)	865	0.16	0.04	1.00
Ln(当地贷款总额)	当地贷款总额(亿元)的自然对数	1 432	12.47	8.19	15.11
当地贷款增长率	当地贷款总额当年的增长率	1 262	0.27	-0.89	18.79
中小企业占比	该机构所在地区的中小企业数量占总企业数量的比例	659	87.19	56.92	99.74

在所有的回归中,我们都加入了机构类别和时间的哑变量作为控制变量。和前文一样,机构被分为农业银行、工商银行、建设银行、中国银行、其他全国性的商业银行、农村信用合作社和城市商业银行七类。

(五) 经验估计结果

在本部分我们考察市场份额、市场集中度、效率因子以及市场的容量、市场的增长性和经济结构如何影响金融机构以资产回报率或者以不良贷款占比来衡量的绩效表现。虽然面板数据通常都需要处理不可观察的和机构相关的异质性问题(heterogeneity),但是由于效率因子是主要的不可观察的异质性因素(Hsiao (2003)),而我们又事先估计出了效率因子,因此,我们认为控制了效率因子之后,异质性问题就不再是主要问题了,因而选用最小二乘回归作为主要的估计方法。表6.4.2给出了我们对ROA的回归结果,其中第(1)列和第(2)列描述总效果,而第(3)列和第(4)列又考察进一步控制机构因素、经济结构等因素之后的净效果。

表6.4.2 市场结构、效率对ROA的回归

变量	(1)	(2)	(3)	(4)
贷款市场份额	0.0172**	0.0219***	0.0237***	0.0287***
	(0.00825)	(0.00654)	(0.00766)	(0.00837)
赫芬达尔指数	-3.144**	-3.343***	-2.526**	-3.228**
	(1.489)	(0.852)	(1.256)	(1.535)
效率因子		5.636***		4.515***
		(0.988)		(1.214)
当地贷款增长率	-0.0605	-0.0707**	-0.119**	-0.125**
	(0.0443)	(0.0331)	(0.0600)	(0.0533)
Ln(当地贷款总额)			0.169	0.183
			(0.105)	(0.121)
中小企业占比			0.0166	-0.00462
			(0.0149)	(0.0196)
是否属于中部			-0.726	-0.768
			(0.553)	(0.550)
机构虚拟变量			是	是
截距项	0.626**	-1.850***	-3.476	-3.565
	(0.266)	(0.432)	(2.331)	(2.602)
观测值	1 316	846	672	602
R 平方	0.009	0.090	0.097	0.131

注:括号中为对异方差稳健的标准误。*** $p<0.01$, ** $p<0.05$, * $p<0.1$。

从表6.4.2我们看到,首先,无论我们采用哪一个设定,都存在贷款市场份额大的机构资产回报率高,并且赫芬达尔指数低的地区的金融机构ROA较高的现象,这些都是相对市场力量假说的有力的支持。其次,我们也看到效率仍然是影响金融机构绩效的重要指标。如果一个金融机构的相对效率较高，那么该机构的盈利能力就会显著更好些。再次，对于资产回报率而言，过快的贷款增长率并不是机构绩效的一个好指征。由于一个地区有良好回报的投资机会是有限的，贷款额度的过度增长必然会带来资产回报率的下降。最后我们看到，资产回报率似乎对于经济基本面变动的反映很小。当地市场容量（Ln（当地贷款总额））和经济结构（中小企业占比）均未能对资产回报率产生显著的影响，是否处于中部地区也不会显著影响金融机构的资产回报率。

表6.4.2为我们提供了金融机构资产回报率如何受市场结构以及效率因子影响的分析。不过，当我们使用资产回报率作为因变量时，当地的经济结构等对银行资产回报率没有统计上显著的影响这一现象还需要进一步的研究。一个可能的原因是作为一个备受关注的指标，资产回报率本身可能存在一定的测量误差。由于我们无法准确知道测量误差的大小，因此采用另一个绩效指标，即不良贷款占比来衡量绩效，以期获得对金融机构绩效更为平衡的观点。

如果以不良贷款占比作为主要的绩效指标，通过表6.4.3我们发现，无论是贷款市场份额还是赫芬达尔指数都不能有效地解释不良贷款占比（第（1）列和第（2）列），同时我们也看到，当地贷款增长率越高，不良贷款占比越小。这和一段时期内，金融机构通过过度放贷，做大分母以达到降低不良贷款率的现象相符。此外，我们看到效率因子是解释不良贷款占比变动的重要因素。数据显示，金融机构的效率越低下，则金融机构不良贷款占比越高。另外，当回归中加入效率因子后，R 平方从0.6%提升至12.5%。

这一部分的回归还显示，金融机构的绩效对当地经济容量和经济结构有所反映。当地贷款余额越大，则当地经济容量相对而言越大，金融机构的不良贷款占比就越少；中小企业越多的地区，经济越活跃，好的投资机会越多，不良贷款占比也倾向于减少。我们也看到金融机构绩效的地区差异：中部地区的金融机构的不良贷款占比显著高于其他两个地区。

表 6.4.3 市场结构、效率对不良贷款占比的回归

变量	(1)	(2)	(3)	(4)
贷款市场份额	0.0758	-0.0209	-0.0412	-0.0996
	(0.0544)	(0.0635)	(0.0729)	(0.0758)
赫芬达尔指数	2.401	7.288	-2.746	-3.053
	(9.613)	(9.617)	(9.834)	(10.44)
效率因子		-62.61***		-11.85*
		(6.163)		(6.531)
当地贷款增长率	-1.086***	-0.797***	-0.906**	-0.773*
	(0.265)	(0.277)	(0.459)	(0.464)
Ln(当地贷款总额)			-2.711***	-3.453***
			(0.989)	(1.047)
中小企业占比			-0.944***	-1.026***
			(0.125)	(0.138)
是否属于中部			9.009***	8.245***
			(1.964)	(2.053)
机构虚拟变量			是	是
截距项	5.601***	18.28***	141.4***	164.8***
	(0.821)	(2.055)	(17.42)	(18.40)
观测值	1 325	831	682	611
R 平方	0.006	0.125	0.417	0.428

注:括号中为对异方差稳健的标准误。*** $p<0.01$, ** $p<0.05$, * $p<0.1$。

表 6.4.3 似乎显示,如果以不良贷款作为主要绩效指标,那么就没有证据能够支持相对市场假说,而只能看到效率对于绩效的影响。这和我们对资产回报率的回归结果有所差异。需要考虑的是,不良贷款占比中的呆账是历年累积所得,是相当于历史性包袱的存量,而逾期贷款和呆滞贷款则是有希望收回的贷款,因此我们有必要将呆账贷款从总的不良贷款中分离出来,直接考察逾期贷款、呆滞贷款和市场机构、效率之间的关系。我们算出逾期贷款和呆滞贷款占总贷款余额的比例(一逾一呆占比),然后在表 6.4.4 考察该指标和市场结构以及效率之间的关系。

从表 6.4.4 中我们看到,如果不只考察市场份额、市场集中度的总体效果,那么市场份额越大的地方一逾一呆占比越高;而考察了效率因素之后,缺乏竞争、效率低下的金融机构会面临较高的呆坏账比例,并且在控制

了效率因素之后,贷款份额指标就不再显著了。当我们在模型中加入衡量市场容量和经济结构的指标后,虽然赫芬达尔指数不再显著,但是总体上仍然显示出,竞争越不充分,则机构的一逾一呆占比越高,而效率因子始终是个显著的解释呆坏账比例的因素。因此,综合表6.4.2和表6.4.3的信息可以看出,当绩效指标为不良贷款占比时,效率因子越高的金融机构绩效越好,因此效率结构假说得到支持;同时,在市场集中度较高的地区经营的金融机构的不良贷款率较高,也支持相对市场力量假说。但是,当市场容量、经济结构等因素被控制之后,相对市场力量假说就不再有显著的证据来支持了。

表6.4.4 市场结构、效率对一逾一呆占比的回归*

变量	(1)	(2)	(3)	(4)
贷款市场份额	0.0845***	-0.00517	-0.0308	-0.0490
	(0.0224)	(0.0304)	(0.0420)	(0.0445)
赫芬达尔指数	2.673	7.778*	1.521	2.283
	(3.352)	(4.290)	(5.436)	(5.859)
效率因子		-24.83***		-8.385**
		(3.524)		(3.975)
当地贷款增长率	-0.284*	-0.220	-0.241	-0.214
	(0.170)	(0.233)	(0.390)	(0.408)
Ln(当地贷款总额)			-1.307**	-1.562***
			(0.549)	(0.583)
中小企业占比			-0.329***	-0.373***
			(0.0626)	(0.0712)
是否属于中部			9.009***	8.245***
			(1.964)	(2.053)
机构虚拟变量			是	是
截距项	5.601***	18.28***	54.05***	65.05***
	(0.821)	(2.055)	(8.365)	(9.186)
观测值	1 314	820	663	591
R 平方	0.015	0.094	0.289	0.297

注:括号中为对异方差稳健的标准误。*** $p<0.01$, ** $p<0.05$, * $p<0.1$。

（六）稳健性检验

为考察我们结论的稳健性，我们从以下几个角度考察模型的敏感性。第一，是对效率因子的衡量。在估计主回归使用的效率因子时，我们采用自由分布法通常使用的假定，即效率因子和其他解释变量无关。如果效率因子和其他解释变量相关，则该估计方法不能给出对于效率因子的有效估计。因此，我们也采用固定效应估计效率因子，然后再将固定效应得出的效率因子带入上述回归中，来考察市场结构和效率如何影响绩效。第二，是对市场集中度的衡量。本章中主要采用 HHI 指数来衡量，而非 CRn5。第三，是对估计方法的稳健性检验。由于我们事先估计出不可观察的效率因子，因此在书中我们的估计方法主要采用最小二乘回归。在稳健性检验中，我们采用面板数据的估计方法，来放松对于模型的设定。由于固定效应不允许不随时间发生改变的变量出现，因此我们主要采用面板数据分析中的组间效果估计法来重新估计模型，以检验模型的稳健性。第四，是数据范围。由于我们将样本限定在四年都有数据的金融机构，由此不得不放弃只有两三年数据的机构，这大大减小了样本观测值数目。

出于篇幅的限制，我们不能将上述稳健检验一一列出。在此仅将对效率因子对 ROA 回归的稳健性检验列示在表 6.4.5 中，其中第(1)—(3)列采用随机效应估计的效率因子，第(4)—(6)列采用固定效应估计的效率因子。从表 6.4.5 我们可以看到，不管是用随机效应还是用固定效应估计模型，估计参数的方向一致，大小相当，显著性也类似。因此可以看出模型是稳健的。对于其他稳健性检验，结果也是类似的，不再一一赘述。

表 6.4.5　稳健性检验：随机效应效率因子和固定效应效率因子

变量	(1)	(2)	(3)	(4)	(5)	(6)
贷款市场份额	0.0172**	0.0219***	0.0287***	0.0210***	0.0237***	0.0344***
	(0.00825)	(0.00654)	(0.00837)	(0.00744)	(0.00766)	(0.0104)
赫芬达尔指数	-3.144**	-3.343***	-3.228**	-3.847***	-2.526**	-3.312**
	(1.489)	(0.852)	(1.535)	(1.019)	(1.256)	(1.625)
效率因子		5.636***	4.515***	6.232***		6.432**
		(0.988)	(1.214)	(1.888)		(2.633)

（续表）

变量	(1)	(2)	(3)	(4)	(5)	(6)
当地贷款增长率	-0.0605	-0.0707**	-0.125**	-0.0834**	-0.119**	-0.159**
	(0.0443)	(0.0331)	(0.0533)	(0.0367)	(0.0600)	(0.0638)
Ln(当地贷款总额)			0.183		0.169	0.354***
			(0.121)		(0.105)	(0.0785)
中小企业占比			-0.00462		0.0166	-0.000373
			(0.0196)		(0.0149)	(0.0197)
是否属于中部			-0.768		-0.726	-0.695
			(0.550)		(0.553)	(0.566)
截距项	0.626**	-1.850***	-3.565	-0.252	-3.476	-5.193***
	(0.266)	(0.432)	(2.602)	(0.283)	(2.331)	(2.008)
观测值	1 316	846	602	846	672	602
R 平方	0.009	0.090	0.131	0.062	0.097	0.134

注：括号中为对异方差稳健的标准误。*** $p<0.01$，** $p<0.05$，* $p<0.1$。

五、结　　论

很多研究发现，在发达国家的银行业中，市场份额和银行的盈利能力之间有很强的正相关关系，并且这种关系在控制了效率变量以后仍然很显著。因此，目前的大多数文献都支持相对市场力量假说，即市场份额会带来某种垄断力量，这样的垄断力量有利于提高银行的盈利能力。但目前国内针对市场结构和绩效关系的研究并没有发现它们之间存在任何联系，似乎所有的假说都不能得到验证。我们认为出现这样的情况的主要原因是数据的不全面和前些年我国银行业还处于很强的管制中，在开放度和规范度上都还远远落后于发达国家。在这样的情况下，理论得不到验证也就不足为奇了。

本章中涉及的研究的主要贡献体现在以下四个方面：首先，与以往国内的文献相比，本章首次全面检验了关于市场结构与银行绩效之间关系的三个不同的假说，即传统的结构绩效假说、相对市场力量假说和效率结构假说。其次，对于金融机构绩效的考核，本章除了采用文献中常用的资产收益率之外，还首次以不良贷款占比作为绩效的一个衡量指标，来考察市场结构、效率和绩效之间的关系。本章的结论是效率结构是影响绩效的重要因素,但是仍然存在一定的支持相对市场力量假说的证据。再次,传统研究方法常用数据包络法或者随机边界法估算金融机构的效率,但数据包络法忽略了随机误差,随机边界法又对于效率因子的分布作出过强的假定,因此难以给出对效率因子的一致估计。本章采用自由分布法来估计效率因子,并且在估计效率的过程中,分别采用随机效应和固定效应两种方法,这样不仅未对效率因子本身的分布加以限制,并且也允许效率因子和影响绩效的其他解释变量之间存在相关关系,能够有效地克服前面文献的缺陷。最后,对金融机构行为进行检验的最大难点在于数据,本章的检验是基于全国 70 个县 2000—2004 年的问卷调查资料,相对大规模的样本观察值和面板数据结构使得估计结果更加可靠。本章的目的就是通过最新、来源可靠、覆盖面广的数据研究我国银行业市场结构与绩效之间的关系,得到可靠的实证结论,提出有依据和有建设性的政策建议。

我们的研究发现,和发达国家的银行业一样,相对市场力量假说在中国也获得了一定的支持。在控制了当地的经济环境变量和效率变量后,市场份额和市场集中度仍然对资产回报率有很强的解释力。我们的观测结果中,在市场集中度越低的市场中,银行的资产收益率反倒越高。对于这一具有中国特色的观察,我们认为这可能是因为在比较成熟的市场中,市场集中度已经很低,进一步地开放市场已经很难对提高银行的效率有很强的作用。而在中国这样高度垄断的市场中,只要有几家新的银行加入竞争,降低市场的集中度,就会对原来的垄断者有很大的刺激作用,从而提高所有市场参与者的效率。同时,我国新成立的银行大多是具有较好的治理结构、管理水平和技术水平的股份制商业银行、外资银行和合资银行,这些银行本身的效率就比占有市场大多数份额的国有银行高,这就使得进一步开放市场对银行效率的提高有很大的促进作用。

综合起来,由于较高的市场份额会赋予银行一种垄断的市场力量,这将不利于银行业的健康发展,并且我们看到效率对提高金融机构的绩效有显著的正向作用。我们还看到在市场集中度较低的市场中,银行的效率较高,盈利能力也更强。这说明,激烈的竞争并没有对国有银行造成显著的负面影响。相反,竞争有利于促进银行将更多的资源用于提高管理和技术水平,从而提升自身的生存能力和盈利能力。所以,我们建议进一步开放银行业,降低准入门槛,允许更多的参与者进入。只有这样,银行的效率和盈利能力才能获得进一步的提高,我国的银行业才能获得更好的发展。

第七章 农村地区金融"失血"状况研究

引 言

我国农村地区的经济发展受资金供给不足问题的困扰已久。除了农村地区正规金融机构的分支机构撤出,现存的原本关注服务"三农"的金融机构减少相关的贷款供给之外,农村地区的资金还以各种形式流向城市。如果将资金比喻成经济发展的血液,那么所谓金融"失血",是用以描述种种原因导致的农村地区的资金流向城市,城乡金融资源配置极度不平衡的状态。长期以来,金融"失血"问题受到政府和学界的广泛关注。

要讨论金融"失血"问题,就需要将不正常的资金的流失和正常的资金在区域间的流动做出区分。文献中讨论金融"失血"问题,往往只关注农村金融机构的资金离开农村的现象,并不能全面描述一个地区资金流动的全貌。事实上,区域资金流动可以经由多种渠道,例如通过金融机构信贷资金的吸收和发放、财政资金的上存和下拨、企业直接投资、外出务工收入汇回本乡等。本章的研究将弥补文献的不足,首先对县级区域资金的流动状况做出描述。

我国资本市场建立较晚,同时又不够完善,间接融资长期以来在我国的金融结构中占据绝对的主导地位,由国有商业银行和农信社发放的信贷资金是我国区域经济发展,特别是欠发达地区经济发展的重要资金来源。基于信贷资金的重要地位和数据的可获得性,本章重点关注资金通过信贷渠道实现的区域流动和配置。本章注重回答的问题是,我国的信贷资金是否从贫困地区流向了富裕地区,基层金融机构在农村是"抽血"还是"输血",信贷资金流动格局受什么因素影响,其中哪些因素是决定性的因素。此外,我们还为引导信贷资金流向提出一定的政策建议。

本章研究发现,如果用存贷比的高低来近似地估计资金在本地使用的比例，那么在2000—2004年间，我国县级地区呈现出中、西部信贷资金外流现象不断加剧，东部地区则有所改善的趋势。初始禀赋越好的地方，金融机构贷存比增长率越高。进一步分析影响县域资金流动的因素发现，对我国欠发达地区信贷资金外流现象解释力最强的因素是信贷需求、金融发展程度和产业结构，政策和金融机构微观因素也有一定的影响。本章认为，地方政府促进欠发达地区引资应当依赖于市场机制，从优化地区产业结构、维护和建设良好的金融市场秩序和信贷环境，以及扩大本地投资机会着手，鼓励金融机构提高自身的经营能力和风险管理能力，切实保障信贷机构市场主体的权利，建立长期的、有效的资金回流机制。如果地方政府不能从提高本地经济生产率入手，而是通过直接干预金融机构信贷决策以增加欠发达地区资金，不仅不能解决欠发达地区金融“失血”的问题，反而会起到反作用，资金依然会通过其他方式外流。

本章第一节对我国县域信贷资金流动的现状进行了全面的数据描述和初步分析，以描述农村金融“失血”的基本状况；第二节介绍可以使用的理论和文献，对现有解释区域资金流动的理论和国内外文献进行了总结和回顾，并指出本章的贡献所在；第三节借鉴现有研究的经验构建了本章的计量模型，研究我国县域信贷资金流动的影响因素；第四节对全章内容进行了总结，并为县级地区如何增加本地区对信贷资金的吸引力提出了合理的政策建议。

一、我国县域信贷资金流动格局简介

对农村地区金融“失血”程度的讨论，需要对县域资金流动的总体态势有所了解，然后再评估信贷资金的输入或者流出的程度。通常，县域资金流动的渠道可以被分成四大类，即通过金融机构的信贷渠道、通过政府部门的财政渠道、通过企业的直接投资渠道以及通过个体的外出务工收入汇回本乡等。如果金融机构的资金处于净流出状态但是其他渠道存在流入的现象，那么农村地区资金供给不足的问题或许没有现有文献讨论的那么严重；反之，如果信贷资金大量外流的地区同时也是其他渠道资金外流严重的地区，那么金融“失血”问题就更值得关注。

(一)资金离开本县的渠道

本调查中的县经济问卷调查对这四个资金流动渠道均有所涉及。在信贷渠道方面,各金融机构的存款余额反映的是该机构在当地吸收的社会储蓄总额,而贷款余额则是信贷资金直接用于本地的唯一渠道,因此,存贷差扩大和缩小反映了信贷资金在当地的流进和流出。财政渠道是我国区域资金流动的另一重要渠道。我国地方财政总收入的一部分需要上解到上级财政,同时上级财政还会以专项补助、增加工资补助、体制补助、税收返还或决算补助等形式给予县市财政一定的补助收入。在这个过程中,财政资金发挥了重要的宏观调控作用。地方政府的可支配财力可以表述为:

可支配财力 = 财政总收入 - 上解收入部分 + 补助收入部分

如果地方政府可支配财力大于当地财政总收入,说明存在财政资金净流入;反之,如果可支配财力小于财政总收入,则说明存在地方财政资金外流。因此,我们可以定义

县财政资金流出量 = 财政总收入 - 可支配财力

该变量在存在财政资金流出时为正,而在存在财政资金流入时为负。

另外,企业或个人还可以通过资本市场投资或项目投资等直接投资的方式使民间资本在地区间形成流动。随着我国经济和资本市场的发展,直接渠道形成的资金流动可能会对我国区域资金流动格局产生越来越重要的影响。此次调查数据中有对县域吸引内、外资总额的统计数据,但没有办法获得县辖内企业和个人直接投资于外地的资金额数据。此外,由于我国农村地区存在大量离土离乡的劳动力,因此外出务工人员将打工收入汇回本乡是资本在区域间流动并重新配置的另外一个渠道。这一渠道不仅有利于解决农村剩余劳动力的失业问题,还可以促进区域资金以劳动力收入的形式部分实现从城市到农村的回流,使欠发达地区享受到工业化和城镇化带来的好处。但是,对于企业投资和个人打工收入,我们只能够看到流入项却看不到输出项,因此,现有信息并不足以允许我们对这两个渠道形成的县域资金流动进行描述。

商业银行和农信社对当地区域经济发展的贡献集中体现在本地贷款业务的活跃程度上,而信贷资金通过金融机构在区域间流动的渠道主要可以归为三类。其一,资金存放人民银行和人民银行再贷款。商业银行和农信社除需向人民银行上缴法定存款准备金外,还需存放一定的超额准备金。存放人民银行款项总额的大小可以在一定程度上反映该金融机构在本地的

贷款意愿以及投资渠道是否丰富。其二,金融机构分支将资金上存上级机构以及从系统内上级机构拆入资金。农信社是我国农村金融体系的主力军,主要功能是为当地"三农"发展提供金融服务,其资金可以在联社范围内进行配置。相对于农信社而言,商业银行一般拥有全国性的总行,可以在更广的范围内调配资金。在政府干预较小的情况下,商业银行和农信社作为追求利润的市场主体,很可能会统一调度各分支机构资金,将其在其他地区吸收的信贷资金调往投资回报率较高和信贷环境较好的地区。其三,其他各类渠道。除上述的两个主要渠道外,一部分信贷资金还可以通过金融机构同业拆借、购买国债和其他金融债券等方式在县域之间形成流动。

除了正规金融中的县支行和农信社之外,在县域资金流动中发挥重要作用的是邮政储蓄机构。1986 年,我国经济出现比较严重的通货膨胀形势,作为货币回笼的一个手段,邮政储蓄开始恢复。1986 年,中国人民银行与邮电部联合下发了《关于开办邮政储蓄的协议》,邮政储蓄业务获准开办。同年年底通过的《中华人民共和国邮政法》确立邮政储蓄业务为邮政企业的法定业务之一。

从上面的描述可以看出,最初的邮政储蓄业务在本质上是邮政部门代理人民银行经办储蓄,邮政储蓄部门对于获取的存款没有完全的支配权。邮政部门和人民银行之间合作的具体程序如下:邮政储蓄部门扣除必要的库存现金后,把收储资金额上缴人民银行,人民银行按月支付邮政储蓄部门相应的代办费用。1989 年 11 月 13 日,人民银行与邮电部再次联合下发《关于进一步办好邮政储蓄的通知》,规定从 1990 年 1 月 1 日起,邮政储蓄由邮政部门代人民银行办理吸收存款改为自办,与人民银行的关系由缴存改为转存,邮政储蓄收入由代办费改为利差。根据该通知,转存款利息按照邮电部门在人民银行存款账户余额的累计积数计算,活期存款账户的存款按活期储蓄存款利率 2.88% 计息,每年 6 月 30 日计付一次;长期存款账户的存款按年利率 13.5% 计息,每季末月的 20 日计付一次。如遇国家统一调整利率,邮政储蓄转存款利率亦作相应调整。自此,人民银行对邮政储蓄的高额补贴,作为固定关系沿袭下来。2003 年 8 月 1 日,邮政储蓄存款中新增的储蓄存款资金由国家邮政局自主运用,原有的约 8 290 亿元存款继续按 4.131% 的利率转存人民银行。

邮政储蓄业务的发展规模迅猛。2002 年年底,邮政储蓄联网覆盖全国 31 个省(自治区、直辖市),98% 的县市实现了活期邮政储蓄的通存通取。到 2003 年年底,邮政储蓄余额达到 8 984.43 亿元;邮储网点 31 803

个,并且不断推出各种新业务。[①] 到2007年,银监会又先后批准邮政储蓄银行在全国筹建36家一级分行、316家二级分行和20089家支行,划归银行的邮政储蓄网点比例总计超过50%,达到55.6%,划归银行的人员共10.9万人。2007年3月6日,中国邮政储蓄银行有限责任公司正式成立,此时邮政储蓄银行宣布其存款余额达1.7万亿元。到2010年2月,邮政储蓄一共拥有储蓄营业网点3.6万个,其中2/3以上分布在县及县以下农村地区。由于邮政储蓄将吸收的大部分存款转存上级银行,因此邮政储蓄最被诟病的就是它们作为资金的"抽水机",将急需资金的农村地区的资金抽离了农村。但是,对于邮政储蓄的资金抽离程度,往往缺少来自县层面数据的直观描述。本章将弥补这一缺陷。

(二)未在当地使用资金的统计描述

在本章中,我们利用县级各金融机构中的县级总存款和县级总贷款之差,以县级邮政储蓄存款的余额来近似资金从县域地区流出的程度。在具体统计描述之前,我们需要做两点说明:

第一,尽管从个体层面看,县域资金流出和流入可以分别透过财政、金融机构、企业和个人,但是简单将来自各渠道的净流出量相加作为当地净流出量的衡量方式并不合理,因为财政等渠道的资金的流入和流出,往往也还是要通过金融机构。在本章中,我们主要沿用现有文献的衡量办法(中国人民银行徐州市中心支行课题组(2007)、夏勇(2006)、邓富辉和吴斌(2006)等)[②],将各金融机构之间的存款和贷款之差简单相加,作为没有被运用在当地的资金,这是我们根据现有数据能够得到的最详尽的对于资金流出量的近似。

第二,金融机构的存款和贷款的差额以及邮政储蓄的存款余额是计算"失血"程度的基数,此外,我们还需要考虑相应的准备金要求。我国法定存款准备金率在2000年至2003年9月间为6%,从2003年10月起上升到7%,至2004年5月又上调为7.5%。因此,我们用存款余额减去按照存款准备金率扣除的存款准备金,作为衡量透过金融机构资金"失血"中

---

① 资料来源:中国银行业监督管理委员会网站,http://www.cbrc.gov.cn/chinese/home/jsp/docView.jsp? docID=2473。

② 当然,这一计算有可能存在重复,不过根据我们在第二章的计算,金融机构存在其他金融机构的资金的比重很少超过其存款余额的5%,因此简单相加造成的重复计算应当不是严重的问题。

存款资金来源的基数。在邮政储蓄方面,1989 年的通知要求,“为了保证邮政储蓄的支付能力,活期存款账户的余额、在途资金和留存的备用现金,应不少于吸收邮政储蓄存款资额的 10%”。由于没有进一步的对于备用资金和存款余额的资料,我们用县邮政储蓄存款余额的 90% 来近似透过邮政储蓄渠道流出当地的资金。

图 7.1.1 给出了县总存贷款差和邮政储蓄存款可使用资金分别占县总资金来源的比重。其中,总存贷款差用各金融机构存贷款之差减去央行规定的准备金来衡量,而邮政储蓄存款可使用资金指扣除了 10% 的备用金后剩余的资金。县总可用资金由两部分组成,一是各金融机构除去准备金之后的存款之和,二是邮政储蓄的可使用资金。平均来看,邮政储蓄可使用资金占存款市场总额的均值在 2001—2004 年间为 11%,而金融机构未在当地使用的资金平均占当地存款市场总额的 24%。从时间趋势上看,邮政储蓄资金存在略微稳步上升的趋势,而金融机构未在当地使用资金在 2001—2004 年间虽有小幅波动,但是基本持平。总体上,如果我们将金融机构未用于贷款的资金和邮政储蓄可使用部分存款定义为未用在当地的资金,那么在 2001—2004 年间,这部分资金在全部存款市场上占 1/3 左右的份额。

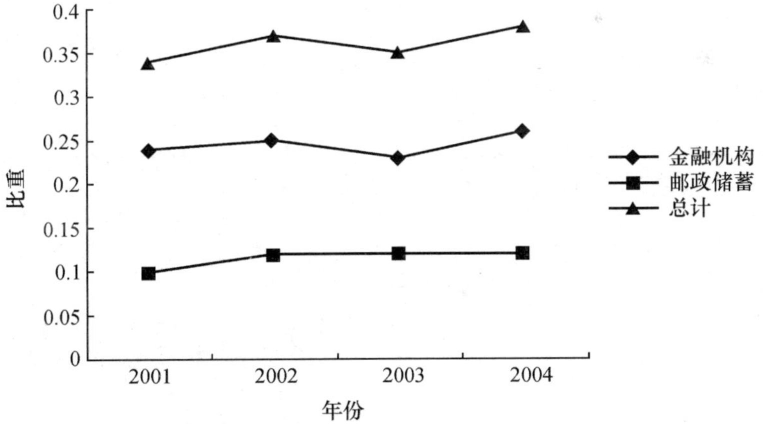

图 7.1.1　金融机构和邮政储蓄净流出比重:2001—2004

前面章节的信息表明,刻画金融机构行为时必须考量金融机构所处地区间的差异。在图 7.1.2a 至图 7.1.2c 中,我们分别给出了东、中、西三地区县级金融机构未在当地使用总资金占比、邮政储蓄未在当地使用资金占比和总计占比的趋势。分地区后三地区县的数量均为 20 个左右,由于均值的大小比较容易受极值影响,在三张图中,我们分别给出了均值和中值各年间的统计描述。

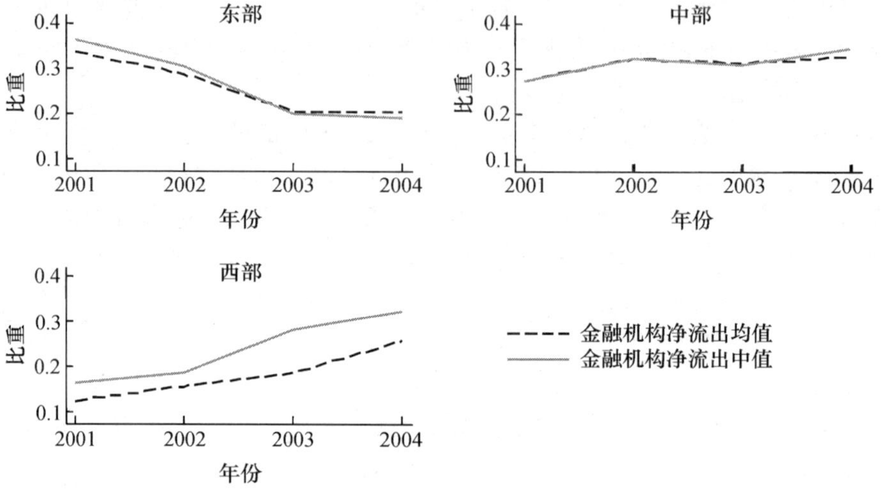

图 7.1.2a　分地区金融机构未在当地使用总资金占存款市场份额

资料来源:调查数据。

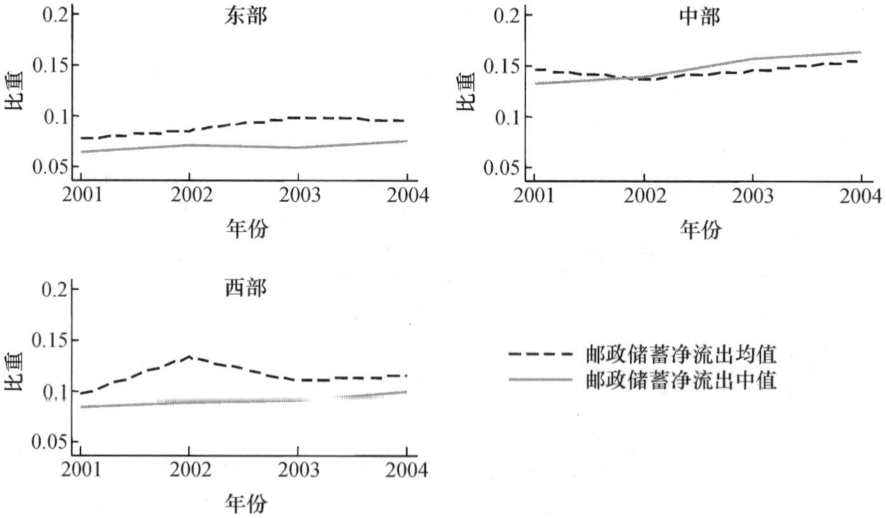

图 7.1.2b　分地区邮政储蓄未在当地使用总资金占存款市场份额

资料来源:调查数据。

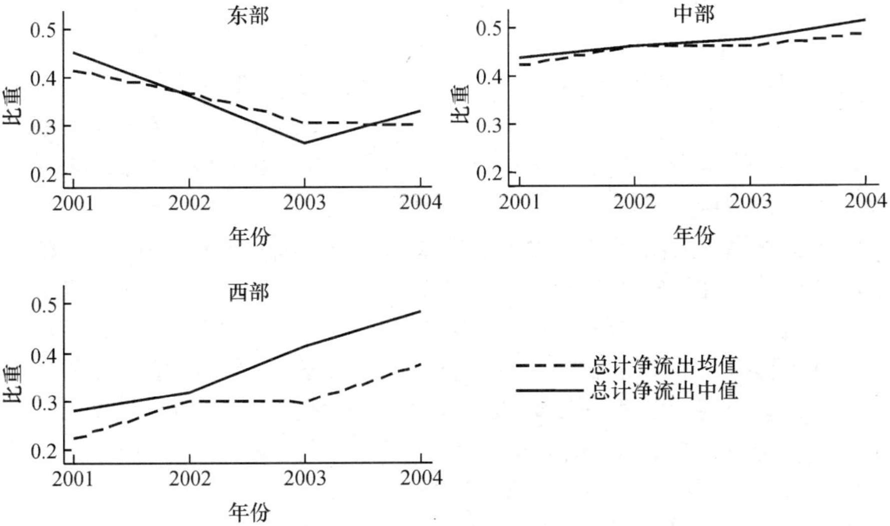

图 7.1.2c 分地区未在当地使用总资金占存款市场份额

资料来源:调查数据。

图 7.1.2a 刻画了未在当地使用资金总体趋势的差异。这里我们看到,东部地区未在当地使用资金的比例是逐年下降的,其均值由 33% 下降到了 20%。中、西部地区未在当地使用资金的比例却是逐年上升的。其中,中部地区上升幅度虽缓,但是一直维持较高的未在当地使用资金比例,其四年平均未使用比例达 31%;西部地区未在当地使用资金的四年平均为 18%,但是上升趋势较快,均值由 13% 上升到 35%,比例翻了接近一番。

资金外流的第二个主要考虑的渠道是邮政储蓄。图 7.1.2b 显示,随着邮政储蓄的离开,当地的资金所占比例在存款市场中也处于上升趋势。其中,东部地区的均值由 7% 上升到 9%,中部地区在 15% 上下波动,而西部地区的均值则在 9%—13% 之间波动,至 2004 年占存款市场的份额为 11%。因此,资金借着邮政储蓄流出的程度也存在地区差异,其中中部地区流出所占比重最大,西部其次,而中部最低。

最后,将两个渠道未在当地使用资金相加我们得到未在当地使用资金的总额,在图 7.1.2c 中我们看到,大体上全部未在当地使用资金的时间趋势是由金融机构占主导,因此保持东部地区未在当地使用资金比例持续下降,均值由 2001 年的 41% 下降到 2004 年的 30%,中部地区维持高水平并略微上升,由 2001 年的 42% 上升到 2004 年的 48%,即接近一半的当地存款未在当地使用，而西部地区虽然起点较低但是上升幅度较大，由 23% 上升到 37%。

上面的信息表明，虽然谈到金融“失血”，最易于遭到诟病的是邮政储蓄机构，但是对于正规金融机构未在当地使用资金以及邮政储蓄未在当地使用资金的相对比重很少有讨论。图 7.1.3 比较了邮政储蓄未在当地使用资金占总未在当地使用资金比重的中值。① 该图表明，邮政储蓄未在当地使用资金占所有未在当地使用资金的比重没有超过 1/3，其东部地区的相对比重逐渐上升可以理解为金融机构未在当地使用的资金比重下降，导致邮政储蓄未在当地使用资金比重的相对上升。中部地区未使用资金比重的中值在 31% 左右震荡，西部地区在 2001 年和 2002 年间邮政储蓄流出水平的中值也没有超过 30%。上述统计描述表明，邮政储蓄造成的金融“失血”虽然在地区间存在很大的差异，但是就现有数据来看，邮政储蓄还不是县域金融“失血”的主因；在各地区间，金融“失血”中可以归咎于邮政储蓄的份额在所有未在当地使用资金的份额中约占 1/3 左右。我们需要做更深入的研究，理解其他机构中资金未在当地使用的原因。

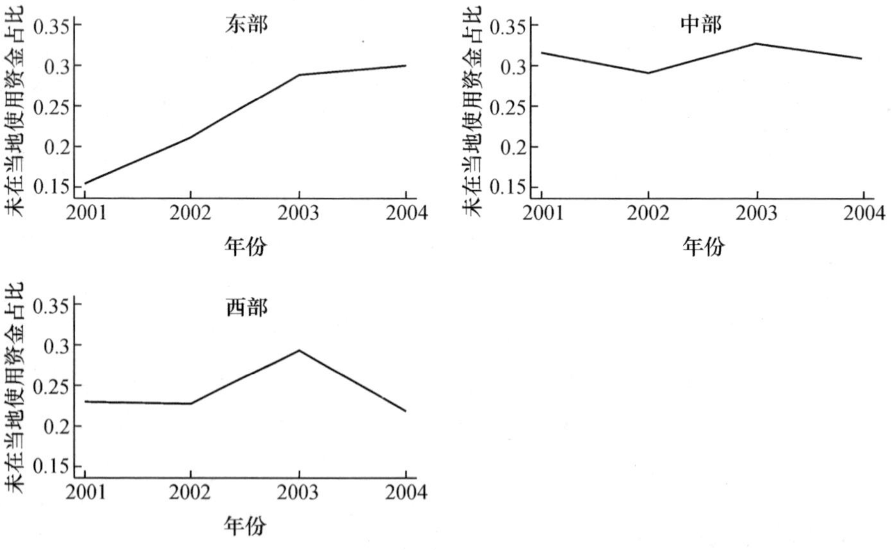

图 7.1.3　分地区邮政储蓄未在当地使用资金占所有未在当地使用资金比重（中值）

资料来源：调查数据。

① 这里没有比较均值的原因是均值受极值影响太大。由于有些县会出现金融机构资金的净流入（县总贷款额度大于总存款），将邮政储蓄流出资金与总流出资金比较时，计算均值可能带来意义不清的负值；但是中值则不受极值的影响，并且能展示邮政储蓄流出资金占未在当地使用资金的一个一般状况。

（三）小结

在本节我们描述了未在当地使用的资金占存款市场的份额。我们首先介绍了资金可能外流的几个渠道，包括财政、金融机构和邮政储蓄、企业和个人等。由于资金外流中的大部分都要透过金融机构和邮政储蓄，因此我们在描述中具体分析了各县金融机构未在当地使用资金的总和以及邮政储蓄未在当地使用资金的总和占该县存款市场的比重。我们看到，未在县域使用的资金在 2001 年到 2004 年间呈现上升趋势，由 2001 年的 34% 上升到了 2004 年的 38%。而从地域上来看，则呈现东部地区未在当地使用的资金比重逐年下降，中、西部地区逐年上升的态势。其中，中部地区未在当地使用的资金一直维持较高的水平（各年平均达 46%），上升幅度较西部地区和缓；西部地区值得关注的则是四年间未在当地使用资金的大幅度上升，达到未使用资金占比年均 20% 的增长率。

在讨论资金“失血”问题时最为关注的渠道往往是邮政储蓄。但是我们的数据表明，作为存款被当地机构吸收但是又没有用于当地的资金中，邮政储蓄的贡献率大约在 1/3 左右，并不是金融“失血”的主要原因。但是坊间经常讨论的所谓“抽水机”效应，就是指农村自身积累的资金很大一部分通过邮政储蓄流向了工业领域和城市①，因此，期待成立邮政储蓄银行能够解决至少大幅缓解农村资金流向城市的问题。我们的数据至少反映出，成立邮政储蓄银行是否能够解决农村资金“失血”问题，尚存很大疑问。首先，通过邮政储蓄离开当地的资金并不是资金离开的主力军；其次，既然数据显示，商业银行是使资金离开当地的主要渠道，那么很难看出新成立的邮政储蓄银行作为商业银行，为什么就可以更致力于将农村地区的资金运用于农村。因此，我们需要对资金为什么离开县域地区有更全面客观的了解。

二、理论框架和文献综述

在本章我们关注的问题是为什么农村地区资金来源中未在当地使用

① 这类说法在报章常见，如《邮政储蓄的出路在哪里?》，《中国经济时报》2003 年 9 月 10 日，http://finance.sina.com.cn/roll/20030910/0900439768.shtml。

的比例会逐年上升，并且存在东、中、西三地区间的巨大差异。如果我们可以假定未在当地使用的资金并没有以现金形式留存在当地，那么就可以用未在当地使用资金的比例，去近似离开本地寻找更好投资机会资金的比例。在理论框架和文献方面，现有的区域资本流动的文献就值得借鉴。现有相关研究经验表明，中国区域资本流动格局呈现中西部欠发达地区资本外流向东部发达地区（罗彩云、傅晓初（2004）等），农村资本流向大中城市（何卫江（2006）等）的总体态势，但仍然缺乏对于金融“失血”的各个渠道，以及各影响因素如何决定金融“失血”的程度的深入研究。

本章着重研究中国区域资金流动的影响因素，这有助于我们了解发达地区如何实现对落后地区的帮扶，以及工业对农业的反哺的渠道。要缓解我国区域资本配置与经济发展不协调的状况，仅通过增加欠发达地区的资金投入而不考虑资金留在当地是否具有可持续性，往往只能从表面上缓解问题。如果我们的目标是按照经济规律建立长期、有效的资金回流机制，那么就需要深入研究我国区域资本流动的影响因素。这也是本章的出发点和目的所在。本章在回顾国外研究国际资本流动的丰富文献基础之上，梳理出研究资本流动问题的理论框架，采用 2001—2004 年县级金融机构数据，并使用面板数据中的规范方法，初步研究影响县级金融机构资金流动，尤其是资金外流的现象的主要因素。

从国际视野看，中国区域资本流动呈现的欠发达地区资金向发达地区流动的现象和国际资本市场上资金从发展中国家向发达国家流出类似。20 世纪八九十年代以来，发展中国家逐渐放松了资本管制，但发展中国家中出现资本净流入的例子仅限于包括中国、墨西哥和巴西在内的少数几个国家。蔡洪滨和 Treisman（2005）援引世界银行 2001 年的统计资料指出，1991—2000 年间发展中国家产出占全球产出的比例从 19.8% 上升到 22.5%，但其私人资本流入量占全球私人资本流量的份额却从 11.8% 跌至 7.6%。例如，尽管推行了资本市场自由化，非洲地区基本没有看到资本净流入的增加。

国外研究国际资本流动的文献十分丰富。新古典经济增长理论的绝对收敛模型认为，在其他条件相同的情况下，由于资本的边际报酬递减，处于不同经济发展阶段的国家和地区，发达地区的投资回报率低于欠发达地区。这意味着，在趋利的市场经济中，资本作为重要的生产要素，应当从富裕的发达国家流向发展中国家，长期来看各国的经济增长最终会收敛于相同的稳态。但是，新古典模型其他条件相同的假设在现实中往往并不成立,国际市场和我国区域资本的实际流向也与理论模型的预测结果相反。

Lucas(1990)根据实证经验提出了"Lucas 悖论",即国际资本没有按照新古典经济增长模型所预示的那样出现大规模流向发展中国家的情形,反而有流向发达国家的迹象。对这一现象,经济学家从理论和实证方面都提出了很多可能的解释,包括生产函数中没有体现的其他生产要素、政策和制度因素、国际资本市场信息不对称以及违约风险等。国际间的资本流动和一个国家内部不同区域间的资本流动有相似之处。我国幅员辽阔,地区差异显著,研究我国区域资本流动时可以对研究国际资本流动的文献加以借鉴。国内针对我国区域资金流动,尤其是信贷资金流动的研究也有很多,但文献中的讨论比较零散,缺乏完整的理论框架,翔实的数据支持和计量研究也比较少。这里我们先梳理国内外已有研究成果,并在此基础上提出本章的研究框架。

(一)理论框架

较早对国际资本流向的影响因素进行深入研究的一篇重要文献是 Lucas 于 1990 年发表在《美国经济评论》(*American Economic Review*)上的论文——"为何资本没有从富裕国家流向贫穷国家?"。设若国家 i 在 t 时期的生产函数为

$$Y_{it} = A_{it}F(K_{it},Z_{it},L_{it} \mid \alpha_i,\beta_i) = A_{it}K_{it}^{\alpha_i}Z_{it}^{\beta_i}L_{it}^{1-\alpha_i-\beta_i},$$
$$0 < \alpha_i < 1, \quad 0 < \beta_i < 1$$

其中,A_{it}为生产率,K_{it}为资本投入,L_{it}为劳动力投入,Z_{it}为其他生产要素投入。资本回报率为

$$r_{it} = A_{it}\frac{\partial f(k_{it},z_{it})}{\partial k_{it}} = \alpha_i A_{it} z_{it}^{\beta_i} \cdot k_{it}^{\alpha_i-1}$$

对于两个不同的国家 i 和 j,假设两国的生产函数形式相同,$\alpha_i = \alpha_j$,$\beta_i = \beta_j = 0$,并且 $A_{it} = A_{jt}$,根据资本的边际报酬递减规律,若 $k_{it} < k_{jt}$,就有 $r_{it} > r_{jt}$。如果资本市场是完善的,那么资本应当流向资本边际报酬比较高的地区,即人均资本较低的 i 国。

如果国际间资本可以自由流动,那么资金的流向应该是从富国流向穷国,直至要素回报率相等。Lucas(1990)通过对比美国和印度在 1988 年的经济数据发现,按照新古典模型计算的印度的资本边际报酬是美国的 58 倍。如果资本回报这种巨大的差距在现实中真实存在,那么美国的资本几乎会全部流往印度。而事实上,58 倍的资本回报差异在现实中几乎不可

能发生，发达国家的资本也没有出现大规模流向发展中国家的情形，很多研究反而发现发展中国家的资本有流入发达国家的迹象。Lucas 因此提出"Lucas 悖论"，质疑新古典增长模型的正确性。

（二）国外文献：影响资本流动的其他因素

"Lucas 悖论"其实包含不少隐含假设，其中最核心的假设是资本稀缺的发展中国家资本回报率高，并且资本市场是完全市场，资本流动服从利润最大化的市场规律，自由流向资本回报率较高的地区。不少经济学家对于"Lucas 悖论"的解释，就是从放松这些假定入手的。虽然发展中国家的人均资本低于发达国家，但现实中资本回报率却未必比发达国家高。通过资本回报率的表达式可以看出，除人均资本投入外，生产函数形式（α_i，β_i）、其他生产要素（z_{it}）和生产率（A_{it}）都可以通过生产函数影响资本回报率。由于发达国家和发展中国家在经济、政治和制度等方面的差异巨大，单从人均资本低于发达国家这一点就判定发展中国家资本投资回报率高，显然有失偏颇。即使国家间的资本回报率确实存在较大的差异，仍有其他一些因素可以阻止资本跨国流动。资本流向资本回报率较高的地区，这一判断需要建立在资本市场完善并且投资人理性的假设之上。如果政府干预资本市场，那么市场规律可能不再起决定性作用。如果存在不对称信息和风险，资本回报率的差额必须高于投资者所要求的溢价，资本才会在国家间产生流动。下面将根据这一框架，从影响资本回报率的角度和资本市场是否完全的角度来总结现有文献。

有关资本回报率的文献主要从其他重要但是被缺失的生产要素、生产率，以及政府行为与投资或引资之间的关系来考察"Lucas 悖论"。此外，如果资本市场不完善，即使国际资本市场存在资本回报的差异，资本也不能出现大规模的流动。因此有关资本市场的文献则从信息不对称、违约风险和一些其他因素等角度讨论它们对于资本流动的影响。下面我们分别简述涉及上述因素的文献。

其他生产要素（z_{it}）

新古典经济增长模型的生产函数中只考虑资本和劳动这两种要素，而忽略了其他要素如人力资本、土地和资源等。如果发展中国家的其他要素禀赋低于发达国家，而生产函数又缺失了这些要素，就可能导致计算出的穷国资本边际报酬比实际要高。Lucas（1990）在生产函数中加入人力资本，修正了新古典模型的假设。按照修正模型计算出的 1988 年印度的资本边际报酬为美国的5倍,而不是两部门模型计算出的58倍。虽然5倍的差距依然很高,但较之前的结果要好。实证中,大部分文献都使用了人均GDP或人均资本量的初始值作为对一个国家初始禀赋的衡量。Alfaro, Kalemli-Ozcan和Volosovych(2003)在计量模型中加入人力资本和土地等其他变量,以IMF统计的1971—1998年各国FDI和外资股权投资额总和为解释变量,考察了直接影响生产的其他生产要素对国际资本流动的作用。结果显示,这些缺失的生产要素确实对资本流入有显著的正向作用。

生产率(A_{it})

能够影响生产率的因素除生产技术外,还包括政府政策、社会文化和制度等。政府效能及其在投资、税收、法治、教育和公共设施建设等社会生活各方面的政策都有可能对生产产生不同程度的影响。甚至一个国家的风俗习惯、文化传统等都是进行国际投资应当纳入考量的因素。Tornell和Velasco(1992)通过构建一个由不同利益群体参与的动态博弈论模型,分析了国家产权制度对国际资本流动的影响。他们的模型表明,穷国由于产权保护较弱,较高的公共资本回报率一部分被侵占率抵消了。当穷国的私人资本回报率低于富国时,国际资本应当会流向富国。

关于政府行为和引资的关系,蔡洪滨和Treisman(2005)认为除良好的初始禀赋外,投资友好政策也可以吸引资本流入。作者使用俄罗斯1996—1998年间不同地区在市场建设、交通、道路、通信和信息技术方面的政府投资数据,以及*Ekspert*杂志对不同地区市场经济制度发展的年度评级数据作为对商业投资政策环境优良的测度,考察了投资友好政策对俄罗斯区域资本流动的影响。结果显示,无论使用哪种测度,在控制了初始禀赋因素后,拥有更加友好的商业投资政策的地区资本流入率依然显著较高。

Alfaro, Kalemli-Ozcan和Volosovych(2003)利用1971—1998年的国别横截面数据详细考察了政策和制度角度多方面因素对国际资本流入的影响。文中使用的制度评级指标为国家政治安全评级指标(International Country Risk Guide, ICRG)。这一复合指标评价了一个国家包括政府稳定、内部冲突、外部冲突、腐败、军事政策、民主政策、种族和宗教政策、法律和秩序以及官僚机构质量在内的多项政策和制度因素,得分越高则政治风险越小。实证结果发现,这一指标对FDI和外资股权投资有显著的正向作用,表明一国政治风险越小,则越有利于国际资本的流入。作者还检验了全要素生产率和一些能够表征金融和资本市场发展程度的变量的回归系数,但大部分结果均不显著。

信息不对称

信息不对称影响资金流动的渠道如下:如果投资人无法了解投资国资本市场的真实信息,就可能会减少投资,并对资本回报要求较高的溢价。发展中国家的信息透明度一般没有发达国家高,在发展中国家投资可能需要将大部分精力用于处理信息不对称问题。因此,即使按照生产函数计算出的发展中国家的投资回报率高于发达国家,如果回报率差额不能弥补信息不对称带来的成本和风险,国际资本也不会大规模流向发展中国家。

考虑到距离投资地越远越不利于获得市场信息,Alfaro,Kalemli-Ozcan和Volosovych(2003)以一国GDP在国际GDP中所占份额为权重,计算一国首都到其他国家首都的加权距离,并以此变量作为对市场信息不对称程度的衡量。结果显示,距离对资本流入具有负向作用,但在统计意义上并不显著。除此之外,作者还检验了其他用于衡量信息不对称的变量对资本流动的影响,如新闻媒体提及次数、外资银行比例和会计透明度等,结论类似。Dooley(1988)认为,资本流动可能不能完全由传统认为的国际资本回报率差异解释。文章认为,由于面对的风险不同,国外投资者要求比国内投资者更高的资本回报。计量结果显示,风险溢价对资本流入有负向作用。

违约风险

Lucas(1990)解释"Lucas悖论"时,除提出人力资本假说之外,还提出政治风险(political risk)可能是阻止资本从富国流向穷国的另一因素。即使穷国的投资回报率较高,其政治风险也较高。与国内资本市场相比,国际资本市场缺乏有效的法制和监督体系。穷国较高的政治风险会导致较高的违约风险,对国际资本流入具有负面影响。[①] Reinhart和Rogoff(2004)以购买力平价调整的人均GDP为解释变量,以1946年以来国家出现主权违约的时间段所占比例为因变量进行回归,发现国家人均GDP水平越低,历史数据显示的违约概率越高。文章进而提出一个假说以解释"Lucas悖论"——穷国债务违约概率较高是造成国际资金没有大规模流向发展中国家的原因。Alfaro,Kalemli-Ozcan和Volosovych(2003)考察标

① 但是,Lucas自己也指出,这一理论存在缺陷。1945年以前,在殖民主义的统治之下,几乎所有的第三世界国家都采用了相同的欧洲法系制度安排。政治风险假说难以解释为何1945年之前国际资本也没有出现大规模流向发展中国家的情形。

准普尔的长期国债评级对国际资本流动的影响。计量结果也显示,长期国债评级越差的国家国际资本流入越少。

其他

文献中还有一些观点从资本市场不完善的角度,提出信息不对称和违约风险之外的其他假说以解释国际资本流向。例如,除人力资本假说和政治风险假说以外,Lucas(1990)还提出了垄断租假说(Monopoly Rent Hypothesis)。由于劳动力市场欠缺流动性,国家垄断了本国的劳动力市场。穷国达到利润最大化时的资本回报率可能高于富国,但此时穷国已没有动机再引进资本了。穷国为了维持其垄断利润,可能会设置资本流动壁垒,对资本市场进行管制。在此情况下,虽然穷国与富国之间存在资本回报率的差异,资本却无法流入穷国。

上文所总结的文献中的观点经经验研究证实,都在不同程度上解释了国际资本没有大规模从富国流向穷国的"Lucas 悖论"。初始禀赋、包括人力资本在内的缺失生产要素、政策和制度因素、信息不对称、违约风险等都是国际资本流动的影响因素。Alfaro, Kalemli-Ozcan 和 Volosovych(2003)的研究还回答了这样一个问题——众多影响因素之中,究竟哪类或者哪几类因素是主导因素?该文的实证结果发现,与影响国际资本流动的其他因素相比,政策和制度因素最为重要。人力资本和不对称信息本身并不能完全解释"Lucas 悖论"。

(三)国内文献和我们的计划

国内文献针对我国区域资金流动,尤其是信贷资金配置的研究很多,但与国外文献相比,欠缺系统性的分析和数据支持,计量研究考察的影响因素较少,缺乏完整的框架。有代表性的实证研究有:刘民权、徐忠、赵英涛和俞建拖(2003)在研究地区间发展不平衡与农村地区资金外流的关系时发现,经济发达地区农信社的利润率比经济欠发达地区农信社的利润率要高,这间接地说明了经济较发达地区的投资回报率较欠发达地区要高。作者认为,较高的投资回报率会导致该地区资本外流率较低。

中国人民银行徐州市中心支行课题组(2007)对江苏省内信贷资金的区域流动与有效配置进行了研究。作者首先验证了江苏省 13 个城市内的信贷资金流动能力,说明信贷资金存在从经济落后地区流向经济发达地区的倾向。之后,建立信贷资金区域配置影响计量模型,证明经济发展水平和产业结构是决定信贷资本区域配置的主要因素。该计量模型的设定较为粗糙，解释变量只有两项，未控制任何其他因素。数据也局限于江苏省内，缺乏对全国局面的整体把握。

罗彩云和傅晓初（2004）认为，中国银行业市场化改革使商业银行具有更强的趋利性，使我国区域信贷资金流向经济发达地区。该文的实证研究显示，我国国有商业银行的资金配置未显示出较强的市场导向。与国有金融机构相比，市场化和趋利性较强的非国有金融机构的信贷资金配置与地区经济发达程度呈正相关关系，这些机构在发达地区投入的信贷资金较多。

理解我国区域资金配置与经济发展不协调的原因，除了需要考虑经济、市场因素外，还需要考虑中国国情。首先，不同地区由于初始禀赋和信贷环境存在差异，资本的投资回报率不同。其次，地方政府营造的政策、法制环境也会对资金的区域流动产生影响。例如，税收优惠、产业扶持、基础设施建设、对欠发达地区提供优惠贷款、金融改革等政策和措施都可能会对地方引资产生影响。尤其在分析我国信贷资金流动时，鉴于国有商业银行在我国金融体系中长期占有的主体地位，政策导向是不能忽略的重要因素。另外，金融机构作为微观决策的个体，对于存贷比的决定影响着资金是在当地使用还是流出当地。因此，要考虑县级总体上的存贷比水平，还需要对存贷比的变化对于金融机构的风险、收益等的影响做出评估。

三、县域信贷资金流动影响因素实证研究

本章实证研究的独特性之一，在于现有数据使我们既可以从县层面，又可以从金融机构层面，来研究影响资金是否离开当地的因素。在县层面，我们可以考察邮政储蓄资金和金融机构资金之间的互动，以及未在当地使用邮政储蓄存款、未在当地使用金融机构存款和总的未在当地使用资金，分别受到哪些因素的影响。而金融机构层面的数据，则允许我们深入金融机构治理结构的内部，考察它们是否有将资金留在当地的决策，也允许我们进一步考察上述提到的法律、行政等力量对于资金流动的影响。

（一）来自县层面数据的证据

鉴于国内文献多在讨论资金在地区之间流动的问题，我们首先从县层

面而不是从县级金融机构层面，考察哪些因素对于资金为何没有留在当地具有解释力。我们首先可以关注的问题，是透过邮政储蓄流出的资金和透过金融机构流出的资金之间是什么关系。如果它们是正向相关关系，即邮政储蓄资金流出比较多的地区同时也是金融机构资金流出比较多的地区，那么我们理解金融机构资金流出的因素，也可以帮助我们预测邮政储蓄变成邮政储蓄银行后，资金流动的大致趋势；如果两者之间存在负向相关关系，那么可能就意味着，只要资金的回报率不同，一个地区的资金离开当地的总量大体上就不会有太大变化，邮政储蓄渠道和金融机构渠道之间存在一定的替代效应，也就是说，资金总要离开当地，要么通过金融机构，要么通过邮政储蓄。在这种情况下，解决农村地区金融"失血"问题，单靠改变邮政储蓄的状态就不能从根本上产生效果了。①

表7.3.1报告了将邮政储蓄净流出占比对金融机构净流出占比，按地区和年份做简单二元回归时，金融机构净流出占比相应的参数估计值。这些估计值不仅反映了相关关系的方向，更说明了这些关系的显著程度。我们看到，总体上，金融机构净流出占比和邮政储蓄占比之间存在负向相关关系，邮政储蓄占比净流出每增加1个百分点，则金融机构净流出占比会减少0.04个百分点，这一负向关系在1%的显著性水平上显著。如果按地区分，我们看到，东部地区邮政储蓄净流出和金融机构净流出之间没有明显的相关关系，而中部和西部地区则存在明显的负向相关关系，其中东部地区金融机构净流出对邮政储蓄净流出的负相关程度最强。从时间维度看，两者的负向相关关系仅在2001年在统计上显著。邮政储蓄净流出资金和金融机构净流出资金之间的负向相关关系说明，要讨论邮政储蓄银行成立之后对金融"失血"现象的抑制程度，就需要对金融机构与邮政储蓄机构之间的互动有更深刻的理解。

表7.3.1　邮政储蓄净流出占比和金融机构净流出占比的相关关系

	邮政储蓄净流出占比			
	全部	东部	中部	西部
金融机构净流出占比	-0.0437***	-0.0216	-0.0819***	-0.0471***
	2001	2002	2003	2004
	-0.0652*	-0.0802	-0.000302	-0.00545

注：*** 1%显著性水平，* 10%显著性水平。

① 为了分析的方便，这里净流出占比都以百分比为单位，而不是上限为1的值。

我们根据资金地域流动的文献,选取描述生产率等相关因素的解释变量,将其逐步加入回归模型中,以考察各个变量对邮政储蓄净流出占比、金融机构净流出占比和全部净流出占比的影响。我们逐步加入的变量包括衡量地域差异的地区变量(中部地区虚拟变量、西部地区虚拟变量)、衡量当地教育水平的中学数目、衡量当地消费水平的人均消费支出,以及近似当地投资回报率的是否有国内其他地区的投资(是否吸引内资)、是否有外资注入。从表 7.3.2 可以看到,单以人均 GDP 为标准考察地区经济发展水平和资金净流出的关系,就会看到在经济比较发达的地区,透过邮政储蓄流出本地资金的比例会比经济不发达的地区要低,并且 GDP 能够解释透过邮政储蓄净流出变动中 6.4% 的变动。加入地区变量后看到,中部地区流出占比较东西部地区要高,而中部和西部地区两个虚拟变量加入后,调整过的 *R* 平方为 7.9%;加入描述用以衡量人们消费水平的农民人均

表 7.3.2　邮政储蓄净流出占比相关因素分析

变量	邮政储蓄净流出占比				
	(1)	(2)	(3)	(4)	(5)
人均 GDP	-2.065***	-1.595**	-0.754	-0.578	-0.164
	(0.494)	(0.630)	(0.626)	(0.784)	(0.626)
中部		3.314**	1.315	0.968	2.234
		(1.540)	(1.582)	(1.793)	(1.431)
西部		0.434	-3.290**	-3.410*	-5.055***
		(1.502)	(1.633)	(1.913)	(1.676)
中学数			-0.0438	-0.0314	0.0185
			(0.0289)	(0.0357)	(0.0322)
农民人均消费支出			-2.169***	-2.056***	-1.905***
			(0.522)	(0.651)	(0.530)
是否吸引内资				3.212	4.872
				(4.134)	(3.283)
是否吸引外资					1.107
					(1.735)
截距项	13.90***	12.23***	19.91***	16.37***	10.68**
	(0.721)	(1.540)	(2.37)	(5.141)	(4.172)
观测值	256	256	240	198	169
R 平方	0.064	0.090	0.175	0.115	0.236
调整后的 *R* 平方	0.0608	0.0794	0.158	0.188	0.203

注:*** 1% 显著性水平,** 5% 显著性水平,* 10% 显著性水平。

消费水平指标后,我们对净流出占比的解释能力有了很大的提升,调整过的 R 平方达到 15.8%,而经济发展水平变量就不再显著了。这些回归表明,邮政储蓄净流出和当地经济发展水平之间的关系,主要是通过当地的消费能力表现的,在人均消费能力较高的县域,邮政储蓄获得的储蓄相对较多,因此资金离开当地的可能性就较大。最后两个变量衡量是否有对内和对外投资,由于这两个变量的报告存在不少缺省值,导致样本变小,因此后面两列的 R 平方和前三列的 R 平方不具可比性。

尽管如此,我们还是看到,经济发展水平(人均 GDP)和文化水平(中学数目)对通过邮政储蓄产生的净流出没有明显的影响,主要影响因素仍然是当地的消费水平。另外,当地是否获得了内资或者外资与邮储渠道的净流出没有明确的关系。

影响金融机构净流出资金占比的因素和影响邮政储蓄净流出资金占比的因素有很大不同。从表 7.3.3 可以看到,经济发展水平始终和通过金融机构产生的净流出有显著的关系。值得注意的是,这个关系的方向是正向的,也就是说,在经济越发达的地区,金融机构资金中用在当地的资金的比重反而越高。这一点可以从两个方面解释。首先,总体上,县域经济的资金存在向城市流动的特点。这一点可以从全国金融机构存贷比均值与县域金融机构存贷比均值的比较中找到支持。图 7.3.1 显示出,在 2001—2004 年间,全国金融机构平均存贷比从 79% 下降到 75%;而县级金融机构平均存贷比都在 70% 以下。因此,即便经济较发达的县,其资金也可能离开当地。其次,经济发展水平较高的县域地区,也可能因为缺少合适的投资机会,使得多余的资金离开当地去寻求更好的投资机会。我们同时也看到,教育水平较高的县域地区资金净流出比重较高。如果当地的投资机会不足,但是经济发展水平较高,而且由于教育水平高,当地机构的投资意识更强,那么资金也更可能离开当地。另外,我们还看到内资和当地资金的投入之间存在一定的挤出效应,即吸引到内资投资的地区,从金融机构流出的未在当地使用的资金比重也比较高。

表 7.3.3　金融机构净流出占比相关因素分析

变量	金融机构净流出占比				
	(1)	(2)	(3)	(4)	(5)
人均 GDP	3.530**	5.216***	5.307***	4.669**	4.687**
	(1.474)	(1.867)	(1.884)	(2.225)	(2.353)
中部		12.16***	20.85***	19.23***	19.22***
		(4.563)	(4.759)	(5.087)	(5.378)
西部		1.347	10.99**	8.169	7.331
		(4.451)	(4.913)	(5.427)	(6.297)
中学数			0.465***	0.562***	0.544***
			(0.0868)	(0.101)	(0.121)
农民人均消费支出			3.003*	4.264**	4.301**
			(1.571)	(1.846)	(1.994)
是否吸引内资				29.87**	29.18**
				(11.73)	(12.34)
是否吸引外资					1.062
					(6.521)
截距项	21.07***	15.10***	-14.52**	-47.73***	-47.58***
	(2.153)	(4.562)	(7.132)	(14.58)	(15.68)
观测值	256	256	240	198	169
R 平方	0.022	0.064	0.180	0.219	0.194
调整后的 *R* 平方	0.0182	0.053	0.163	0.195	

注：*** 1% 显著性水平，** 5% 显著性水平，* 10% 显著性水平。

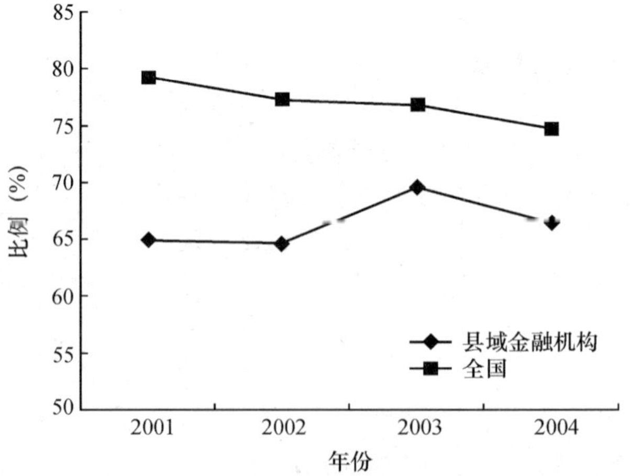

图 7.3.1　全国金融机构存贷比和县域金融机构存贷比均值：2001—2004

最后,我们在表7.3.4中分析县域净流出资金总额占比的影响因素。我们看到,总体上,影响金融机构资金流出的因素也主导着县域资金净流出总额的大小。我们看到,中部县域资金不在当地使用的比例,要比东部和西部高出20个百分点;经济发展水平和教育水平较高的地区,未在当地使用资金的占比相对反而较高;吸引内资较多的地区,当地资金未在当地使用的比例较高。

表7.3.4 县域净流出资金总额占比相关因素分析

变量	总净流出占比				
	(1)	(2)	(3)	(4)	(5)
人均GDP	1.465	3.622*	4.553**	4.091*	4.523*
	(1.505)	(1.882)	(1.967)	(2.336)	(2.425)
中部		15.47***	22.16***	20.20***	21.46***
		(4.600)	(4.970)	(5.339)	(5.543)
西部		1.781	7.701	4.759	2.276
		(4.486)	(5.131)	(5.697)	(6.491)
中学数			0.421***	0.531***	0.560***
			(0.0907)	(0.106)	(0.125)
农民人均消费支出			0.834	2.208	2.397
			(1.641)	(1.937)	(2.055)
是否吸引内资				33.09***	34.05***
				(12.31)	(12.72)
是否吸引外资					2.169
					(6.721)
截距项	34.96***	27.34***	5.399	-31.36**	-36.90**
	(2.198)	(4.599)	(7.448)	(15.31)	(16.16)
观测值	256	256	240	198	169
*R*平方	0.004	0.070	0.150	0.194	0.210
调整后的*R*平方	-0.002	0.059	0.132	0.169	0.176

注:*** 1%显著性水平,** 5%显著性水平,* 10%显著性水平。

综合上述影响资金净流出的因素我们看到,从地区层面看,资金是否留在当地使用,与当地是否有回报率足够高的投资机会是分不开的。由于总体上我国呈现资金由农村(县域)地区流向城市地区的大趋势,因此我们的数据显示,就算在经济较发达的县域,资金仍然存在较高比例的外流。在经济发展水平较高、教育水平较高的地区,总体上未在当地使用的资金反而更高。另外,吸引的内资似乎对于资金的使用存在挤出效应。这些为我们提供了一些实证证据，即如果要提高资金在农村的使用率，就必须在如何使当地有更多的有利可图的投资机会上下工夫，否则，如果用行政手段强迫资金留在农村，只会带来更多的资金使用方面的扭曲。

（二）金融机构层面的证据

在县层面的数据分析中，我们主要从资本回报率角度考虑影响资本流动的因素。金融机构层面的数据，则允许我们对市场不完全以及金融机构内部治理结构、激励机制等如何影响资金的使用决策有更全面的认知。本章计量模型选择的解释变量按自身特征分，主要有经济基本面、信贷市场环境、政策因素、信息不对称和金融机构微观因素几个方面。

利用北京大学的金融生态环境调查数据，本部分将以县级金融机构分支存贷比和贷存比变化率作为因变量，分别考察各项因素的影响。存贷比即银行资产负债表中的贷款资产占存款负债的比例，其值大小可以反映金融机构将本地吸收存款资金的多大比例直接用于发放本地信贷[①]，以支持当地的经济建设。贷存比的变化率则反映出金融机构本地贷款意愿的波动。贷存比增长说明资金外流减缓，金融机构本地贷款意愿增强；贷存比下降则反映出该机构信贷资金外流情况恶化，本地贷款意愿下降。下面的计量部分将分别以这两个变量作为被解释变量进行回归分析。

借鉴研究国际资本流动问题的完整理论框架，本章考虑了其他可能影响我国信贷资金流动的因素。其中，通过资本回报率影响资本流动的因素考察了缺失生产要素以及影响生产率和生产函数形式的因素。不完全市场方面考察了不对称信息和违约风险。由于某一具体因素对资本流动的作用渠道可能是多方面的，为了叙述的清晰和研究政策含义的需要，下面将以解释变量自身特征分类，对经济基本面、信贷市场环境、政策因素、信息不对称和金融机构微观因素几个方面的解释变量的作用机理分别加以阐述。

经济基本面

我们首先考虑的是控制经济的初始禀赋状况和当地经济发展状况。

---

① 我国对金融机构异地贷款有严格的规定，按照中国人民银行 1996 年颁布的《贷款通则》，贷款人发放异地贷款，或者接受异地存款，应当报中国人民银行当地分支机构备案。381 家金融机构样本中，2005 年接受调查时存在异地贷款的有 59 家，约占 15%，存在异地贷款的机构异地贷款占总贷款比例的样本均值为 18%。可以说，本章样本中的县级金融机构分支贷款绝大部分是用于本地的。而且，即使总贷款中存在一部分异地贷款，并不改变信贷资金从欠发达地区流向发达地区的趋势。

参照 Alfaro, Kalemli-Ozcan 和 Volosovych(2003)的做法,我们使用 2000 年人均 GDP 的对数值作为解释变量来衡量一个地区的经济发展水平的初始禀赋状态。由于县域资金总体上可能存在向城市流动的状况,这里我们并不能如同发展经济学中那样,判断是否存在资金从较穷的县域流向较富的县域,但是,该变量会帮助我们了解,初始禀赋和某一地区资金在当地使用与否之间是否存在必然的联系。此外,当地经济发展状况用人均 GDP 来刻画。

国际资本流动文献中提到的经济基本面因素主要是能够直接影响生产函数的经济因素。包括传统生产要素、人力资本和土地等在生产函数中没有表达出来的生产要素以及能够直接影响生产率的经济因素。人力资本在国际资本流动文献中被证明是影响资本流动的重要经济基本面变量,发达地区人力资本水平高于欠发达地区,对资本流入有显著的正向作用。本章中,我们用当地拥有的县中学的数目,来近似当地的人力资本状态。

地方经济产业结构是可能影响信贷资金流向的另一重要的基本面因素。农业和工业的生产函数不同,由于农业生产季节性、风险性较强,因此传统农业的利润率较低。另外,农村地区又具有贷款数额小、贷款客户分布零散等特点,不利于金融机构开展贷款业务。本章中,我们以农业产值占 GDP 的份额来描述当地经济的产业结构。

经济基本面中的重要因素是金融深化程度。如果一个地区的金融发展原本就比较发达,那么资金用于当地的回报率不可能较高,因此带来较高的存贷比。本章中,我们用县域总贷款与 GDP 的比重,来刻画金融深化的程度。从投资的层面看,当地是否获得了来自国内的其他投资,也可以反映当地投资回报率的高低。我们用是否存在国内投资这一虚拟变量,来考察来自其他地区的投资是否会挤占公共投资。

公共支出、法律执行与政府影响

政策是另一种可以影响生产率,进而影响资本回报率的重要因素。一个国家内部不同区域间的政治环境差异比国际间要小很多,但在国家优惠政策、政策执行力度和地方政府规定等方面仍存在明显差别。由于不能将衡量国家政策制度的指标直接用于衡量区域政策差异,本章结合所使用调查数据的特点采用了如下四个政策因素变量,以衡量政府和法律在影响区域信贷资金流动方面发挥的作用。

借鉴蔡洪滨和 Treisman(2005)采用俄罗斯 1996—1998 年间不同地区在市场建设、交通、道路、通信和信息技术方面的政府投资数据作为对地方政府引资努力的衡量,本章使用地方政府在道路、水利和支农等公共建设方面的支出占财政总开支的比例,考察政府公共事业投资对信贷资金流动的影响。良好的公共配套设施和条件对生产率的提高具有促进作用,必然会提高对投资的吸引力,该变量应当对金融机构贷存比有正向的影响。

政府公共事业投资对信贷资金流动的影响可能是间接影响,但是由于我国存在政企不分的历史问题,一些地方政府甚至能够直接左右金融机构的贷款决策。根据问卷问题,我们采用政府影响决策虚拟变量①来近似政府的影响。如果金融机构认为贷款决策肯定会面临政府的影响,则虚拟变量的值为1,否则为0。

当然,政府可以不直接干预贷款决策,但是仍然期望金融机构相信,它们有义务支持地方经济的发展,借此可能在一定程度上左右金融机构的借贷行为。而金融机构的目标是否是纯粹的利润最大化,会影响它们的贷款决策。因此,我们用支持经济发展虚拟变量,将金融机构分为视支持经济发展为己任的机构和没有此类看法的机构。②

最后,社会在法治建设方面的努力也可能会提高地方引资的能力。公平、公正的社会法治制度有利于保障市场经济中市场主体的经济利益。国际资本流动的研究文献中对产权制度和法制制度的讨论即属此类。本调查询问机构负责人是否认为用法律的手段清收不良贷款是有效的方式。我们利用该变量来考察法律执行力度对于存贷比的影响。

金融机构微观因素

县级金融机构的贷款决策直接决定了本机构信贷资金在当地的投放量。影响金融机构贷款决策的因素主要从以下几个角度考虑:首先,金融机构的规模。不同规模的金融机构面对的客户群体可能不同,潜在的投资机会也存在差异。其次,支行拥有的贷款审批权的大小。如果支行没有足够的相应的贷款审批权,贷款规模将会受到限制,存贷比必然受到影响。再次,金融机构的经营能力和绩效会对资金的投资回报率产生影响,进而影响信贷资金的流动。最后,金融机构内部的激励机制,不仅影响着贷款的绩效,也会对贷款的规模从而对存贷比产生影响。这里我们采用是否实

① 问卷问题:你觉得在贷款决策时,一般情况下,会不会受到来自当地政府的影响?(1 = 肯定有;2 = 有时有;3 = 没有)

② 问卷问题:你是否觉得有义务通过增加信贷的方式支持当地经济的发展?(1 = 是;0 = 不是)

行贷款终身责任制来近似激励机制对于存贷比的影响。[①]

在第五章研究中小企业贷款占比决定因素时,我们特别指出金融机构拥有的"软信息"对中小企业贷款决策的影响。和第五章类似,在本章中我们构造了用以衡量"软信息"重要性的指标,其上限是7,下限是1,该指标的值越大,则对于金融机构而言,"软信息"在贷款决策中就越重要。[②]

在金融机构微观机制部分,我们还需要考虑到金融市场的竞争程度对于贷款决策的影响。这里我们采用金融机构在存款市场的份额来刻画市场竞争程度。如果单个金融机构在当地存款市场所占份额越高,那么该金融机构的垄断力量就越大。垄断性强的金融机构会更倾向于将资金在当地使用还是更倾向于不在当地使用,值得进一步探讨。

总之,回归中考虑到的金融机构微观因素有资产规模、不良贷款率、贷款审批权、"软信息"的重要性,以及描述激励机制的是否采用贷款终身责任制和描述垄断程度的存款市场份额等变量。这些因素允许我们从外部竞争态势、内部绩效、激励机制等角度进一步理解金融机构的贷款行为。

另外,模型中还控制了地域、行政区划和金融机构虚拟变量。其中,地域变量指东部地区虚拟变量和中部地区虚拟变量;我们还按照农村的县和城市的区构造了划分城乡的虚拟变量;由于上篇的描述中体现出不同的金融机构在存贷款等方面存在很大的差异,因此我们还用相应的虚拟变量控制了金融机构的类型。

最后,在回归中为避免同期偏差(simultaneity bias),我们采用相应变量的滞后项,而不是采用和因变量同期的数值,作为解释变量(Wooldridge(2002))。

---

① 第五章中采用信贷人员的工资收入是否与不良贷款挂钩这一虚拟变量。在稳健性检验中我们也采用了该变量,结果与这里看到的类似。

② 问卷问题:去年以来,本机构对中小企业贷款申请未受理的主要原因是(按从最重要到最不重要的顺序排列,最重要为1,最不重要为7):

(a) 企业信用等级低,不符合贷款条件 [ ]
(b) 企业没有足够的抵押品或担保 [ ]
(c) 申请贷款项目风险大 [ ]
(d) 企业存在逃、废债的可能 [ ]
(e) 银行信贷资金紧张 [ ]
(f) 受机构内部资金管理体制的约束,信贷资金必须上报上级主管部门 [ ]
(g) 其他(请具体填写) [ ]

（三）金融机构数据回归结果

我们在下面这一部分给出金融机构层面数据的回归结果。根据上文的描述，我们将可能影响存贷比的因素分为三个大类，即经济基本面因素、公共支出、政府影响和执法力度，以及金融机构微观因素。在给出回归结果时，我们分别考察单纯考虑经济基本面、单纯考虑金融机构因素以及综合考虑所有因素时回归结果的不同。

如果单纯考虑经济基本面，我们在表 7.3.5 中分别给出了以存贷比和存贷比的差分为被解释变量的最小二乘回归模型的估计结果。由于存在缺省数据的缘故，这一组回归中我们共有观测值 610 个。反映经济基本面的变量（初始人均 GDP，人均 GDP 的滞后项，当地中学的数量，农业占比，金融深化程度的滞后项，公共建设支出占比，是否存在国内投资等）一共可以解释存贷比变动的 9%。我们看到，单纯考虑经济基本面时，无论是对

表 7.3.5　经济基本面对存贷比变动的解释（OLS）

	存贷比	存贷比差分
初始人均 GDP	0.0590	0.584
	(0.690)	(0.392)
人均 GDP 滞后项	4.695**	2.135*
	(1.977)	(1.195)
中学数	-0.0604	0.130**
	(0.105)	(0.0525)
农业占比	3.220	-0.834
	(10.61)	(4.682)
金融深化滞后项	9.646***	2.379***
	(1.792)	(0.776)
公共建设支出占比	14.50	9.400
	(12.89)	(8.745)
是否有国内投资	-24.44***	1.405
	(6.183)	(4.214)
截距项	64.16***	-14.33**
	(12.19)	(6.340)
观测值	610	603
R 平方	0.091	0.023

注：括号内为稳健标准误。*** $p<0.01$，** $p<0.05$，* $p<0.1$。

存贷比还是对存贷比的差分，初始禀赋对于当前存贷比的水平并没有在统计上显著的解释能力。但是，现在经济发展水平越高的地方，存贷比越高，并且存贷比上升的趋势也越明显。衡量人力资本的中学数相应的估计参数表明，人力资本高低对于存贷比的当前水平没有显著影响，但是对于存贷比的增长存在影响。那些人力资本较好的地区，存贷比上升的幅度较大。我们还看到，当地金融发展的规模对于存贷比的水平以及存贷比增长的速度，存在显著的正向作用。而如果国内有其他地方的投资，那么金融机构会相应减少在本地的贷款。

在表 7.3.5 的回归中，我们单纯考虑了经济基本面因素对于资金是否在当地使用的影响。由于没有控制微观层面的变量，我们对于观察到的现象背后的机制没有深入的了解。比如我们看到，来自外县的投资会减少本地的贷款，但是背后的机制从上述回归中我们不能够直接看到。因此，在表 7.3.6 中，我们只重点考察单纯的微观因素对于存贷比的变动的解释力。将存贷比和存贷比的差分对影响贷款决策的微观机制做回归，我们看到，微观因素能够解释存贷比变动的 10% 左右。其中，金融机构自身的绩效对于存贷比的影响显著。那些历史上不良贷款占比较高的机构的存贷比相对比较低。我们也看到垄断使存贷比降低的较弱的证据。另外，看重“软信息”的金融机构，它们的存贷比相对较高。也就是说在决策中善于收集并运用“软信息”的金融机构，比同类机构更敢于利用资金发放贷款。在激励层面我们看到，如果金融机构采取了贷款终身责任制，那么存贷比会显著降低。贷款终身责任制在执行中，收益与成本对于信贷人员不对等：如果一项贷款正常运转，那么信贷人员不会因此得到额外的好处；但是一旦一项贷款成为呆坏账，那么信贷人员就需要背负较高的个人成本。在这种情况下，数据显示，金融机构实际放贷的积极性会有所降低。另外，我们看到，金融机构对于自身是否有义务支持经济发展的看法，会影响它们的放贷行为。那些认为自己有义务支持经济发展的金融机构的存贷比，要比没有这类想法的机构平均高出约 8 个百分点。最后，表 7.3.6 的第(2)列给出了以存贷比差分为因变量的最小二乘回归结果。这里我们看到，唯一对存贷比增长速度产生影响的是不良贷款占比。历史上不良贷款占比越高，金融机构的包袱越重，在本地存贷比上升的空间就越小。

表 7.3.6 金融机构微观因素对存贷比变动的解释(OLS)

	存贷比 (1)	存贷比差分 (2)
ln(资产)滞后	1.086	0.207
	(1.707)	(0.740)
不良贷款占比滞后	-0.327***	-0.0941***
	(0.0623)	(0.0226)
存款份额滞后	-0.173	-0.924
	(0.264)	(0.138)
贷款审批权滞后	-0.0760	-0.00376
	(0.0577)	(0.0292)
"软信息"重要性	7.912***	0.0709
	(2.513)	(1.368)
是否贷款终身制	-11.32**	-2.031
	(5.029)	(2.828)
是否有义务支持经济发展	8.601**	0.915
	(4.145)	(2.221)
截距项	71.15***	0.675
	(24.98)	(11.46)
金融机构虚拟变量	是	是
观测值	703	703
R 平方	0.101	0.06

注:括号内为稳健标准误。*** $p<0.01$, ** $p<0.05$, * $p<0.1$。

在表 7.3.5 和表 7.3.6 中,我们分别考察了经济基本面和微观因素对于存贷比的影响。尽管这两组回归可以帮助我们对经济基本面以及微观因素对于存贷比影响的全效果(total effect)有所认识,但是单独看其中任何一个回归,我们都因为存在遗漏变量偏误的问题而不能对某一因素的净效果(partial effect)给出一致估计。因此,在表 7.3.7 中,我们考虑加入经济基本面、行政和法制的影响以及金融机构微观因素之后的回归。这一组回归还分别控制了地区虚拟变量和金融机构的虚拟变量。此时我们看到,初始经济发展禀赋较高的地方,存贷比相对低一些,但是这一效果刚刚通过 10% 的显著性水平,而在随后的稳健性检验中,采用面板随机效应的估计方法后这一效果就不再显著了,因此我们认为初始禀赋对于存贷比的影响还是比较弱的。我们同样看到,代表人均资本的中学数对存贷比没有显著性影响,但是人均资本较高的县域,存贷比上升的幅度较大。另外,无论是对存贷比的水平还是对存贷比的增长,金融深化程度都是重要因素。金融深化程度越高的地区,存贷比越高,增长的势头也越好。而是否有国内投资这一变量,在单纯考虑经济基本面时显示了挤出效应,但在全部变量的回归中,当我们加入金融机构是否将支持经济发展作为自己的一项目标这一虚拟变量后,该挤出效应就消失了。这表明,那些认为自身有支持经济发展义务的金融机构的存贷比会高一些,因此当有其他资金注入时,金融机构感受到自身支持经济发展的负担会变小,从而导致在当地的贷款力度降低。有趣的是我们也看到,存在国内投资的县域,金融机构的存贷比上升的幅度要大些;这表明尽管其他地区资金的注入减轻了金融机构的负担,使它们可以将资金用于其他渠道,但是本地区吸引到其他地区的投资本身也是本地项目投资回报率不俗的一个标志,这使得金融机构在后续时期更倾向于跟进放贷。

表 7.3.7　对存贷比和存贷比差分变动的解释(OLS)

	存贷比 (1)	存贷比差分 (2)
初始人均 GDP	-1.692*	-0.306
	(0.968)	(0.669)
人均 GDP 滞后项	1.239	1.758
	(3.597)	(2.080)
中学数	-0.289	0.275**
	(0.211)	(0.133)
农业占比	11.59	-0.570
	(15.97)	(7.061)
金融深化滞后项	9.858***	3.618**
	(2.796)	(1.471)
公共建设支出占比	15.97	10.20
	(16.32)	(11.95)
是否有国内投资	7.259	13.12*
	(10.65)	(6.752)
ln(资产)滞后项	14.98*	-1.603
	(8.380)	(3.102)
不良贷款占比滞后项	-0.240***	-0.117***
	(0.0882)	(0.0387)

（续表）

	存贷比 (1)	存贷比差分 (2)
存款份额滞后项	-0.937**	0.0621
	(0.424)	(0.191)
贷款审批权滞后项	0.123*	0.00898
	(0.0727)	(0.0387)
“软信息”重要性	5.734*	-0.923
	(3.165)	(2.005)
是否贷款终身制	2.300	4.020
	(7.334)	(4.256)
政府影响大	-0.268	1.999
	(9.600)	(3.936)
是否有义务支持经济发展	9.656	4.344
	(6.033)	(3.772)
法律执行力度强	9.435**	-0.259
	(4.493)	(2.676)
是否控制地区变量	是	是
是否控制机构虚拟变量	是	是
截距项	-120.4	-30.34
	(100.1)	(42.29)
观测值	446	446
R 平方	0.221	0.095

注：括号内为稳健标准误。*** $p<0.01$，** $p<0.05$，* $p<0.1$。

从金融机构内部的因素中我们看到，金融机构的绩效对于存贷比水平及其增长都有深刻的影响。历史上不良贷款占比较高的金融机构，不仅现今的存贷比较低，存贷比增长的速度也会放缓。另外，我们还看到，在当地存款市场垄断能力较强（存款市场份额较大）的金融机构的存贷比较低，而拥有更多贷款审批权以及深刻体会到“软信息”重要性的金融机构，依旧倾向于将更多的资金用在当地。这些在单纯使用微观因素回归中观察到的结论，在加入经济基本面以及政府法制等的影响之后仍然稳健。

最后，我们从两个角度看政府的影响。其一，在财政开支中公共建设开支所占的比重反映了政府对于当地基础设施的重视，而好的基础设施是吸引企业投资的基础。我们的回归显示，基础设施投入较大的地区存贷比较高，只是由于公共建设数据本身存在缺失，在回归中我们看到的标准误较大，因此这一效果在统计上并不显著。其二，是直接影响金融机构的贷款决策。我们的回归显示，没有很强的证据显示政府直接干预贷款决策影响了当地的存贷比。但是，法律的执行力度对于存贷比却有显著的正向影响，也就是说，在法律执行力度较强的地区，资金运用在当地的水平比较高。

（四）稳健性检验

虽然我们的金融机构跟踪数据有四年的时间，但是由于我们希望控制因变量和解释变量同期发生导致的同期偏误问题，因此我们将县级数据中的人均 GDP、金融深化程度以及涉及金融机构中主要随时间改变的解释变量都采用滞后一期作为解释变量的方法来保证估计量的一致性。这样做的代价是我们必须在回归中丢弃一年的数据（363 个观测值）；再加上变量存在缺失的缘故，最终能够进入回归的观测值在 446 个至 703 个之间。由于数据时限较短，我们主要使用混同最小二乘方法（Pooled OLS）回归得出主要结论。为了使结果稳健，我们在回归中控制了地区、金融机构类型等虚拟变量，并且采用稳健标准误来处理异方差带来的推断问题。尽管如此，我们还是可以从以下两个角度来进一步检验我们估计结果的稳健性。

第一，由于涉及时间较短，上述回归假设了参数不随时间发生改变。虽然分年回归后由于变量缺失的缘故观测值的个数大大减少，但是作为回归稳健性检验的一部分，我们仍然可以借此观察参数稳健的程度。表 7.3.8 给出了分年对存贷比以及存贷比差分的回归。从表中我们可以看出，大多数变量在不同年份的符号都一致，只是显著性由于标准误的大小不同而有所差异；尽管如此，我们在主回归中看到的主要结论并没有很大的改变。

表 7.3.8　稳健性检验一：分年回归

变量	存贷比			存贷比差分		
	2001	2002	2003	2001	2002	2003
初始人均 GDP	−1.111	−3.433	−0.0773	−0.0810	−2.749	1.420*
	(1.231)	(2.494)	(1.804)	(0.653)	(2.292)	(0.852)
人均 GDP 滞后	−0.893	−0.651	6.198	0.0648	−2.312	4.719*
	(5.529)	(6.321)	(6.327)	(3.250)	(5.330)	(2.594)
中学数	−0.538*	0.0203	−0.167	−0.114	0.375	0.440**
	(0.287)	(0.385)	(0.379)	(0.132)	(0.300)	(0.184)

（续表）

变量	存贷比			存贷比差分		
	2001	2002	2003	2001	2002	2003
农业占比	-11.31	10.67	63.92	-8.581	23.84	10.72
	(17.55)	(28.31)	(38.89)	(7.518)	(22.66)	(10.86)
金融深化滞后	2.779	13.85***	19.64***	-0.307	7.439**	4.733***
	(2.225)	(3.808)	(5.159)	(1.066)	(3.055)	(1.635)
公共建设支出占比	-4.850	86.81	5.600	15.47	105.9	-0.463
	(24.88)	(98.18)	(18.07)	(10.23)	(87.70)	(5.609)
是否有国内投资	-8.439	25.07	6.284	1.961	25.62	(10.27)
	(13.96)	(22.67)	(20.34)	(8.423)	(17.50)	(10.25)
ln(资产)滞后	4.484	11.04	20.00	-3.757	6.574	-4.361
	(6.352)	(12.44)	(17.35)	(3.669)	(10.88)	(4.398)
不良贷款占比滞后	-0.0240	-0.199	-0.482**	-0.0126	-0.165*	-0.153**
	(0.0728)	(0.125)	(0.236)	(0.0411)	(0.0899)	(0.0714)
存款份额滞后	-0.410	-0.886	-1.531*	0.247	-0.287	-0.0387
	(0.364)	(0.700)	(0.838)	(0.158)	(0.606)	(0.234)
贷款审批权滞后	0.0590	0.196	0.179	-0.0543	0.0751	0.0260
	(0.0897)	(0.140)	(0.165)	(0.0425)	(0.108)	(0.0630)
“软信息”重要性	8.225**	6.847	4.155	2.104	-3.398	-1.510
	(4.023)	(5.570)	(6.603)	(2.327)	(4.259)	(3.318)
是否贷款终身制	-6.841	-0.00148	13.19	-4.901	5.080	6.172
	(6.261)	(9.338)	(17.24)	(3.554)	(8.202)	(4.977)
政府影响大	-7.564	-3.171	5.979	-5.171	-3.746	7.068
	(8.839)	(20.02)	(20.63)	(3.258)	(12.59)	(5.486)
有义务支持经济发展	2.733	13.43	9.071	1.240	9.186	4.863
	(6.134)	(13.48)	(10.99)	(3.331)	(11.42)	(4.536)
法律执行力度强	13.64**	8.714	6.919	2.535	-5.547	2.864
	(5.282)	(8.708)	(9.784)	(2.642)	(7.211)	(3.655)
	(9.487)	(13.14)	(17.69)	(5.213)	(9.473)	(5.528)
地区虚拟变量	是	是	是	是	是	是
金融机构虚拟变量	是	是	是	是	是	是
截距项	43.62	-135.8	-211.9	34.06	-154.1	-17.01
	(69.57)	(170.0)	(211.4)	(38.25)	(148.3)	(46.63)
观测值	147	148	151	147	148	151
R平方	0.452	0.247	0.253	0.302	0.181	0.249

注：括号内为稳健标准误。*** $p<0.01$，** $p<0.05$，* $p<0.1$。

222

第二，由于是最小二乘回归，因此我们回避了不随时间发生改变但是我们又不可观测的那些因素对于回归效果的影响。为了检验回避不可观测因素带来的可能的影响，我们采取以下步骤：首先，我们对于主回归模型（包括所有解释变量的模型）分别作随机效应和固定效应的回归。其次，采用 Hausman 检验决定跟踪数据的回归应当选用哪种效应。我们的检验显示,随机效应模型在5%的显著性水平上不会被拒绝。因此我们将最小二乘回归得到的参数和随机效应回归得到的参数进行比较,以考察忽略不可观测的因素对于模型估计产生多大的影响。

第三,最小二乘回归还要求,所有的解释变量不存在内生性问题,即不存在存贷比变动导致因变量变动的反向因果关系。尽管采用解释变量的滞后项可以解决一部分的内生性问题,但是内生性还有两个可能的渠道。首先,如果采用随机效应来估计模型,那么就需要控制由于解释变量和不随时间发生改变的变量之间存在相关性而导致的内生性问题。其次,尽管采取了滞后项,但是由于变量在时间上高度相关,仍然可能存在内生性问题。这里尤其值得关注的是不良贷款占比变量。滞后的不良贷款占比和当期不良贷款占比之间仍然可能存在高度相关,而当期存贷比可能也是解释当期不良贷款占比的重要因素。对于第一个问题,我们采用 Hausman-Taylor 估计方法来控制不可观测的因素和解释变量之间的相关性。对于第二个问题,我们采用面板数据下的工具变量法来进一步控制不良贷款占比可能有的内生性。我们选用的工具变量是当地所有金融机构不良贷款占比的中值。我们选取该变量作为工具变量的原理是:由于金融机构在同一地区面对的客户群相似,其他金融机构的不良贷款占比和本机构不良贷款占比之间可能存在较大的关联,但是由于本机构无法精确观察其他机构的不良贷款占比,因此其他机构的不良贷款占比不应当对本机构存贷比产生直接的影响。

表7.3.9和表7.3.10分别比较了对存贷比和存贷比差分的四个不同的回归,其中第(1)列是最小二乘回归;第(2)列是 Hausman 检验后面板数据随机效应回归;第(3)列是控制解释变量和不可观测因素相关性的 Hausman-Taylor 估计;第(4)列则是面板数据下允许变量存在内生性的工具变量回归。从表7.3.9和表7.3.10可以看出,虽然个别变量的显著性和 OLS 的回归有所不同,但关键变量的回归结果一直比较稳健,与使用混同 OLS 方法的估计方向一致,显著性相当,因此我们认为,最小二乘回归的结果还是比较稳健的。

表 7.3.9 稳健性检验二:对存贷比的不同估计

变量	存贷比			
	OLS(1)	RE(2)	H-T(3)	XT_IV(4)
初始人均 GDP	-1.692*	-2.588	-3.355	-2.367
	(0.968)	(2.447)	(3.014)	(2.082)
人均 GDP 滞后	1.239	2.830	5.598	2.307
	(3.597)	(5.590)	(6.410)	(5.082)
中学数	-0.289	-0.218	0.202	-0.294
	(0.211)	(0.311)	(0.392)	(0.282)
农业占比	11.59	8.951	12.10	8.439
	(15.97)	(18.07)	(19.71)	(17.50)
金融深化滞后	9.858***	7.126***	8.099***	8.088***
	(2.796)	(2.435)	(2.946)	(2.210)
公共建设支出占比	15.97	4.442	3.637	8.519
	(16.32)	(10.54)	(10.26)	(11.12)
是否有国内投资	7.259	16.52	52.71	10.44
	(10.65)	(25.63)	(35.85)	(21.98)
ln(资产)滞后	14.98	17.61***	19.63***	17.92***
	(8.380)	(4.891)	(6.284)	(4.739)
不良贷款占比滞后	-0.240***	-0.263***	-0.351**	-0.170
	(0.0882)	(0.101)	(0.164)	(0.106)
存款份额滞后	-0.937**	-0.722**	-0.235	-0.778**
	(0.424)	(0.357)	(0.526)	(0.332)
贷款审批权滞后	0.123*	0.118	0.0871	0.118
	(0.0727)	(0.0898)	(0.104)	(0.0815)
“软信息”重要性	5.734*	5.772	10.21	5.364
	(3.165)	(4.969)	(6.555)	(4.246)
是否贷款终身制	2.300	-0.778	5.026	-0.860
	(7.334)	(8.814)	(11.14)	(7.526)
政府影响大	9.656	9.787	10.42	10.14
	(6.033)	(8.298)	(10.32)	(7.090)
有义务支持经济发展	-0.268	2.417	0.697	1.673
	(9.600)	(13.48)	(16.65)	(11.40)
法律执行力度强	9.435**	9.804	11.24	9.227
	(4.493)	(7.693)	(9.493)	(6.554)
地区虚拟变量	18.72*	25.07***	31.42***	24.02***
	(9.816)	(9.091)	(11.90)	(7.848)

（续表）

变量	存贷比			
	OLS(1)	RE(2)	H-T(3)	XT_IV(4)
金融机构虚拟变量	-7.663	-5.144	4.988	-8.329
	(9.032)	(10.43)	(13.39)	(9.157)
	-4.334	-6.181	-1.802	-6.349
	(8.743)	(11.86)	(14.48)	(10.40)
截距项	-120.4	-163.9***	-273.2***	-160.4***
	(100.1)	(58.56)	(100.9)	(52.64)
观测值	446	446	446	446
R 平方	0.221	0.166	0.166	0.166

注：括号内为稳健标准误。*** $p<0.01$，** $p<0.05$，* $p<0.1$。

表 7.3.10　稳健性检验二：对存贷比差分的不同估计

变量	存贷比差分			
	OLS(1)	RE(2)	H-T(3)	XT_IV(4)
初始人均 GDP	-0.306	-0.475	-0.995	-0.375
	(0.669)	(1.152)	(1.704)	(1.083)
人均 GDP 滞后	1.758	2.933	3.652	2.828
	(2.080)	(2.970)	(4.025)	(2.821)
中学数	0.275**	0.383**	0.447**	0.365**
	(0.133)	(0.166)	(0.226)	(0.158)
农业占比	-0.570	-4.062	-21.35	-0.877
	(7.061)	(10.89)	(14.44)	(10.55)
金融深化滞后	3.618**	3.528***	2.966	3.558***
	(1.471)	(1.318)	(1.861)	(1.263)
公共建设支出占比	10.20	7.471	-0.971	9.181
	(11.95)	(7.730)	(8.178)	(7.662)
是否有国内投资	13.12*	14.91	7.901	14.72
	(6.752)	(12.24)	(19.71)	(11.53)
ln(资产)滞后	-1.603	-4.491	-9.495**	-4.013
	(3.102)	(2.953)	(4.785)	(2.848)
不良贷款占比滞后	-0.117***	-0.121**	0.108	-0.162***
	(0.0387)	(0.0546)	(0.137)	(0.0553)
存款份额滞后	0.0621	0.0392	0.402	-0.00647
	(0.191)	(0.199)	(0.273)	(0.191)

（续表）

变量	存贷比差分			
	OLS(1)	RE(2)	H-T(3)	XT_IV(4)
贷款审批权滞后	0.00898	-0.0110	-0.0217	-0.00954
	(0.0387)	(0.0477)	(0.0655)	(0.0455)
“软信息”重要性	-0.923	-1.526	-1.808	-1.719
	(2.005)	(2.373)	(3.606)	(2.238)
是否贷款终身制	4.020	1.927	-1.177	2.410
	(4.256)	(4.182)	(6.358)	(3.943)
政府影响大	4.343	6.117	6.603	5.936
	(3.772)	(3.943)	(5.910)	(3.719)
有义务支持经济发展	1.999	2.622	2.504	2.311
	(3.936)	(6.296)	(9.335)	(5.919)
法律执行力度强	-0.259	-2.322	-2.465	-2.440
	(2.676)	(3.652)	(5.361)	(3.444)
地区虚拟变量	2.885	1.314	-0.490	1.267
	(5.188)	(4.391)	(7.053)	(4.143)
金融机构虚拟变量	12.55**	13.58***	11.27	13.79***
	(5.841)	(5.208)	(7.687)	(4.951)
	9.746**	11.90**	17.71**	11.10*
	(4.231)	(5.975)	(8.397)	(5.672)
截距项	-30.34	6.292	59.54	3.655
	(42.29)	(30.71)	(65.12)	(29.22)
观测值	446	446	446	446
R 平方	0.095			

注：括号内为稳健标准误。*** $p<0.01$，** $p<0.05$，* $p<0.1$。

四、结　论

在本章我们重点关注金融“失血”现象的发生程度和相应的影响因素。我们首先分析了资金可能外流的几个渠道，包括财政渠道、金融机构和邮政储蓄、企业和个人等。由于资金外流中的大部分都要透过金融机构和邮政储蓄，因此我们在描述中具体分析了各县金融机构未在当地使用资金的总和以及邮政储蓄未在当地使用资金的总和占该县存款市场的比重。我们看到，未在县域使用的资金由 2001 年的 34% 上升到了 2004 年的

38%。而从地域上来看,则呈现东部地区未在当地使用的资金比重逐年下降,中西部地区逐年上升的态势。其中,中部地区未在当地使用的资金一直维持较高的水平(各年平均达46%),上升幅度较西部地区和缓;西部地区值得关注的则是四年间未在当地使用资金的大幅度上升,达到未使用资金占比年均20%的增长率。

从讨论金融"失血"的渠道看,我们对成立邮政储蓄银行是否能够解决农村金融"失血"问题持审慎乐观态度。原因有二:一是邮政储蓄对资金"失血"的贡献率大约在1/3左右,因此,对于不少地区来说,从金融机构流出的资金比通过邮政储蓄流出的更多;其二,既然数据显示商业银行是不少地区资金流失的主要渠道,很难看出新成立的邮政储蓄银行作为商业银行,为什么就可以更致力于将农村地区的资金运用于农村。

本章的实证分析部分以金融机构贷存比和贷存比的差分作为对信贷资金未在当地使用程度的衡量,考察了经济基本面因素、政策和法律因素,以及金融机构微观因素等对资金使用效率的影响。我们的研究发现,我国县域地区的数据总体上并不支持所谓"Lucas"悖论,即我们没有观察到初始禀赋越好的地方,金融机构贷存比越高或者存贷比的增长速度越快。这可能是因为,与研究国别资金流动的情形不同,我们关注的县域总体上和城市相比处于资金外流的状态,因此单纯看县域资料就类似于研究富国、穷国资金流动中,只看穷国的资料一样。尽管如此,我们还是看到经济基本面对于存贷比及其增长存在较大影响。其中尤其显著的是金融深化的程度。一个地区金融深化的程度越高,那么当地的存贷比就会越高。该变量的估计结果相当稳健,在所有回归中,都是影响存贷比的显著因素。

人力资本对于存贷比的影响耐人寻味。我们看到,如果用中学数目来近似当地的人力资本状况,那么人力资本状况在短期内对于存贷比的提升并没有显著的作用,但是人力资本状况比较好的地区,存贷比上升的速度较快,这意味着金融机构对于当地未来的前景更有信心。

由于资金在地域间流动离不开每一家金融机构的决策,因此,从金融机构内部特征出发,可以帮助我们对于地区资金流动的特点有更全面的认识。从金融机构内部存在的可能影响存贷比的因素中我们看到,金融机构的绩效对于存贷比的水平及其增长都有深刻的影响。历史上不良贷款占比较高的金融机构,不仅现今的存贷比较低,存贷比增长的速度也会放缓。而拥有更多贷款审批权以及深刻体会到"软信息"重要性的金融机构,依旧倾向于将更多的资金用在当地。

对于金融"失血",政府要有所为有所不为。快捷地增加资金在当地使用的办法,是直接干预金融机构的贷款决策。在我们的数据中,随着贷款审批权的上收,政府直接影响金融机构决策已经变得越来越困难了;但是间接的途径是让金融机构的目标函数中,不仅仅要考虑通过寻找最佳客户来最大化自身的利润,还要考虑支持当地经济的发展。这类措施短期内可以带来在当地更多的贷款,但是如果金融机构的客户不是优质的,那么未来这些贷款更可能成为不良贷款。因此,政府采用直接或者间接干预金融机构决策的途径,对于治疗金融"失血",目前看来效果并不理想。

与此同时,我们看到,在当地存款市场垄断能力较强(存款市场份额较大)者的存贷比较低。也就是说,在金融市场竞争性比较弱的地区,资金被运用在当地的可能性反而比较小。如果财政支出中政府用于公共建设的资金比例较大的话,会存在提高当地资金使用率的效果。除了高的公共建设比例会提高基建设施、吸引更多投资之外,我们的研究显示,中学数目较多的地区,资金在当地使用的比例上升得会比较快。再有,我们的研究也显示,如果一个地区的法律执行力度较强,金融机构和企业存在有关资金的纠纷时可以快捷地从法律途径获得帮助来解决问题,那么该地区的资金使用效率相对也比较高。

总体看来,一个地区资金在当地使用的比例,与当地金融深化程度之间存在密切的关系。如果当地投资机会不充分,投资回报率不高,但是政府急于提高资金使用率,采取各类措施将资金截留在当地并吸引其他地区的资金,那么这些资金仍然可以通过其他途径离开当地。在有内资投入的地区存在一定的挤出效应这一点,就是一个很好的说明。

因此,要促进欠发达地区的资金有更高的使用效率,就需要地方政府尊重资金流动的客观规律,依赖于市场机制,从优化地区产业结构、维护和建设良好的金融市场秩序和信贷环境,以及扩大本地投资机会着手,鼓励金融机构提高自身的经营能力和风险管理能力,切实保障信贷机构市场主体的权利,建立长期、有效的资金回流机制。如果地方政府不能从提高本地经济生产率入手,而是通过直接干预金融机构信贷决策来增加欠发达地区资金,不仅不能解决欠发达地区金融"失血"的问题,反而会起到反作用,资金依然会通过其他方式外流。

第八章　转型过程中金融发展和开放与改革的作用[①]

引　言

实证文献普遍对金融市场和机构的发展与经济增长之间存在正相关关系达成共识，例如，Goldsmith（1969）、King 和 Levine（1993a，1993b）以及 Rajan 和 Zingales（1996）的跨国研究，McKinnon（1973）的国别案例分析，Levine（2004）的时间序列研究。如 Levine（1997，2004）总结的那样，从长期来看，理论上讲金融中介的发展在很多方面都应该与经济表现存在正相关关系。一方面，金融机构提供的金融服务使资本向高收益部门流动，从而成为经济增长必需的催化剂。为应对提供这类服务可能带来的巨大风险，金融部门必须通过动员储蓄、推动对冲和分散风险、获取信息、监督管理者等措施，以期避免道德风险、逆向选择，在降低交易成本的同时推动商品和服务的交易。另一方面，经济的发展对专业化、多样化和高品质的金融服务存在巨大的需求，而金融系统则会通过自我评估、自我创新而对这些需求自动做出反应。因此，如 Robinson（1952）所陈述的，金融发展基本上跟随经济增长的步伐。另外，金融系统的发展，特别是贷款规模和股票市场表现，更体现了对未来经济增长的预期。除此之外，经济增长和金融发展都会受到其他因素的共同影响，比如政治体系、法律体系和制度安排的不同也会对两者都产生影响（La Porta 等（1998），Engerman 和 Sokoloff（1997），North（1981））。

如上所述，如果不考虑两者因果关系的方向，理论和实证研究都支持经济增长和金融发展存在长期稳定的正相关关系的结论。但是，中国的情

① 本章第一节在《转型过程中金融发展和开放的作用：来自中国的经验》一文基础上改写。该文为作者与沈明高、何茵合作，发表于《金融研究》2008 年 11 期。沈明高对本文第三节亦有贡献。

况却并非如此。自1978年以来,中国经济年增长率接近10%,已成为世界上经济增长最快的国家。然而,其金融机构和金融系统的发展却远远滞后。首先,非金融企业外部融资渠道有限,外部融资规模也比较小。2005年,全国固定资产投资中74%来自自筹资金,17%来自国内贷款,股市融资仅占4%。这与中国企业,特别是中小企业和私营企业,不仅很难发行公司债券和股票,而且也不容易从在中国银行业中占主导地位的大型国有银行获得银行贷款的事实相符(林毅夫等,2006)。2002年,中国全部企业银行贷款、国债、公司债和股权融资比例分别为80.2%、14.4%、1.4%和4%。其中,虽然国有银行贷款比例持续下降,但仍占到了国内贷款的60%。

其次,在中国金融市场上占主导地位的银行系统发展不健全,效率低下,背负大批不良贷款,其中以国有银行表现尤甚。Allen等(2005)认为这是政府出于政治经济目标和内部交易的考量而长期干预这些机构的经营的结果。截至2003年年底,中国银行系统已经累积不良贷款达4.8万亿元人民币,相当于当年GDP总额的3.5%,当年商业银行的平均不良贷款率达到17.2%。

最后,中国直到1990年才建立股票市场,并且股市规模有限,发展相当不成熟。2005年,股市融资规模为GDP的1%,是银行贷款规模的1%左右;中国股票市场总值为GDP的18%,占银行贷款的17%。因此,中国上个世纪最后二十几年内何以能凭借低效的金融部门来实现经济的快速增长这一课题,是本书写作的最核心的问题。

与国内其他部门的改革不同,中国直到2006年年底才完全放开了金融市场。在邓小平著名的南方讲话之后,能够直接影响中国金融中介机构发展的最重要的国际因素大概莫过于FDI的大量流入(Fung et al.(2002))了。1990—2005年间,中国FDI的流入量从25亿美元升到603亿美元,增加了15倍还多。作为发展中国家中最大的FDI流入国,2005年中国FDI总量排名世界第四(排在美国、英国和德国之后)。另外,20世纪90年代,中国FDI占非国有部门资本总量的比例平均达到26%,在主要亚洲国家中排名第二,仅位于新加坡(30.3%)之后(Huang(2003))。尽管如此,金融发展和FDI之间的关系在中国却还不明确。

金融发展水平可能和FDI流入量正相关的理论依据大致可以分成两类。第一,发展较完善的金融市场不仅有助于为扩张当地的生产和研发提供融资,而且有利于创造一个更好的制度和经济环境,而这些对于跨国公司的运营而言至关重要(Alfero等(2004))。第二,FDI带来了国外资金和管理理念,但公司及管理层个人仍需与当地金融中介打交道,因此对国内金融服务的质量和创新提出比当地居民和公司更高的要求。如上述两点所述，金融发展的水平可能也会和 FDI 流入量正相关。

然而，在中国 FDI 可能至少会在以下两个方面和金融发展水平呈负相关关系。首先，有观点认为大量 FDI 的涌入是由于中国金融市场特别是银行系统存在某种扭曲而造成的。与国有企业和外资企业相比，中国私营企业在市场机会和产权保护方面常常受到歧视。因此，尽管中国银行部门规模庞大，很多私营企业仍然被排除在以大型国有银行为主导的信贷市场之外。这个不公平的环境使得私营企业主不得不在向外国投资者寻求资本的同时还寻求技术支持（Huang （2003），Havrylchyk-Poncet （2006），Héricourt 和 Poncet （2007））。因此，FDI 的大量涌入可能成为中国国内信贷的直接替代。其次，FDI 会进入最有潜力和最能盈利的产业（政策不许进入的除外），因此有可能与当地金融机构贷款形成竞争。

至于 FDI 与经济增长的关系，一般认为 FDI 的流入可以通过示范和竞争、前向和后向关联的技术溢出以及劳动力流动来解决发展中国家缺乏资本、技术、管理能力和国际市场信息的问题，帮助其打破经济增长的瓶颈（Caves（1996））。但是，也有文献认为 FDI 可能会对国内投资和生产存在挤出效应，或者说，只有当经济增长有着对未来稳定的宏观形势、进一步市场改革的承诺、不断提高的生产力以及不断完善的制度和设施的良好预期时，FDI 才会被吸引而来。另外，经济增长和 FDI 的流入都会受到其他因素的促进，例如基础设施的改进、更加透明和有效的制度安排、对知识产权更加强有力的保护，或者是金融部门的发展。因此，FDI 和经济增长之间的关系并不明确（Blomstrom，Lipsey 和 Zejan （1994）；Borensztein，De Gregorio 和 Lee （1998）；Carkovic 和 Levine （2003））。

另外，由于中国是发展中的转型经济体，因此考虑结构性变动很重要。时间序列理论研究表明，如果数据序列有结构性变动但估计时没有包括，则有可能得出有偏的结论。最后，由于调整前 GDP 数据未能准确反映经济的发展速度和水平，因此中国统计局于 2006 年对中国的 GDP 数据进行了调整，新的 GDP 更体现了中国经济在 20 世纪 90 年代以来的飞速发展。

本章旨在识别中国 1978—2005 年间国内金融发展、FDI 和经济增长之间的关系。前面的章节从内资角度研究县域金融的发展状况，这些研究一直忽略了外资对于金融发展和经济增长的影响。这主要是因为，县级经济中报告外资流入的县很少，不足以形成有代表性的研究。为了弥补这一不足，在本章我们利用总量数据，研究经济增长、金融发展水平（用贷款规模近似)和对外直接投资的关系。

我们的研究结果显示,1978—2003 年,虽然在考虑结构变动因素后国有银行贷款与经济增长呈现长期稳定的相关关系,但这些贷款并不像非国有银行贷款促进经济增长的作用那样大。在很大程度上,支配着信贷配给的国有银行贷款不仅受到预算软约束的影响(Lardy(1998)),而且在发放贷款方面在国有企业和私营企业之间偏好于国有企业。这造成了信贷配给效率和资本回报率上的双重损失。我们对数据的进一步分解显示,非国有银行贷款虽然总体贷款规模较小,但是作为金融系统中较有效率的部门,它们对于经济增长点的贡献更为明显。另外,虽然 1978—2003 年 FDI 与经济增长存在正协整效应,但由于资本控制政策和中国金融市场的独立性,这种效应与国内金融市场对经济增长点的作用相比要小得多。

本章的安排如下:第一节对相关文献进行综述。第二节描述数据,检验关键变量的稳定性,并介绍本章使用的计量模型。第三节进行具有结构变化的协整关系检验。第四节将 FDI 引入二元模型,并重新检验三元系统的协整关系。第五节作结。

一、有关金融发展与经济增长的文献

如果金融中介机构运行良好,就可以有效地减少不对称信息,从而促进经济增长。首先,金融中介的存在有助于动员储蓄,也就是将不同存款人的资金积攒起来用于投资,使得很多生产过程免于因为不能接触到大量投资者而被限制在低效规模之内(Sirri and Tufano(1995))。储蓄动员还包括小额金融工具的创造。这些小额金融工具的出现使得普通家庭储蓄者有机会持有分散化的投资组合,投资于具有有效规模的企业,从而提高资产的流动性。否则,单个家庭储蓄者不得不买入或卖出整个企业,更不必说持有不同企业的资产以分散非系统性风险了。

其次,金融中介的作用是促进贸易、对冲、分散和分担风险(Levine(2004))。换句话说,金融中介可以解决贷款金额和时机不匹配的问题。高回报项目常常具有高风险或缺乏流动性,而且研究如何将基础科学应用在实际生产中需要较长的时间。金融中介可以帮助解决贷款时机和风险分散不协调的问题,这可以提高福利并促进技术进步(Bencivenga, Smith 和 Starr (1966); Hicks (1969); Diamond 和 Dybvig's (1983); Levine

(1991)；Bencivenga 和 Smith（1991））。

再次，如 Carosso（1970）所讨论的，单个储蓄者可能没有时间、能力或手段来收集和处理庞杂的信息，因此要个人准确评估项目和市场环境，并有效监督企业对管理者相当困难，即便可行也存在高额成本。因此，通过金融部门来获取有关投资、监督管理者方面的信息，从而影响企业决策则是更有效的资源配置方式。

最后，金融中介还可以使商品和服务交易变得更加便利，从而提高社会福利。现代经济建立在专业分工和双赢交易的基础之上，而只有在能够降低交易成本的合理的金融安排之下，人们才能充分利用专业化分工与交易带来的机会，社会福利才能达到最大化。

总之，如 Joseph Schumpeter（1912）所言，“通过识别最可能成功地对其产品和生产过程加以创新的企业并对其提供融资帮助，运转良好的银行可以促进技术革新”。

从另一方面看，金融部门也可能只是简单跟随经济增长的步伐而发展。不过陈述这一观点的正规模型不多。一些研究假设进入金融中介市场要求投入固定的成本，而经济的增长可以减少这种固定成本，因此当更多的人能够进入金融系统时，资本配给在规模和效率上都能得到改善（Greenwood 和 Jovanovic(1990)）。当然，还有很多经济发展可能对金融体系产生影响的途径没有被正规模型化。例如，经济发展以及伴随而来的收入增加不仅需要更加专业化的人才来有效管理资金，而且需要建立更加合理的制度和法律体系，以促进依靠金融知识、技能、经验和金融契约的金融中介的发展。另外，在以服务业为主体的经济体中用以评估和监管技术、项目和管理者的成本及技能可能不同于传统经济体。只有当经济发展达到某种水平时，知识才能被创造、学习并在金融中介中加以应用。

中国的金融发展与经济增长之间的关系在实证研究中得到一定关注，但是同时研究中国 1978—2005 年间国内金融发展、FDI 和经济增长三者之间的关系的文献则仍属空白。谈儒勇(1999)采用季度数据，运用普通最小二乘法对中国金融发展与经济增长的关系进行了实证检验，结果表明金融中介的发展规模与经济增长存在显著的负相关关系，而存款银行相对重要性指标与经济增长存在显著的正相关关系。曹啸和吴军(2002)运用格兰杰(Granger)因果关系检验对中国金融发展与经济增长的关系进行了补充检验，结果表明金融发展是经济增长的重要原因，金融发展对经济增长的促进作用主要是通过金融资产的数量扩张来实现的，并非通过提高金融资源配置效率来实现。李广众等(2002,2003)运用多种经济计量学方法,多角度对中国金融发展与经济增长的关系进行了研究,基本结论是金融中介的发展规模与经济增长不存在因果关系,金融中介的效率与经济增长间存在双向因果关系。王志强和孙刚(2003)从中国金融发展的规模扩张、结构调整和效率变化对金融发展与经济增长的关系进行了检验,结果显示20世纪90年代以来中国金融发展与经济增长间存在显著的双向因果关系。

二、数据和识别方法

(一)数据介绍

《中国统计年鉴》提供了1978—2003年间国家层面的GDP、贷款总额和价格指数数据。图8.2.1所绘的是样本时期内通货膨胀修正后的GDP和贷款总额的自然对数。[①] 如图8.2.1所示,贷款总额的增长率高于GDP的增长率。从1997年开始,贷款规模超过了GDP总量,贷款增长的这种模式一直维持到近年。

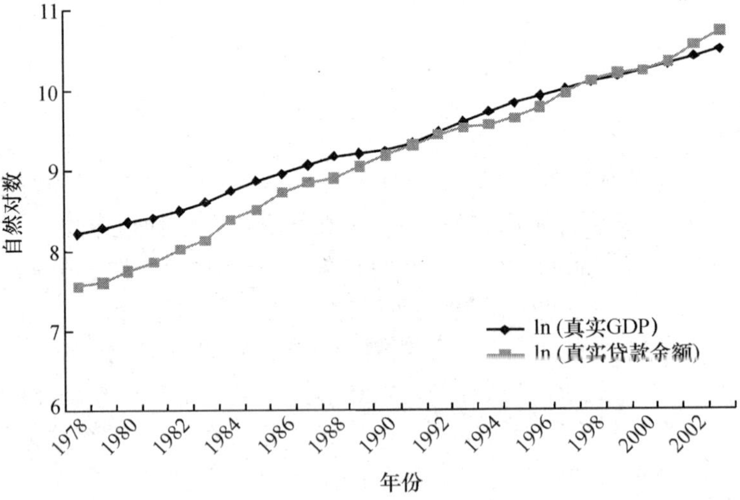

图8.2.1 中国真实GDP与真实贷款总额的自然对数,1978—2003

① GDP和贷款总额用1978年价格水平进行衡量,单位为亿元。

为了考察数据是否具有长期稳定的协整关系,本章对主要变量的值和一阶差分值进行了增广迪基-福勒检验(ADF 检验),表 8.2.1 给出了检验结果。前三阶滞后量的施瓦兹准则(Schwarz Criteria)统计量在第三列数据的括号中给出,最优的滞后长度是根据这一准则确定的。检验统计量显示,所有本章关注的统计量都可看做5%显著水平下的一阶单整序列,或 I(1)序列。

表 8.2.1 关注的主要变量的 ADF 单位根检验

关注变量	定义	检验方程中包含的滞后项	ADF 检验统计量
lnrgdp	真实 GDP 的自然对数	2 (-3.43, -3.56, -3.38)	-0.51
Δlnrgdp	Lnrgdp 的一阶差分	3 (-3.68, -3.51, -3.74)	-4.78 **
lnrloan	真实贷款总额的自然对数	1 (-2.67, -2.16, -2.10)	-0.17
Δlnrloan	Lnrloan 的一阶差分	1 (-2.29, -2.22, -2.07)	-3.48 **
lnrsobloan	四大国有银行贷款总额的自然对数	1 (-2.33, -2.29, -2.30)	-0.79
Δlnrsobloan	Lnrsobloan 的一阶差分	1 (-2.37, -2.34, -2.16)	-3.68 **
lnrnsobloan	非国有银行贷款的自然对数	1 (-0.56, -0.47, -0.23)	-1.56
Δlnrnsobloan	lnrnsobloan 的一阶差分	1 (-0.47, -0.31, -0.10)	-3.14 **

注: ** 5%水平下显著,只有截距项。

当所有变量都是不稳定的时间序列时,这些变量可能存在协整关系,且它们的线性组合是稳定序列。因此,如果主要关注的变量存在协整关系,那么这些变量之间存在的任何稳定的长期关系都应该可以被识别。

设下面的向量自回归(VAR)模型描述了 K 维时间序列变量 $y_t = (y_{1t}, y_{2t}, \cdots, y_{Kt})'$的动态关系,

$$y_t = A_1 y_{t-1} + \cdots + A_p y_{t-p} + u_t \qquad (1)$$

其中,A 为 $K \times K$ 的系数矩阵,u_t 为误差项。为了考察协整关系,将 y_{t-1} 从(1)式两边同时减去。重新整理如下,可以得到向量误差修正模型(VECM):

$$\Delta y_t = \Pi y_{t-1} + \Gamma_1 \Delta y_{t-1} + \cdots + \Gamma_p \Delta y_{t-p+1} + u_t \qquad (2)$$

其中,$\Pi = -(I_K - A_1 - \cdots - A_p)$, $\Gamma_1 = A_1 = \Pi - I_K$, $\Gamma_i = A_i + \Gamma_{i-1}$, $i = 2, \cdots, p-1$,如果 Πy_{t-1}为 $I(0)$序列,则 Πy_{t-1}代表了模型中的长期效应。

当 VAR(p)过程有单位根时,Π 矩阵为奇异矩阵。如果 Π 的秩为 r,那么 Π 可以被表达为 $\Pi=\alpha\beta'$的形式,即 $K\times r$ 的矩阵 α 和 β 的乘积。这样一来,$\beta' y_{t-1}$是稳定的,因为这个向量左乘 α 可以得到 $I(0)$ 序列 Πy_{t-1}。因此,Π 的秩是协整秩,β 为协整矩阵。在下面的部分里将检验 Π 的协整秩,并报告协整关系存在时的长期效应 $\beta' y_{t-1}$。

(二)协整检验

这部分将使用 Johansen 最大似然检验研究 GDP 和不同标准衡量的贷款总额之间是否存在稳定的长期关系。根据 Enders(2003),以 T 的 1/3 次方为最大滞后阶入手比较合适,本章中这一数字为 3。基于这一最大滞后阶,本章使用 SBC 信息准则选择最佳滞后阶。决定滞后阶之后,将对数据使用 Johansen 最大似然检验。如果秩检验不能显示任何协整关系,将使用格兰杰因果检验以考察两个变量间是否存在任何因果关系,否则将检验两变量间的长期关系。

为了形成对过去 25 年内中国金融部门发展和经济增长的整体印象,先对贷款总额和 GDP 进行协整检验。首先进行秩检验,其中所有可能的趋势和截距项组合都在考虑之内。[①] 表 8.2.2 表明无论对趋势和截距的假设是什么,并没有证据显示两者之间存在协整关系。

表 8.2.2 对变量 lnrgdp 和 lnrloan 的 Johansen 最大似然检验

数据趋势	无	无	线性	线性	二次
秩或 协整方程数	无截距 无趋势	有截距 无趋势	有截距 无趋势	有截距 有趋势	有截距 有趋势
0	-6.083	-6.083	-6.235	-6.235	-5.973
1	-5.988	-5.924	-5.986	-6.210	-6.078
2	-5.474	-5.456	-5.456	-5.779	-5.779
L. R. 检验	Rank = 0	Rank = 0	Rank = 0	Rank = 0	Rank = 2

这个结果可以被预料到,但却似乎说明,过去 25 年内中国金融部门的发展与其快速的经济增长之间并不协调。但是,这一结果也提供了一个考察金融发展和经济增长之间因果关系的契机。我们对实际贷款的自然对

① 本章之后提到的所有协整检验都包括考虑了各种可能的趋势和截距项组合的秩检验。为了节省篇幅,本章只报告标准假设下的检验结果,即假设线性趋势以及假设只包含截距项没有趋势项的协整方程的检验结果。

数(lnrloan)和实际 GDP 的自然对数(lnrgdp)之间是否存在因果关系进行格兰杰检验。我们看到,实际贷款的自然对数并不是实际 GDP 的自然对数的格兰杰原因的零假设的 F 统计量为 4.20,p 值为 0.03。因此,在 5% 显著水平上我们拒绝零假设。此外,根据实际 GDP 的自然对数并不是实际贷款的自然对数的格兰杰原因的零假设计算出的 F 统计量为 0.87,p 值为 0.43,因此我们不能够拒绝零假设。由于银行部门融资占中国非金融企业外部融资的 80%,银行贷款是中国整个金融部门表现的合理的近似度量,因此上面的结果意味着在过去 25 年中,虽然金融部门的发展确实促进了中国经济的增长,但其自身的增长却没有显著受到经济增长的影响。这一检验结果和认为中国正规金融部门效率低下甚至阻碍经济发展的观点并不一致。因此,我们有必要进一步考察总贷款中的某部分贷款是否在促进中国过去 25 年内经济增长方面也是有效的。有鉴于此,本章将国有银行贷款和非国有银行贷款分别与 GDP 进行协整检验,并在表 8.2.3a-b 和表 8.2.4a-b 中分别报告检验结果。

表 8.2.3a 真实 GDP(lnrgdp)和真实国有企业贷款余额(lnsobloan)关系的检验:Johansen 最大似然检验

特征值	似然比	5% 的临界值	1% 的临界值	待检协整等式个数
0.348034	10.26768	15.41	20.04	无
5.67E-05	0.001360	3.76	6.65	最多 1 个

注:*(**)表示在 5%(1%)的显著水平上拒绝原假设。5% 显著水平上,L.R. 检验表明协整关系不存在。

表 8.2.3b 真实 GDP(lnrgdp)和真实国有企业贷款余额(lnsobloan)关系的检验:因果关系检验

零假设	观测值	F 统计量	P 值
lnsobloan 不是 lngdp 的格兰杰原因	24	2.23281	0.13460
lngdp 不是 lnsobloan 的格兰杰原因		2.08679	0.15161

表 8.2.4a 真实 GDP(lnrgdp)和真实非国有企业贷款余额(lnsobloan)关系的检验:Johansen 最大似然检验

特征值	似然比	5% 的临界值	1% 的临界值	待检协整等式个数
0.259218	7.900523	15.41	20.04	无
0.028719	0.699346	3.76	6.65	最多 1 个

注:*(**)表示在 5%(1%)的显著水平上拒绝原假设。5% 显著水平上,L.R. 检验表明协整关系不存在。

表 8.2.4b 真实 GDP(lnrgdp)和真实非国有企业贷款余额(lnsobloan)关系的检验：因果关系检验

零假设	观测值	*F* 统计量	*P* 值
lnrnsobloan 不是 lnrgdp 的格兰杰原因	24	3.87995	0.03864
lnrgdp 不是 lnrnsobloan 的格兰杰原因		0.22308	0.80212

表 8.2.3a-b 和表 8.2.4a-b 显示，在样本时期内，实际国有银行贷款的自然对数和实际非国有银行贷款的自然对数与实际 GDP 之间都不存在稳定的长期关系。另外从因果关系的检验上看，国有银行贷款与 GDP 之间不存在格兰杰因果关系，但非国有银行贷款却是 GDP 的格兰杰原因；反之则不成立。这两个检验结果支持过去 25 年中，非国有银行贷款比国有银行贷款更加有效，并且非国有银行贷款为中国经济增长提供了重要原动力的观点。

三、结构变化的协整检验

由于 1978 年以来中国经济出现转型特征，GDP 和总贷款之间不存在稳定的长期协整关系可能是由于巨大的制度变化从根本上改变了两者在样本期内的长期关系所致。因此，这部分将引入代表主要结构变化的虚拟变量，先检验变量 lnrgdp 是否存在显著的结构变化，然后在控制了结构变化的因素后，重新检验 GDP 和贷款总额之间是否存在协整关系。

图 8.3.1 和图 8.3.2 显示，中国经济在样本期内经历了两次经济周期的全过程。第一次于 1978 年开始，中国开始进行国内经济改革并采取了国际开放政策。这次经济周期在 1984 年达到高峰期，于 1989 年结束。之后，第二次经济周期的高峰期于 1992 年到来，并结束于亚洲金融危机爆发的 1998 年。这两次经济周期都以高通货膨胀和快速的 GDP 增长率为特征。1998 年之后，经济则进入低通货膨胀平稳增长时期。

下面将使用邹至庄检验检验表 8.3.1 中所列的五项事件是否是可能的结构变动。① 当某一时间点前后的观察值数量足够做两次独立的回归时，我们做结构变化点检验。当某一时间点之后的观察值太少时，我们做预测检验。表 8.3.2 中报告了 *F* 统计量、最大似然比和可以接受零假设的

① 1984 年不在结构变化的检验之列，因为之前的样本年份太少会使对趋势的估计太过于敏感，预测也会不准确。

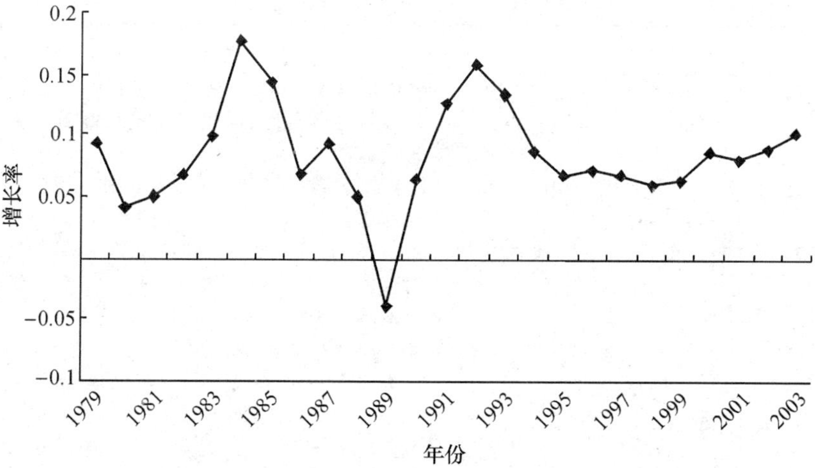

图 8.3.1　中国真实 GDP 增长率,1979—2003

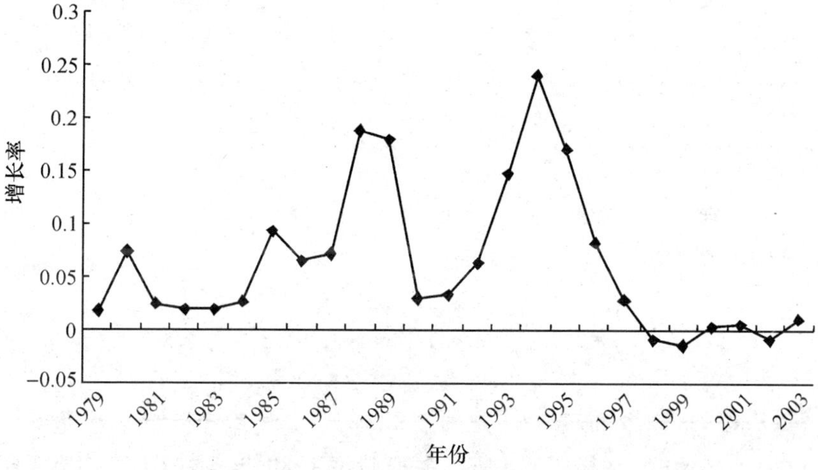

图 8.3.2　中国 CPI 增长率,1979—2003

概率。在 10% 的显著水平上,1992 年和 1993 年不存在结构变化的零假设被拒绝。*F* 检验还显示出 1989 年存在微弱的结构变化。因此,本部分将把 1989 年、1992 年和 1993 年的虚拟变量作为外生的控制变量加入协整分析中,并在下文中重新考察不同贷款总额和 GDP 之间的长期关系。

表 8.3.1 主要事件和结构变动

主要事件		特征
1984	中央银行(中国人民银行)建立	货币供应量为计划的三倍。政府意识到建立中央银行的必要性,但仍然直接控制着金融机构的贷款额度。
1992	邓小平南方讲话,1992 年 1 月初至 2 月	邓小平发表重要讲话,坚持实行国内经济改革和全球化。
1993	1993 年 6 月,朱镕基兼任中国人民银行行长	朱镕基致力于治理不良贷款和减轻国有企业和国有银行之间引起通货膨胀的“流动性探戈”(Woo,2004)。银行商业化改革开始进行,以分离商业性和政策性贷款。
1997	亚洲金融危机	1997 年 7 月在泰国爆发,一系列金融危机破坏了包括中国香港地区和其他中国主要贸易伙伴在内的东亚一些国家(地区)的外汇交易市场、股市和其他资本市场。
2001	2001 年中国加入 WTO	12 月,中国成为 WTO 第 143 个成员国。中国入世标志着中国将继续深化经济改革和扩大开放政策,建立更加标准的市场秩序,营造更加良好的投资环境。

表 8.3.2 结构变化检验统计量

检验类型	年份	F 统计量	p 值	似然比率	p 值
断点检验(Breakpoint Test)	1989	1.867	0.168	15.821	0.015
断点检验	1992	2.318	0.101	18.471	0.005
断点检验	1993	2.497	0.084	19.447	0.003
预测检验(Forecast Test)	1997	0.433	0.862	5.843	0.558
预测检验	2001	0.225	0.878	1.0562	0.788

与上一部分的结果很不相同,在控制了 1989 年、1992 年和 1993 年的结构变动后,三个贷款额变量与 GDP 都在 5% 的置信水平上呈现协整关系。而且,协整系数都是显著的,并且表现出了与预期相同的符号。1978—2003 年间贷款总额每 1% 的上升都会伴随着 GDP 总量 0.65% 的增加。如图 8.3.3 所示,虽然国有银行贷款总额比非国有银行贷款总额高得多,但过去 25 年内非国有银行贷款总额的增长速度更快。因此,如表 8.3.3 所示,国有银行贷款总额每上升 1% 会伴随 GDP 总量上升 0.75%,而相同比例的非国有银行贷款总额上升(1%)会伴随 GDP 总量 0.36% 的增长。

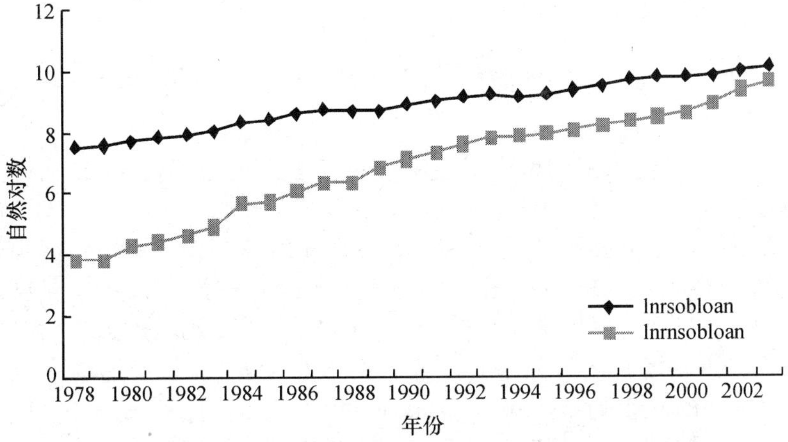

图 8.3.3　中国国有银行和非国有银行贷款,1978—2003

表 8.3.3　对 GDP 和贷款额协整关系的 Johansen 最大似然检验

(控制了虚拟变量:dum1989, dum1992, dum1993)

特征值	似然比	5% 的临界值	1% 的临界值	待检验协整等式个数
		(a) lnrgdp and lnrloan		
0.537	18.507	15.41	20.04	无
0.002	0.037	3.76	6.65	最多 1 个
		(b) lnrgdp and lnrsobloan		
0.590	21.487	15.41	20.04	无
0.003	0.064	3.76	6.65	最多 1 个
		(c) lnrgdp and lnrnonsobloan		
0.619	23.181	15.41	20.04	无
0.001	0.025	3.76	6.65	最多 1 个
		(d) 标准化的协整系数		
lnrgdp = 0.65lnrloan + 3.34 (0.02)				
lnrgdp = 0.75lnrsobloan + 2.57 (0.03)				
lnrgdp = 0.36lnrnsobloan + 6.71 (0.02)				

注: * (* *) 表示在 5% (1%) 的显著水平上拒绝原假设。5% 显著水平上, L. R. 检验表明存在一个协整方程。

四、GDP、贷款总额和 FDI 之间的协整关系

对企业而言,可能的融资渠道不仅包括国内金融部门,还包括国际金融市场。由于中国继续维持资本控制政策,FDI 成为中国企业最重要的国际融资途径。更重要的是,来自发达国家的 FDI 不仅向发展中地区提供了资金,而且带来了能够促进流入国经济发展的先进技术和其他溢出效应(Zhang(2001)以及 Alfaro 等(2004))。另外,东亚某些发达国家的经验显示,FDI 和经济增长之间并不存在直接的协整关系,而是通过国内金融部门的发展而相互影响(Choong, *et al.* (2004)以及 Alfaro, *et al.* (2004))。Hsiao 和 Shen (2003)已经对 GDP 和 FDI 之间的关系进行过详细研究,本章将主要考察三个变量系统中的协整关系。

图 8.4.1 显示,用美元计量的 FDI 序列和用人民币计量的 FDI 序列的特征有很大差异。在我国改革开放之前,人民币币值被严重高估是这一差异的主要原因。为了使中国经济从封闭的中央计划体制向开放的市场经济体制平稳过渡,政府在 1980—1993 年间以 10.4% 的年率维持了货币的升值。1994 年,邓小平南方讲话和中国第一次出现国际贸易和投资自由化的热潮之后,人民币升值水平达到 50%,盯紧美元的汇率体系也被确立。因此,只有在控制了汇率体系的结构变化之后,FDI 才是 I(1)序列,并可以被纳入二元系统进行协整检验。

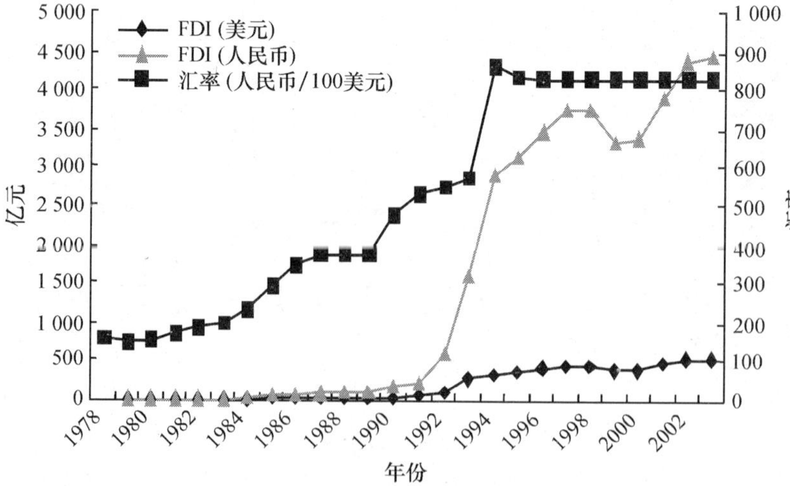

图 8.4.1 中国的 FDI 和汇率,1978—2003

协整检验将使用加入1989年、1992年和1993年年份虚拟变量的Johansen最大似然检验。表8.4.1显示，在原有二元系统中加入FDI并不会对主要结论产生很大的影响。在5%的置信水平下，每个三元系统仍然只存在一个协整方程。贷款总额，即国有银行贷款和非国有银行贷款，与GDP存在显著的长期正协整关系。在三元系统中，FDI与GDP和贷款总额存在显著的协整关系，但是如果将全部贷款额分为国有银行的贷款额与非国有银行的贷款额，则FDI与GDP和贷款总额的协整关系明显变弱。这是由于中国长期实行资本控制政策，使得国内金融系统独立于国际金融市场。另外，虽然中国是世界上最大的FDI流入国之一，但1978—2003年，其FDI总量却从未超过国内银行贷款的8%。因此，就总量而言，FDI与中国整体经济增长之间的关系受到限制，这在中国经济改革的前15年中表现得尤为明显。

表8.4.1　三元系统协整关系的Johansen最大似然检验
（控制了虚拟变量：dum1989，dum1992，dum1993）

特征值	似然比	5%的临界值	1%的临界值	待检协整等式个数
(a) lnrgdp, lnrloan and lnrfdi				
0.590571	32.90977	29.68	35.65	None*
0.252233	12.37095	15.41	20.04	At most 1
0.219018	5.685667	3.76	6.65	At most 2*
(b) lnrgdp and lnrsobloan				
0.606047	34.68183	29.68	35.65	无
0.370129	13.25678	15.41	20.04	最多1个
0.107868	2.625251	3.76	6.65	最多2个
(c) lnrgdp and lnrnonsobloan				
0.607646	36.30331	29.68	35.65	无
0.336075	14.78474	15.41	20.04	最多1个
0.208027	5.364244	3.76	6.65	最多2个
(d) 标准化的协整系数				
lnrgdp = 0.57lnrloan + 0.03lnrfdi + 3.90 (0.03)　(0.01)				
lnrgdp = 0.70lnrsobloan + 0.03lnrfdi + 2.86 (0.04)　(0.02)				
lnrgdp = 0.22lnrnsobloan + 0.11lnrfdi + 7.17 (0.08)　(0.07)				

注：*（**）表示在5%（1%）的显著水平上拒绝原假设。5%显著水平上，L. R.检验表明存在一个协整方程。

五、结　　论

本节研究了1978—2003年中国经通货膨胀调整后的GDP、贷款总额和FDI之间的长期关系，得出了三个主要结论。首先，中国金融部门的发展确实促进了经济增长，但快速的经济增长似乎并没有对金融部门产生显著的影响。同时，非国有银行作为金融系统内较有效的部门对1978—2003年间的经济增长作出了明显的贡献。其次，结构变化在研究转型经济时显得格外重要。如果不考虑结构变化，GDP和各种形式的贷款之间似乎并不存在长期的协整关系。然而，在控制了结构变化的因素后，这些变量之间长期稳定的正协整关系就变得明显起来。最后，由于实行了资本控制政策，中国国内金融市场与国际金融市场隔离，因此样本时期内，国际金融的影响并不像国内金融部门的影响那样显著。

本研究有三个问题尚未处理。第一，结构变化的内生性问题。具体来说，邓小平南方讲话和朱镕基执政期间带来的结构变化可能是对20世纪90年代初期经济下滑和银行系统不良贷款累积的自然反应。第二，由于数据的限制，非正规金融部门未在本书考虑之内。第三，由于国有银行还起到了使中国经济改革和转型平稳过渡的作用，从这个角度看，如果没有国有银行的参与，中国改革就不可能持续下去，经济也不可能良好运行。由于本书的研究并未涉及这个角度，因此可能低估了国有银行对于经济发展的总体作用。

第九章　结　　语

一、待研究的课题

本书采用县域正规金融数据，研究了县域金融的现状以及中小企业贷款与银行规模、银行效率与市场结构、农村金融“失血”等问题，帮助读者从微观角度了解金融发展和经济发展之间的关系。第八章我们又从宏观角度研究了金融发展、改革和开放对经济增长的作用。这些课题只是众多需要研究的课题中的很小的一部分，在本节我们列出一些未来值得研究的课题，主要包括以下几个方面：

（一）中国民间金融的现状研究

民间金融在中国的很多地方都很活跃。作为国有金融的补充，民间金融在支持中小企业的发展中起到了重要的作用。然而，由于民间金融长期受到压制，资料收集困难，研究甚少。已有的研究也大都停留在个案调查上，缺少有一定地区跨度的调查比较研究，对民间金融的组织形式知之不详，更谈不上对其功能的了解和研究。对中国民间金融的实证研究要回答下面几个问题：中国民间金融的表现形式和主要功能是什么？民间金融如何满足中小企业和农户的金融需求？民间金融应该如何规范化以利于它的可持续发展等。

（二）正规金融与非正规金融之间的关系研究

本书所指的非正规金融包括除以国有商业银行为主的正规金融之外的所有融资方式，主要包括各种形式的民间金融形式和企业相互之间的商业信用。这个方向的研究需要从理论和实证的角度出发回答以下几个问题：(1) 正规金融融资方式的变化；(2) 非正规金融的演进和制度创新特点;(3)正规金融与非正规金融之间的消长关系;(4)非正规金融有选择地合法化与中小银行的监督、改革和发展问题;(5)企业特别是中小企业融资问题等。我们认为,这些问题是我国当前金融改革和发展中迫切需要解决的现实问题。特别是在国有企业和乡镇企业大面积改制的今天,非国有经济的成长迫切要求非国有金融的发展与之相适应,以渐进式改革为基本特征的我国经济改革也必然会积极回应这样的要求。

(三)小额信贷的绩效研究

小额信贷是解决农户特别是贫困地区农户贷款难的一个有效途径,在中国,小额信贷也得到了政府的支持,不少地区的农村信用社开办了小额信贷。然而,对小额信贷的实证研究在国内还很少见。不少学者对小额信贷的可持续性表示了疑虑。以下几个问题需要通过实证的研究来回答:(1)小额信贷的盈利模式是什么?(2)在现有的利率水平下小额信贷是不是可持续的?(3)小额信贷对农户生产和生活的影响如何?

(四)利率市场化问题研究:低利率政策及其改革对经济发展的影响

相对于资本的稀缺程度而言,长期以来中国实行的是低利率的政策,而且这个低利率政策是全国统一的。即使考虑到信用社贷款利率的浮动范围,其上限与其他发展中国家相比还是很低的。应该说,低利率政策降低了企业和农户资金使用的成本,对企业的发展和农户的生产及生活都有正面的影响。我国乡镇企业的发展在很大程度上获益于低利率政策。但是,低利率政策却使银行步履维艰。考虑到贷款的成本,银行想通过对中小企业和农户的贷款获利是很难的。利率市场化不可避免,但利率市场化对企业和农户贷款需求的满足程度,乃至于对整个经济发展的影响如何仍是一个有待研究的问题。

(五)中小银行准入问题研究

与大型国有商业银行相比,由于其资金的机会成本比较低,中小银行在给中小企业贷款方面发挥了积极的作用。其本土化的特点也使得中小银行对本地的经济发展、企业的经营者和其经营的项目比较了解,容易克服由信息不对称带来的风险,从而更能满足中小企业对金融的需求。但是,中小企业抵御市场风险的能力较弱,由此转嫁给中小银行的风险绝不能低估。中小银行的准入对金融监管提出了更高的要求。在允许中小银行准入的同时,必须对中小银行的监管和退出机制一并予以考虑,以便在发挥中小银行优势的同时把其可能带来的风险降到最低。这个方向的研究可以参照国际经验和对国有商业银行监管的经验,从三个方面对中小企业的准入和监管问题进行研究。第一,对国内外商业银行实际的资金充足率进行研究,在此基础上提出一个适合中国中小银行的资金充足率水平。第二,研究一个适合中小银行的存款准备金率。这个存款准备金率对不同风险的中小银行应该是不同的。第三,对中小银行的信息收集和风险控制进行研究,在此基础上确定最佳中小银行退出机制。

二、本研究的启示

本研究着重刻画县域正规金融的现状,以及金融机构与企业特别是中小企业、政府、市场的互动和城乡间的资金流动。本书的研究结论带来的启示大致可以总结如下。

第一,本研究表明,有效的监管是金融机构良好绩效的保障。在市场经济国家,金融监管部门的职能很单纯,就是为了防范金融风险,而无需担心金融机构的绩效,很多国家都没有独立的金融监管机构。在一个市场运行有效的经济中,有效的市场机制起到了制衡金融机构行为的目的,监管只是市场制度的一个配角。而在我国,银监会面临的市场环境却大为不同,长期以来我国金融改革滞后,市场机制尚未完全建立,银监会必须唱主角。但是,这就牵涉到银监会的目标问题,银监会可以是主角,即集市场监督和政府监督于一身;也可以是配角,即充分利用市场监督的力量,辅之以政府监督。在我国目前的条件不,要实现由主角到配角的转换,着力点在于改革。或者说,银监会不单纯是一个金融监管机构,它更多地负有改革的使命。不充分认识到这一点,银监会的目标就很难达成。因此,与市场国家的金融监管机构不同,我国银监会的使命有二:首先是要通过改革现有体制建立和完善市场监管体系,其次才是完善和履行银监会的监管职能。

第二,一个完善的市场监管体系大体包括三个层次:一是金融机构的内部监督机制,二是金融机构外部监督制衡机制,三是政府和监管机构的有效监管。这样三个层次的监管才能够发挥各自的优势,各司其职,又相互补充,既能够提高监管效率,又能够提高金融机构的绩效。如何建立和完善前两个监督制衡机制是改革的内容。内部监督主要由出资人来完成，出资人监督有其信息方面的优势，而且还有手段，金融机构绩效不理想可以随时更换经理人，重组管理层。金融机构外部的监督则需要一系列的金融中介机构和相配套的市场机制来完成。金融中介机构包括征信机构、信用评级机构、担保和再担保机构等，这些金融中介机构与金融机构互相制衡，互相监督。市场配套机制则包括金融机构外部兼并的可能，以及歇业和破产等退出机制。政府和监管部门应该定位为金融机构内部监督和外部市场监督的补充，其主要工作是制定相关政策法规，完善金融机构的进入和退出机制，确保金融领域的公平竞争，防范系统性金融风险。

第三，法律的执行力度对于金融机构的影响至关重要。这要从两个角度考虑，一是司法机关是否能够充分、彻底地秉公执法，保证有法必依。我国要实现经济发展方式的转变，需要依靠各领域人才的创新，而企业层面的创新往往也可以是高风险与高回报并存。如果金融机构没有可靠的法律作为保障，就不能给急需资金的创新型企业适时提供需要的资金，引导资金向投资回报率最高的领域流动的能力将大打折扣。二是执法机关是否可以实现有法可依，而这就提出了及时有效的金融立法的问题。法律制度建设的落后本身也牵制了商业银行和其他金融中介机构功能的发挥。在司法执行力度较弱的地区，一旦贷款发生风险，银行往往束手无策。

第四，我们的研究显示，不同地区的金融机构在绩效等多项指标方面有很大差异，因此新一轮的农村金融改革是一场重要的改革实验，应该符合鲜明的区域性特点。比如，东部发达地区的农村金融应该以商业金融为主。在这些地区，农业在经济中的比重较小，信贷支农的重点应该是为中小企业的发展创造一个良好的金融环境。在改革农村信用社的同时，农村金融改革应该向民间资本开放，允许民营中小银行与国有商业银行公平竞争，从培育这个地区的金融市场入手，以市场的方式解决农村金融供求之间的矛盾。金融改革的侧重点应该在于完善金融监管，降低金融风险。现有对国有商业银行的监管办法不可能完全适用于对非国有特别是私营金融机构的监管，金融监管也需要制度创新。美国著名经济学家麦金农教授曾经指出，私营银行的风险也许比人们想象的还要大。但是，他又指出，适当的监管措施是可以将私营银行的风险降低到合理的水平的，其中存款准备金率和资金充足率是监管的两大利器。

在中部地区，农村金融应该以商业金融和合作金融并重。在这些地区，信贷支农要面向以家庭为单位的农业生产和其他非农生产以及商业经营活动。由于历史的原因，这些地区的农村金融机构特别是农村信用社的不良贷款比重较大，但相对发达的家庭农业和非农经营活动可以支持一定规模的金融市场。对这些地区信用社的改革可以一分为二，经济相对较发达、市场基础好、条件成熟的地区，可以将信用社向商业化的方向改革。在经济活动频率较低、经济条件相对较差的地区，合作金融仍不失为一种可能的选择。农村金融改革的重点是要制定合作金融法以区别对待商业金融和合作金融，其中，一个最基本的区别在于商业金融以盈利为目的，合作金融则以非盈利为目的。

在西部不发达或贫困地区，应该以合作金融和政策性金融为主。这些地区经济基础薄弱，农民抵御风险的能力较差，有偿还能力的有效金融需求不足。由此产生的风险或多或少地会转嫁给这些地区的农村金融机构，导致商业金融难以生存，这些地区就成为信贷支农的难点和重点地区。长期以来，农村信用社承担了支农的重任，因而也承受了当地经济发展过程中的各类风险，部分地区的农村信用社或多或少地存在着支付危机。在条件许可的地方，政府应该扶持和发展合作金融，而在不少地区，需要有政策性金融的支持。区分合作金融和政策性金融的主要标志在于是否存在着有偿还能力的有效需求，合作金融只能在解决这些需求方面有所作为。对没有偿还能力但又迫切需要信贷支持的农户，政府要么任其自然发展，要么通过财政转移支付的方式发放政策性贷款，由此引起的风险应该由政府财政部门来承担。

2008 年 7 月 9 日，周其仁在“《中国改革 30 年》新书发布暨 2008 经济问题点评会”上指出：“什么叫改革？我的理解就是把能解决问题的办法合法化。不是想出另外一套东西来指导中国人民往哪里走，中国人民是知道往哪里走的，问题是你不让适合生产力发展的那种方式生存、合法，你就阻碍了生产力。”本书对县域正规金融领域的研究发现，在政府行政干预少，但是有良好的基础设施、得力的执法体系和健康的竞争环境的地区，能够兼顾金融机构自身发展和职工激励及福利的正规金融机构的绩效较好。因此，如果政府和监管机构为达到短期目标而对金融机构的决策横加干预，长期来看将严重影响金融机构的绩效。我们认为，政府和监管机构在执行监管职能的时候需要秉持一个基本原则，就是市场能为的不为，市场不能为的要通过完善市场功能使之能为，最后市场还不能为的才是政府和监管部门有所作为的领域。也就是说，政府和监管部门只有通过改革现有体制才能实现有所不为。

附录 A 我国金融体系

一、中央银行:中国人民银行

二、国有商业银行

银行	一级分行	二级分行	法人设置	县级以下分支
中国工商银行(境内)①	30+5个直属分行(2006)	383(2006)	实行统一法人授权经营的商业银行经营管理体制,总行是全行的经营管理中心、资金调度中心和领导指挥中心,拥有全行的法人财产权,对全行经营的效益性、安全性和流动性负责。工行于2004年将总行—一级分行—二级分行—支行—网点的四级网络,改成将支行和网点统一连接到二级分行的三级网络,是网络扁平化管理的重要步骤。	分理处(2006)
中国农业银行(境内)	37(2009)②	NA	一级法人体制,农业银行各分支机构和职能部门不具有法人资格,在总行或上级行授予的权限范围内依法开展业务,并承担相应的责任。严禁越权从事业务活动。③	分理处
中国银行(境内)④	37(包括直属分行,2006)	283(2006)	一级法人体制⑤	分理处⑥
中国建设银行(境内)⑦	38(包括直属分行,2010)	NA	一级法人体制	分理处⑧

① 引自 http://www.icbc.com.cn/。

② 引自 http://www.abchina.com/cn/investor-relations/annual-awards/200911/t20091130_17051.htm。

③ 中国农业银行授权管理制度,农银发[1999]146号,引自 http://www.chinalawedu.com/news/1200/22016/22021/22172/2006/3/ji6614443402023600215048-0.htm。

④ 引自 http://www.boc.cn/aboutboc/ab6/200812/t20081211_143779.html。

⑤ 引自 http://www.docin.com/p-12320129.html。

⑥ 引自 http://www.bankofchina.com/sourcedb/operations。

⑦ 引自 http://www.ccb.com/cn/home/index.html。

⑧ 引自 http://www.ccb.com/cn/home/outletsmap.htm。

三、城市商业银行

截至2004年年末,全国城市商业银行已发展到113家,资产总额达16 938亿元,其中各项贷款9 045亿元;负债总额达16 361亿元,其中各项存款14 341亿元;当年实现利润82亿元;所有者权益577亿元。[①]

根据《中华人民共和国商业银行法》[②]第二章第十三条的规定:设立全国性商业银行的注册资本最低限额为十亿元人民币。设立城市商业银行的注册资本最低限额为一亿元人民币,设立农村商业银行的注册资本最低限额为五千万元人民币。注册资本应当是实缴资本。国务院银行业监督管理机构根据审慎监管的要求可以调整注册资本最低限额,但不得少于前款规定的限额。

国务院发展研究中心金融研究所"中国城市商业银行研究"课题组(2005)认为,城市商业银行与一般商业银行相比,有如下特点:经营地域受到更严格的限制;由于各城市商业银行是由本地所有城市信用社联合组成的,因此,它承接了大量城市信用社在不规范经营时期所形成的不良资产;贷款集中度过高,风险过于集中;城市商业银行基本上由地方政府控股,内部治理结构有很大的改善空间。他们的调查包括2000—2003年的20家城市商业银行,但是并没有同时调查其他银行作对比。我们的调查将给出全面了解城市商业银行表现的机会,是国务院发展研究中心金融研究所调查的有益补充。

四、全国性股份制商业银行[③]

共有12家股份制商业银行:交通银行、兴业银行、华夏银行、招商银行、广东发展银行、深圳发展银行、上海浦东发展银行、民生银行、中信银行、光大银行、恒丰银行、浙商银行。[④]

---

① 引自 http://art.people.com.cn/GB/41385/70860/4837927.html。

② 1995年5月10日第八届全国人民代表大会常务委员会第十三次会议通过。根据2003年12月27日第十届全国人民代表大会常务委员会第六次会议《关于修改〈中华人民共和国商业银行法〉的决定》修正。引自 http://www.cbrc.gov.cn/chinese/home/jsp/docView.jsp?docID=2421。

③ 如未说明,关于股份制商业银行的数据皆引自《中国金融年鉴》(2009)。

④ 引自 http://www.pbc.gov.cn/jinrongyexiangguan/yinhangyexiangguan/shangyeyinhang/gufen-zhishangyeyinhang.asp。

银行	一级分行	二级分行	法人设置	县级以下分支
交通银行①	30(2010)	71(2010)	一级法人体制	NA
兴业银行②	45(2010)		一级法人体制	NA
华夏银行③	28 +3(异地支行,2009)	1(2009)	一级法人体制	NA
招商银行④	52 +2(分行级机构,2009)		一级法人体制	分理处
广东发展银行⑤	28(2009)		一级法人体制	NA
深圳发展银行	NA	NA	一级法人体制	NA
上海浦东发展银行⑥	33 家直属分行(2009)		一级法人体制	NA
民生银行⑦	29(2009)		一级法人体制	NA
中信银行⑧	30(2009)		一级法人体制	NA
光大银行⑨	30(2009)	NA	一级法人体制	NA
恒丰银行⑩	7(2009)		一级法人体制	NA
浙商银行⑪	11(2009)		一级法人体制	NA

五、农村信用合作社

法人机构数(截至 2008 年年底),4 965 个。⑫

金融机构	一级分行	二级分行	法人设置	县级以下分支
农村信用合作社	NA	NA	农村信用社和联合社可根据需要下设分社、储蓄所。联合社可根据需要设立营业部。分社和储蓄所不具有法人资格,在授权范围内依法、合规开展业务。营业部是联合社的内设部门,不具有法人资格。⑬	NA

① http://www.bankcomm.com/

② http://www.cib.com.cn/netbank/cn/About_IB/Cib_Introduce.html

③ http://www.hxb.com.cn/chinese/abouthxb/index.jsp? cid2 = 12161015584210003

④ http://www.cmbchina.com/cmb + info/aboutcmb

⑤ http://www.gdb.com.cn/Info/128882

⑥ http://www.spdb.com.cn/docpage/c441/200601/0125_441_13460.aspx

⑦ http://www.cmbc.com.cn/about/jianjie.shtml

⑧ http://www.ecitic.com/bank/about/intro.html

⑨ http://www.cebbank.com/Info/2334073

⑩ http://www.egbank.com.cn/jrhf/zzjg/index.shtml

⑪ http://www.czbank.com/czbank/html/2212.html

⑫ 引自《中国金融年鉴》(2009),第 539 页。

⑬ 引自 http://test.pbc.gov.cn/image_public/UserFiles/chubanwu/upload/File/%E5%869C%E6%9D%91%E4%BF%A1%E7%94%A8%E5%90%88%E4%BD%9C%E7%A4%BE%E6%9C%BA%E6%9E%84%E7%AE%A1%E7%90%86%E6%9A%82%E8%A1%8C%E5%8A%9E%E6%B3%95.doc。

附录B 我国各类利率：1998—2009(%)

日期	准备金率	活期个人	邮储个人活期	三个月个人	邮储三个月个人	半年个人	邮储半年个人	一年个人	邮储一年个人	二年个人	邮储二年个人	三年个人	邮储三年个人	五年个人	邮储五年个人	活期企业	三个月企业	半年企业	一年企业	二年企业	三年企业	五年企业
1998-4-1	8.0	1.71	1.71	2.88	2.88	4.14	4.14	5.22	5.22	5.58	5.58	6.21	6.21	6.66	6.66	1.71	2.88	4.14	5.22	5.58	6.21	6.66
1998-5-1	8.0	1.71	1.71	2.88	2.88	4.14	4.14	5.22	5.22	5.58	5.58	6.21	6.21	6.66	6.66	1.71	2.88	4.14	5.22	5.58	6.21	6.66
1998-6-1	8.0	1.71	1.71	2.88	2.88	4.14	4.14	5.22	5.22	5.58	5.58	6.21	6.21	6.66	6.66	1.71	2.88	4.14	5.22	5.58	6.21	6.66
1998-7-1	8.0	1.44	1.44	2.79	2.79	3.96	3.96	4.77	4.77	4.86	4.86	4.95	4.95	5.22	5.22	1.44	2.79	3.96	4.77	4.86	4.95	5.22
1998-8-1	8.0	1.44	1.44	2.79	2.79	3.96	3.96	4.77	4.77	4.86	4.86	4.95	4.95	5.22	5.22	1.44	2.79	3.96	4.77	4.86	4.95	5.22
1998-9-1	8.0	1.44	1.44	2.79	2.79	3.96	3.96	4.77	4.77	4.86	4.86	4.95	4.95	5.22	5.22	1.44	2.79	3.96	4.77	4.86	4.95	5.22
1998-10-1	8.0	1.44	1.44	2.79	2.79	3.96	3.96	4.77	4.77	4.86	4.86	4.95	4.95	5.22	5.22	1.44	2.79	3.96	4.77	4.86	4.95	5.22
1998-11-1	8.0	1.44	1.44	2.79	2.79	3.96	3.96	4.77	4.77	4.86	4.86	4.95	4.95	5.22	5.22	1.44	2.79	3.96	4.77	4.86	4.95	5.22
1998-12-1	8.0	1.44	1.44	2.79	2.79	3.96	3.96	4.77	4.77	4.86	4.86	4.95	4.95	5.22	5.22	1.44	2.79	3.96	4.77	4.86	4.95	5.22
1999-1-1	8.0	1.44	1.44	2.79	2.79	3.33	3.33	3.78	3.78	3.96	3.96	4.14	4.14	4.5	4.50	1.44	2.79	3.33	3.78	3.96	4.14	4.50
1999-2-1	8.0	1.44	1.44	2.79	2.79	3.33	3.33	3.78	3.78	3.96	3.96	4.14	4.14	4.5	4.50	1.44	2.79	3.33	3.78	3.96	4.14	4.50
1999-3-1	8.0	1.44	1.44	2.79	2.79	3.33	3.33	3.78	3.78	3.96	3.96	4.14	4.14	4.5	4.50	1.44	2.79	3.33	3.78	3.96	4.14	4.50
1999-4-1	8.0	1.44	1.44	2.79	2.79	3.33	3.33	3.78	3.78	3.96	3.96	4.14	4.14	4.5	4.50	1.44	2.79	3.33	3.78	3.96	4.14	4.50
1999-5-1	8.0	1.44	1.44	2.79	2.79	3.33	3.33	3.78	3.78	3.96	3.96	4.14	4.14	4.5	4.50	1.44	2.79	3.33	3.78	3.96	4.14	4.50
1999-6-1	8.0	1.44	1.44	2.79	2.79	3.33	3.33	3.78	3.78	3.96	3.96	4.14	4.14	4.5	4.50	1.44	2.79	3.33	3.78	3.96	4.14	4.50
1999-7-1	8.0	0.99	0.99	1.98	1.98	2.16	2.16	2.25	2.25	2.43	2.43	2.7	2.7	2.88	2.88	0.99	1.98	2.16	2.25	2.43	2.7	2.88

（续表）

日期	准备金率	活期个人	邮储个人活期	三个月个人	邮储三个月个人	半年个人	邮储半年个人	一年个人	邮储一年个人	二年个人	邮储二年个人	三年个人	邮储三年个人	五年个人	邮储五年个人	活期企业	三个月企业	半年企业	一年企业	二年企业	三年企业	五年企业
1999-8-1	8.0	0.99	0.99	1.98	1.98	2.16	2.16	2.25	2.25	2.43	2.43	2.7	2.7	2.88	2.88	0.99	1.98	2.16	2.25	2.43	2.7	2.88
1999-9-1	8.0	0.99	0.99	1.98	1.98	2.16	2.16	2.25	2.25	2.43	2.43	2.7	2.7	2.88	2.88	0.99	1.98	2.16	2.25	2.43	2.7	2.88
1999-10-1	8.0	0.99	0.99	1.98	1.98	2.16	2.16	2.25	2.25	2.43	2.43	2.7	2.7	2.88	2.88	0.99	1.98	2.16	2.25	2.43	2.7	2.88
1999-11-1	8.0	0.99	0.99	1.98	1.98	2.16	2.16	2.25	2.25	2.43	2.43	2.7	2.7	2.88	2.88	0.99	1.98	2.16	2.25	2.43	2.7	2.88
1999-12-1	6.0	0.99	0.99	1.98	1.98	2.16	2.16	2.25	2.25	2.43	2.43	2.7	2.7	2.88	2.88	0.99	1.98	2.16	2.25	2.43	2.7	2.88
2000-1-1	6.0	0.99	0.99	1.98	1.98	2.16	2.16	2.25	2.25	2.43	2.43	2.7	2.7	2.88	2.88	0.99	1.98	2.16	2.25	2.43	2.7	2.88
2000-2-1	6.0	0.99	0.99	1.98	1.98	2.16	2.16	2.25	2.25	2.43	2.43	2.7	2.7	2.88	2.88	0.99	1.98	2.16	2.25	2.43	2.7	2.88
2000-3-1	6.0	0.99	0.99	1.98	1.98	2.16	2.16	2.25	2.25	2.43	2.43	2.7	2.7	2.88	2.88	0.99	1.98	2.16	2.25	2.43	2.7	2.88
2000-4-1	6.0	0.99	0.99	1.98	1.98	2.16	2.16	2.25	2.25	2.43	2.43	2.7	2.7	2.88	2.88	0.99	1.98	2.16	2.25	2.43	2.7	2.88
2000-5-1	6.0	0.99	0.99	1.98	1.98	2.16	2.16	2.25	2.25	2.43	2.43	2.7	2.7	2.88	2.88	0.99	1.98	2.16	2.25	2.43	2.7	2.88
2000-6-1	6.0	0.99	0.99	1.98	1.98	2.16	2.16	2.25	2.25	2.43	2.43	2.7	2.7	2.88	2.88	0.99	1.98	2.16	2.25	2.43	2.7	2.88
2000-7-1	6.0	0.99	0.99	1.98	1.98	2.16	2.16	2.25	2.25	2.43	2.43	2.7	2.7	2.88	2.88	0.99	1.98	2.16	2.25	2.43	2.7	2.88
2000-8-1	6.0	0.99	0.99	1.98	1.98	2.16	2.16	2.25	2.25	2.43	2.43	2.7	2.7	2.88	2.88	0.99	1.98	2.16	2.25	2.43	2.7	2.88
2000-9-1	6.0	0.99	0.99	1.98	1.98	2.16	2.16	2.25	2.25	2.43	2.43	2.7	2.7	2.88	2.88	0.99	1.98	2.16	2.25	2.43	2.7	2.88
2000-10-1	6.0	0.99	0.99	1.98	1.98	2.16	2.16	2.25	2.25	2.43	2.43	2.7	2.7	2.88	2.88	0.99	1.98	2.16	2.25	2.43	2.7	2.88
2000-11-1	6.0	0.99	0.99	1.98	1.98	2.16	2.16	2.25	2.25	2.43	2.43	2.7	2.7	2.88	2.88	0.99	1.98	2.16	2.25	2.43	2.7	2.88
2000-12-1	6.0	0.99	0.99	1.98	1.98	2.16	2.16	2.25	2.25	2.43	2.43	2.7	2.7	2.88	2.88	0.99	1.98	2.16	2.25	2.43	2.7	2.88
2001-1-1	6.0	0.99	0.99	1.98	1.98	2.16	2.16	2.25	2.25	2.43	2.43	2.7	2.7	2.88	2.88	0.99	1.98	2.16	2.25	2.43	2.7	2.88
2001-2-1	6.0	0.99	0.99	1.98	1.98	2.16	2.16	2.25	2.25	2.43	2.43	2.7	2.7	2.88	2.88	0.99	1.98	2.16	2.25	2.43	2.7	2.88
2001-3-1	6.0	0.99	0.99	1.98	1.98	2.16	2.16	2.25	2.25	2.43	2.43	2.7	2.7	2.88	2.88	0.99	1.98	2.16	2.25	2.43	2.7	2.88
2001-4-1	6.0	0.99	0.99	1.98	1.98	2.16	2.16	2.25	2.25	2.43	2.43	2.7	2.7	2.88	2.88	0.99	1.98	2.16	2.25	2.43	2.7	2.88
2001-5-1	6.0	0.99	0.99	1.98	1.98	2.16	2.16	2.25	2.25	2.43	2.43	2.7	2.7	2.88	2.88	0.99	1.98	2.16	2.25	2.43	2.7	2.88
2001-6-1	6.0	0.99	0.99	1.98	1.98	2.16	2.16	2.25	2.25	2.43	2.43	2.7	2.7	2.88	2.88	0.99	1.98	2.16	2.25	2.43	2.7	2.88

（续表）

日期	准备金率	活期个人	邮储个人活期	三个月个人	邮储三个月个人	半年个人	邮储半年个人	一年个人	邮储一年个人	二年个人	邮储二年个人	三年个人	邮储三年个人	五年个人	邮储五年个人	活期企业	三个月企业	半年企业	一年企业	二年企业	三年企业	五年企业
2001-7-1	6.0	0.99	0.99	1.98	1.98	2.16	2.16	2.25	2.25	2.43	2.43	2.70	2.70	2.88	2.88	0.99	1.98	2.16	2.25	2.43	2.70	2.88
2001-8-1	6.0	0.99	0.99	1.98	1.98	2.16	2.16	2.25	2.25	2.43	2.43	2.70	2.70	2.88	2.88	0.99	1.98	2.16	2.25	2.43	2.70	2.88
2001-9-1	6.0	0.99	0.99	1.98	1.98	2.16	2.16	2.25	2.25	2.43	2.43	2.70	2.70	2.88	2.88	0.99	1.98	2.16	2.25	2.43	2.70	2.88
2001-10-1	6.0	0.99	0.99	1.98	1.98	2.16	2.16	2.25	2.25	2.43	2.43	2.70	2.70	2.88	2.88	0.99	1.98	2.16	2.25	2.43	2.70	2.88
2001-11-1	6.0	0.99	0.99	1.98	1.98	2.16	2.16	2.25	2.25	2.43	2.43	2.70	2.70	2.88	2.88	0.99	1.98	2.16	2.25	2.43	2.70	2.88
2001-12-1	6.0	0.99	0.99	1.98	1.98	2.16	2.16	2.25	2.25	2.43	2.43	2.70	2.70	2.88	2.88	0.99	1.98	2.16	2.25	2.43	2.70	2.88
2002-1-1	6.0	0.99	0.99	1.98	1.98	2.16	2.16	2.25	2.25	2.43	2.43	2.70	2.70	2.88	2.88	0.99	1.98	2.16	2.25	2.43	2.70	2.88
2002-2-1	6.0	0.99	0.99	1.98	1.98	2.16	2.16	2.25	2.25	2.43	2.43	2.70	2.70	2.88	2.88	0.99	1.98	2.16	2.25	2.43	2.70	2.88
2002-3-1	6.0	0.72	0.72	1.71	1.71	1.89	1.89	1.98	1.98	2.25	2.25	2.52	2.52	2.79	2.79	0.72	1.71	1.89	1.98	2.25	2.52	2.79
2002-4-1	6.0	0.72	0.72	1.71	1.71	1.89	1.89	1.98	1.98	2.25	2.25	2.52	2.52	2.79	2.79	0.72	1.71	1.89	1.98	2.25	2.52	2.79
2002-5-1	6.0	0.72	0.72	1.71	1.71	1.89	1.89	1.98	1.98	2.25	2.25	2.52	2.52	2.79	2.79	0.72	1.71	1.89	1.98	2.25	2.52	2.79
2002-6-1	6.0	0.72	0.72	1.71	1.71	1.89	1.89	1.98	1.98	2.25	2.25	2.52	2.52	2.79	2.79	0.72	1.71	1.89	1.98	2.25	2.52	2.79
2002-7-1	6.0	0.72	0.72	1.71	1.71	1.89	1.89	1.98	1.98	2.25	2.25	2.52	2.52	2.79	2.79	0.72	1.71	1.89	1.98	2.25	2.52	2.79
2002-8-1	6.0	0.72	0.72	1.71	1.71	1.89	1.89	1.98	1.98	2.25	2.25	2.52	2.52	2.79	2.79	0.72	1.71	1.89	1.98	2.25	2.52	2.79
2002-9-1	6.0	0.72	0.72	1.71	1.71	1.89	1.89	1.98	1.98	2.25	2.25	2.52	2.52	2.79	2.79	0.72	1.71	1.89	1.98	2.25	2.52	2.79
2002-10-1	6.0	0.72	0.72	1.71	1.71	1.89	1.89	1.98	1.98	2.25	2.25	2.52	2.52	2.79	2.79	0.72	1.71	1.89	1.98	2.25	2.52	2.79
2002-11-1	6.0	0.72	0.72	1.71	1.71	1.89	1.89	1.98	1.98	2.25	2.25	2.52	2.52	2.79	2.79	0.72	1.71	1.89	1.98	2.25	2.52	2.79
2002-12-1	6.0	0.72	0.72	1.71	1.71	1.89	1.89	1.98	1.98	2.25	2.25	2.52	2.52	2.79	2.79	0.72	1.71	1.89	1.98	2.25	2.52	2.79
2003-1-1	6.0	0.72	0.72	1.71	1.71	1.89	1.89	1.98	1.98	2.25	2.25	2.52	2.52	2.79	2.79	0.72	1.71	1.89	1.98	2.25	2.52	2.79
2003-2-1	6.0	0.72	0.72	1.71	1.71	1.89	1.89	1.98	1.98	2.25	2.25	2.52	2.52	2.79	2.79	0.72	1.71	1.89	1.98	2.25	2.52	2.79
2003-3-1	6.0	0.72	0.72	1.71	1.71	1.89	1.89	1.98	1.98	2.25	2.25	2.52	2.52	2.79	2.79	0.72	1.71	1.89	1.98	2.25	2.52	2.79
2003-4-1	6.0	0.72	0.72	1.71	1.71	1.89	1.89	1.98	1.98	2.25	2.25	2.52	2.52	2.79	2.79	0.72	1.71	1.89	1.98	2.25	2.52	2.79
2003-5-1	6.0	0.72	0.72	1.71	1.71	1.89	1.89	1.98	1.98	2.25	2.25	2.52	2.52	2.79	2.79	0.72	1.71	1.89	1.98	2.25	2.52	2.79

（续表）

日期	准备金率	活期个人	邮储个人活期	三个月个人	邮储三个月个人	半年个人	邮储半年个人	一年个人	邮储一年个人	二年个人	邮储二年个人	三年个人	邮储三年个人	五年个人	邮储五年个人	活期企业	三个月企业	半年企业	一年企业	二年企业	三年企业	五年企业
2003-6-1	6.0	0.72	0.72	1.71	1.71	1.89	1.89	1.98	1.98	2.25	2.25	2.52	2.52	2.79	2.79	0.72	1.71	1.89	1.98	2.25	2.52	2.79
2003-7-1	6.0	0.72	0.72	1.71	1.71	1.89	1.89	1.98	1.98	2.25	2.25	2.52	2.52	2.79	2.79	0.72	1.71	1.89	1.98	2.25	2.52	2.79
2003-8-1	6.0	0.72	0.72	1.71	1.71	1.89	1.89	1.98	1.98	2.25	2.25	2.52	2.52	2.79	2.79	0.72	1.71	1.89	1.98	2.25	2.52	2.79
2003-9-1	6.0	0.72	0.72	1.71	1.71	1.89	1.89	1.98	1.98	2.25	2.25	2.52	2.52	2.79	2.79	0.72	1.71	1.89	1.98	2.25	2.52	2.79
2003-10-1	7.0	0.72	0.72	1.71	1.71	1.89	1.89	1.98	1.98	2.25	2.25	2.52	2.52	2.79	2.79	0.72	1.71	1.89	1.98	2.25	2.52	2.79
2003-11-1	7.0	0.72	0.72	1.71	1.71	1.89	1.89	1.98	1.98	2.25	2.25	2.52	2.52	2.79	2.79	0.72	1.71	1.89	1.98	2.25	2.52	2.79
2003-12-1	7.0	0.72	0.72	1.71	1.71	1.89	1.89	1.98	1.98	2.25	2.25	2.52	2.52	2.79	2.79	0.72	1.71	1.89	1.98	2.25	2.52	2.79
2004-1-1	7.0	0.72	0.72	1.71	1.71	1.89	1.89	1.98	1.98	2.25	2.25	2.52	2.52	2.79	2.79	0.72	1.71	1.89	1.98	2.25	2.52	2.79
2004-2-1	7.0	0.72	0.72	1.71	1.71	1.89	1.89	1.98	1.98	2.25	2.25	2.52	2.52	2.79	2.79	0.72	1.71	1.89	1.98	2.25	2.52	2.79
2004-3-1	7.0	0.72	0.72	1.71	1.71	1.89	1.89	1.98	1.98	2.25	2.25	2.52	2.52	2.79	2.79	0.72	1.71	1.89	1.98	2.25	2.52	2.79
2004-4-1	7.0	0.72	0.72	1.71	1.71	1.89	1.89	1.98	1.98	2.25	2.25	2.52	2.52	2.79	2.79	0.72	1.71	1.89	1.98	2.25	2.52	2.79
2004-5-1	7.5	0.72	0.72	1.71	1.71	1.89	1.89	1.98	1.98	2.25	2.25	2.52	2.52	2.79	2.79	0.72	1.71	1.89	1.98	2.25	2.52	2.79
2004-6-1	7.5	0.72	0.72	1.71	1.71	1.89	1.89	1.98	1.98	2.25	2.25	2.52	2.52	2.79	2.79	0.72	1.71	1.89	1.98	2.25	2.52	2.79
2004-7-1	7.5	0.72	0.72	1.71	1.71	1.89	1.89	1.98	1.98	2.25	2.25	2.52	2.52	2.79	2.79	0.72	1.71	1.89	1.98	2.25	2.52	2.79
2004-8-1	7.5	0.72	0.72	1.71	1.71	1.89	1.89	1.98	1.98	2.25	2.25	2.52	2.52	2.79	2.79	0.72	1.71	1.89	1.98	2.25	2.52	2.79
2004-9-1	7.5	0.72	0.72	1.71	1.71	1.89	1.89	1.98	1.98	2.25	2.25	2.52	2.52	2.79	2.79	0.72	1.71	1.89	1.98	2.25	2.52	2.79
2004-10-1	7.5	0.72	0.72	1.71	1.71	1.89	1.89	1.98	1.98	2.25	2.25	2.52	2.52	2.79	2.79	0.72	1.71	1.89	1.98	2.25	2.52	2.79
2004-11-1	7.5	0.72	0.72	1.71	1.71	2.07	2.07	2.25	2.25	2.70	2.70	3.24	3.24	3.60	3.60	0.72	1.71	2.07	2.25	2.70	3.24	3.60
2004-12-1	7.5	0.72	0.72	1.71	1.71	2.07	2.07	2.25	2.25	2.70	2.70	3.24	3.24	3.60	3.60	0.72	1.71	2.07	2.25	2.70	3.24	3.60
2005-1-1	7.5	0.72	0.72	1.71	1.71	2.07	2.07	2.25	2.25	2.70	2.70	3.24	3.24	3.60	3.60	0.72	1.71	2.07	2.25	2.70	3.24	3.60
2005-2-1	7.5	0.72	0.72	1.71	1.71	2.07	2.07	2.25	2.25	2.70	2.70	3.24	3.24	3.60	3.60	0.72	1.71	2.07	2.25	2.70	3.24	3.60
2005-3-1	7.5	0.72	0.72	1.71	1.71	2.07	2.07	2.25	2.25	2.70	2.70	3.24	3.24	3.60	3.60	0.72	1.71	2.07	2.25	2.70	3.24	3.60
2005-4-1	7.5	0.72	0.72	1.71	1.71	2.07	2.07	2.25	2.25	2.7	2.70	3.24	3.24	3.60	3.60	0.72	1.71	2.07	2.25	2.70	3.24	3.60

（续表）

日期	准备金率	活期个人	邮储个人活期	三个月个人	邮储三个月个人	半年个人	邮储半年个人	一年个人	邮储一年个人	二年个人	邮储二年个人	三年个人	邮储三年个人	五年个人	邮储五年个人	活期企业	三个月企业	半年企业	一年企业	二年企业	三年企业	五年企业
2005-5-1	7.5	0.72	0.72	1.71	1.71	2.07	2.07	2.25	2.25	2.70	2.70	3.24	3.24	3.60	3.60	0.72	1.71	2.07	2.25	2.70	3.24	3.60
2005-6-1	7.5	0.72	0.72	1.71	1.71	2.07	2.07	2.25	2.25	2.70	2.70	3.24	3.24	3.60	3.60	0.72	1.71	2.07	2.25	2.70	3.24	3.60
2005-7-1	7.5	0.72	0.72	1.71	1.71	2.07	2.07	2.25	2.25	2.70	2.70	3.24	3.24	3.60	3.60	0.72	1.71	2.07	2.25	2.70	3.24	3.60
2005-8-1	7.5	0.72	0.72	1.71	1.71	2.07	2.07	2.25	2.25	2.70	2.70	3.24	3.24	3.60	3.60	0.72	1.71	2.07	2.25	2.70	3.24	3.60
2005-9-1	7.5	0.72	0.72	1.71	1.71	2.07	2.07	2.25	2.25	2.70	2.70	3.24	3.24	3.60	3.60	0.72	1.71	2.07	2.25	2.70	3.24	3.60
2005-10-1	7.5	0.72	0.72	1.71	1.71	2.07	2.07	2.25	2.25	2.70	2.70	3.24	3.24	3.60	3.60	0.72	1.71	2.07	2.25	2.70	3.24	3.60
2005-11-1	7.5	0.72	0.72	1.71	1.71	2.07	2.07	2.25	2.25	2.70	2.70	3.24	3.24	3.60	3.60	0.72	1.71	2.07	2.25	2.70	3.24	3.60
2005-12-1	7.5	0.72	0.72	1.71	1.71	2.07	2.07	2.25	2.25	2.70	2.70	3.24	3.24	3.60	3.60	0.72	1.71	2.07	2.25	2.70	3.24	3.60
2006-1-1	7.5	0.72	0.72	1.71	1.71	2.07	2.07	2.25	2.25	2.70	2.70	3.24	3.24	3.60	3.60	0.72	1.71	2.07	2.25	2.70	3.24	3.60
2006-2-1	7.5	0.72	0.72	1.71	1.71	2.07	2.07	2.25	2.25	2.70	2.70	3.24	3.24	3.60	3.60	0.72	1.71	2.07	2.25	2.70	3.24	3.60
2006-3-1	7.5	0.72	0.72	1.71	1.71	2.07	2.07	2.25	2.25	2.70	2.70	3.24	3.24	3.60	3.60	0.72	1.71	2.07	2.25	2.70	3.24	3.60
2006-4-1	7.5	0.72	0.72	1.71	1.71	2.07	2.07	2.25	2.25	2.70	2.70	3.24	3.24	3.60	3.60	0.72	1.71	2.07	2.25	2.70	3.24	3.60
2006-5-1	7.5	0.72	0.72	1.71	1.71	2.07	2.07	2.25	2.25	2.70	2.70	3.24	3.24	3.60	3.60	0.72	1.71	2.07	2.25	2.70	3.24	3.60
2006-6-1	7.5	0.72	0.72	1.71	1.71	2.07	2.07	2.25	2.25	2.70	2.70	3.24	3.24	3.60	3.60	0.72	1.71	2.07	2.25	2.70	3.24	3.60
2006-7-1	7.5	0.72	0.72	1.71	1.71	2.07	2.07	2.25	2.25	2.70	2.70	3.24	3.24	3.60	3.60	0.72	1.71	2.07	2.25	2.70	3.24	3.60
2006-8-1	8.0	0.72	0.72	1.71	1.71	2.07	2.07	2.25	2.25	2.70	2.70	3.24	3.24	3.60	3.60	0.72	1.71	2.07	2.25	2.70	3.24	3.60
2006-9-1	8.5	0.72	0.72	1.80	1.80	2.25	2.25	2.52	2.52	3.06	3.06	3.69	3.69	4.14	4.14	0.72	1.80	2.25	2.52	3.06	3.69	4.14
2006-10-1	8.5	0.72	0.72	1.80	1.80	2.25	2.25	2.52	2.52	3.06	3.06	3.69	3.69	4.14	4.14	0.72	1.80	2.25	2.52	3.06	3.69	4.14
2006-11-1	8.5	0.72	0.72	1.80	1.80	2.25	2.25	2.52	2.52	3.06	3.06	3.69	3.69	4.14	4.14	0.72	1.80	2.25	2.52	3.06	3.69	4.14
2006-12-1	9.0	0.72	0.72	1.80	1.80	2.25	2.25	2.52	2.52	3.06	3.06	3.69	3.69	4.14	4.14	0.72	1.80	2.25	2.52	3.06	3.69	4.14
2007-1-1	9.0	0.72	0.72	1.80	1.80	2.25	2.25	2.52	2.52	3.06	3.06	3.69	3.69	4.14	4.14	0.72	1.80	2.25	2.52	3.06	3.69	4.14
2007-2-1	9.5	0.72	0.72	1.80	1.80	2.25	2.25	2.52	2.52	3.06	3.06	3.69	3.69	4.14	4.14	0.72	1.80	2.25	2.52	3.06	3.69	4.14
2007-3-1	10.0	0.72	0.72	1.80	1.80	2.25	2.25	2.52	2.52	3.06	3.06	3.69	3.69	4.14	4.14	0.72	1.80	2.25	2.52	3.06	3.69	4.14

（续表）

日期	准备金率	活期个人	邮储个人活期	三个月个人	邮储三个月个人	半年个人	邮储半年个人	一年个人	邮储一年个人	二年个人	邮储二年个人	三年个人	邮储三年个人	五年个人	邮储五年个人	活期企业	三个月企业	半年企业	一年企业	二年企业	三年企业	五年企业
2007-4-1	10.0	0.72	0.72	1.98	1.98	2.43	2.43	2.79	2.79	3.33	3.33	3.96	3.96	4.41	4.41	0.72	1.8	2.25	2.52	3.06	3.69	4.14
2007-5-1	10.5	0.72	0.72	1.98	1.98	2.43	2.43	2.79	2.79	3.33	3.33	3.96	3.96	4.41	4.41	0.72	1.8	2.25	2.52	3.06	3.69	4.14
2007-6-1	11.0	0.72	0.72	2.07	2.07	2.61	2.61	3.06	3.06	3.69	3.69	4.41	4.41	4.95	4.95	0.72	1.8	2.25	2.52	3.06	3.69	4.14
2007-7-1	11.5	0.72	0.72	2.07	2.07	2.61	2.61	3.06	3.06	3.69	3.69	4.41	4.41	4.95	4.95	0.72	1.8	2.25	2.52	3.06	3.69	4.14
2007-8-1	11.5	0.81	0.81	2.34	2.34	2.88	2.88	3.33	3.33	3.96	3.96	4.68	4.68	5.22	5.22	0.72	1.8	2.25	2.52	3.06	3.69	4.14
2007-9-1	12.0	0.81	0.81	2.61	2.61	3.15	3.15	3.60	3.60	4.23	4.23	4.95	4.95	5.49	5.49	0.72	1.8	2.25	2.52	3.06	3.69	4.14
2007-10-1	12.5	0.81	0.81	2.88	2.88	3.42	3.42	3.87	3.87	4.50	4.50	5.22	5.22	5.76	5.76	0.72	1.8	2.25	2.52	3.06	3.69	4.14
2007-11-1	13.0	0.81	0.81	2.88	2.88	3.42	3.42	3.87	3.87	4.50	4.50	5.22	5.22	5.76	5.76	0.72	1.8	2.25	2.52	3.06	3.69	4.14
2007-12-1	13.5	0.81	0.81	2.88	2.88	3.42	3.42	3.87	3.87	4.50	4.50	5.22	5.22	5.76	5.76	0.72	1.8	2.25	2.52	3.06	3.69	4.14
2008-1-1	14.5	0.72	0.72	3.33	3.33	3.78	3.78	4.14	4.14	4.68	4.68	5.40	5.40	5.85	5.85	0.72	1.8	2.25	2.52	3.06	3.69	4.14
2008-2-1	15.0	0.72	0.72	3.33	3.33	3.78	3.78	4.14	4.14	4.68	4.68	5.40	5.40	5,85	5.85	0.72	1.8	2.25	2.52	3.06	3.69	4.14
2008-3-1	15.0	0.72	0.72	3.33	3.33	3.78	3.78	4.14	4.14	4.68	4.68	5.40	5.40	5.85	5.85	0.72	1.8	2.25	2.52	3.06	3.69	4.14
2008-4-1	15.5	0.72	0.72	3.33	3.33	3.78	3.78	4.14	4.14	4.68	4.68	5.40	5.40	5.85	5.85	0.72	1.8	2.25	2.52	3.06	3.69	4.14
2008-5-1	16.0	0.72	0.72	3.33	3.33	3.78	3.78	4.14	4.14	4.68	4.68	5.40	5.40	5.85	5.85	0.72	1.8	2.25	2.52	3.06	3.69	4.14
2008-6-1	16.5	0.72	0.72	3.33	3.33	3.78	3.78	4.14	4.14	4.68	4.68	5.40	5.40	5.85	5.85	0.72	1.8	2.25	2.52	3.06	3.69	4.14
2008-7-1	17.5	0.72	0.72	3.33	3.33	3.78	3.78	4.14	4.14	4.68	4.68	5.40	5.40	5.85	5.85	0.72	1.8	2.25	2.52	3.06	3.69	4.14
2008-8-1	17.5	0.72	0.72	3.33	3.33	3.78	3.78	4.14	4.14	4.68	4.68	5.40	5.40	5.85	5.85	0.72	1.8	2.25	2.52	3.06	3.69	4.14
2008-9-1	17.5	0.72	0.72	3.33	3.33	3.78	3.78	4.14	4.14	4.68	4.68	5.40	5.40	5.85	5.85	0.72	1.8	2.25	2.52	3.06	3.69	4.14
2008-10-1	17.5	0.72	0.72	3.33	3.33	3.78	3.78	4.14	4.14	4.68	4.68	5.40	5.40	5.85	5.85	0.72	1.8	2.25	2.52	3.06	3.69	4.14
2008-11-1	17.0	0.72	0.72	3.15	2.88	3.24	3.24	3.6	3.6	4.14	4.14	4.77	4.77	5.13	5.13	0.72	1.8	2.25	2.52	3.06	3.69	4.14
2008-12-1	17.0	0.36	0.36	1.98	1.98	2.25	2.25	2.52	2.52	3.06	3.06	3.6	3.6	3.87	3.87	0.72	1.8	2.25	2.52	3.06	3.69	4.14
2009-1-1	15.5	0.36	0.36	1.71	1.71	1.98	1.98	2.25	2.25	2.79	2.79	3.33	3.33	3.60	3.60							

附录 C　国有银行上市时间表与具体措施

银行	上市时间	上市前具体措施
中国建设银行	香港联交所挂牌上市 2005 年 10 月 27 日① A 股上市 2007 年 9 月 25 日②	• 2002 年年底，中国建设银行全面启动人事与激励约束机制改革，这项改革包括用人制度改革、用工制度改革、薪酬制度改革和培训体制改革四个方面，形成了一个较为完整的体系。 • 2003 年 2 月，中国建设银行、中国银行先后向国务院提出改制上市的意向。 • 2003 年 4 月，新一届政府有关领导表示可以考虑上市意向，要求细化方案。 • 2003 年 7 月，中国建设银行、中国银行改制上市的具体方案初步形成。建设银行先后聘请了审计师、律师和管理咨询公司，在全系统开展审计、评估核查等项工作。 • 2003 年 10 月，中国建设银行成立了消化历史包袱领导小组，全行组织 2 000 多人，彻底摸清了损失类贷款和部分非信贷类资产的相关情况。 • 2003 年 12 月 9 日，银监会公布商业银行可定向募集次级债补充附属资本。 • 2004 年 1 月 6 日，国务院公布中国建设银行和中国银行实施股份制改造试点，并注资 450 亿美元的消息后，引起海内外舆论及业界的极大关注。 • 2004 年 4 月 27 日，中国建设银行首次向社会公开股改进程。中国建设银行行长张恩照透露，在一年的时间里，中国建设银行 4 400 个管理岗位实行了竞争上岗，1 100 多名管理人员在竞聘中落选或解聘。一级分行行级管理人员和总行副总经理级以上管理人员，已由过去的任命制全部改为聘任制，一级分行行长、总行部门总经理实行了任期目标责任制。 • 2004 年 8 月，中国建设银行次级债券第一期成功发行完毕，募集资金 150 亿元全部到账，将用来充实资本金。 • 2004 年 9 月上旬，中国建设银行由风险管理、审计、监察等部门联合组成的 30 个检查小组，分赴总行本部和 38 个一级分行，展开为期 20 天的全行系统资产业务及内控管理现场检查。③

① 引自 http://finance.sina.com.cn/stock/hkstock/ggIPO/20051027/02482068113.shtml。

② 引自 http://news.xinhuanet.com/newscenter/2007-09/25/content_6790634.htm。

③ 引自 http://finance.sina.com.cn/nz/ccbss/index.shtml。

（续表）

银行	上市时间	上市前具体措施
中国工商银行		
"A+H"2006年10月27日同步上市①		

- 2005年4月，国务院批准中国工商银行股改方案，决定通过运用外汇储备150亿美元补充资本金，使核心资本充足率达到6%；通过发行次级债补充附属资本，使资本充足率超过8%。此后不久，中央汇金公司为其注入新资本金150亿美元（折合人民币1240亿元），保留财政部原在中国工商银行的资本金1240亿元，从而使中国工商银行核心资本达2480亿元。
- 2005年5月，中国工商银行完成了2460亿元损失类资产的剥离工作。
- 2005年6月，中国人民银行牵头主持的中国工商银行4590亿元可疑类贷款招标会在北京举行。6月27日，长城、信达、东方、华融四家资产管理公司与中国工商银行签订了《可疑类信贷资产转让协议》。
- 2005年10月28日，中国工商银行股份有限公司成立。中国工商银行股份制改革在6个月零10天内完成。
- 2006年1月，中国工商银行公布2005年主要财务指标。截至2005年年底，中国工商银行境内外机构实现经营利润902亿元，资本充足率为10.26%，其中核心资本充足率达到9.23%；拨备覆盖率保持在100%。
- 2006年1月，中国工商银行选定境外战略投资者，高盛投资团（包括高盛集团、安联集团及美国运通公司）出资37.8亿美元购买约为10%的股份。
- 2006年5月，中国工商银行与高盛集团、安联集团和美国运通公司顺利完成资金交割。此次三家境外战略投资者总计投资约为38亿美元，购买中国工商银行新发行股份241.85亿股，股权比例总计为8.89%，这不仅是迄今为止境外投资者对中国金融业最大的单次投资，而且此笔交易还以高于账面资产净值1.22倍的入股价格，创下国有商业银行引进境外战略投资的价格新高。
- 2006年6月，中国工商银行与全国社会保障基金理事会签署战略投资与合作协议，社会保障基金理事会将向中国工商银行投资180.28亿元人民币。②

① 引自 http://news.xinhuanet.com/stock/2006-10/26/content_5252104.htm。

② 引自 http://finance.sina.com.cn/stock/y/20061024/21263015453.shtml。

（续表）

银行	上市时间	上市前具体措施
中国银行		
H 股 2006 年 06 月 1 日上市①，A 股 2006 年 07 月 5 日上市②		
•		
中国银行		20 世纪 90 年代，中国银行踏入财务重组阶段。1998 年，中国银行获中央政府注资 425 亿元人民币。1999 年和 2000 年中国银行以出售不良资产方式获注资 2 674 亿元。2003 年，中央汇金向中国银行注资 1 864 亿元。2004 年中国银行出售总账面值 2 720 亿元的不良贷款。 2005 年 8 月，苏格兰皇家银行以 30.48 亿美元入股 9.61%，淡马锡全资附属公司亚洲金融控股以 15.24 亿美元入股 4.8%。同年 10 月，亚洲开发银行以 7 374 万美元入股 0.23%。③

贷款第一责任人制度

未见全国性法律法规定义，多出现于各地方金融机构自订法规或条例。可能来自于《贷款通则》④第八章贷款管理责任制第四十二条建立和健全信贷工作岗位责任制：各级贷款管理部门应将贷款管理的每一个环节的管理责任落实到部门、岗位、个人，严格划分各级信贷工作人员的职责。

而所谓贷款第一责任人制度，即按贷款的调查岗、审查岗、审批岗分别确定各岗位的贷款责任人，并按不同的审批权限划分不同的责任单位，由其中有关责任人分别按贷款本金的一定比例承担造成不良贷款应付的经济责任金。其中负主要责任并支付主要责任金的人员成为贷款第一责任人（何学斌（1998））。据汪云连（2002）称，大多数农村信用社实现了贷款第一责任人制度。

① 引自 http://news.xinhuanet.com/fortune/2006-06/01/content_4630643.htm。

② 引自 http://news.xinhuanet.com/newscenter/2006-07/05/content_4798573.htm。

③ 引自 http://zh.wikipedia.org/zh-cn/%E4%B8%AD%E5%9B%BD%E9%93%B6%E8%A1%8C#.E4.B8.8A.E5.B8.82。

④ 引自 http://www.pbc.gov.cn/rhwg/19961202f.htm。

城市商业银行和全国性股份制商业银行

城市商业银行的前身是城市合作银行。虽然冠以“合作”两字，城市合作银行实际上也属于股份制商业银行性质，适用于《商业银行法》。我国原有约5000家城市信用社，有相当多城市信用社已失去合作性质，实际上已办成小型商业银行。为规避风险，形成规模，1995年国务院决定，在城市信用社清产核资的基础上，通过吸收地方财政、企业入股组建城市合作银行。其服务领域是，依照商业银行经营原则为地方经济发展服务，为中小企业发展服务。1998年，城市合作银行全部改名为城市商业银行。截至2000年年末，全国共有90家城市商业银行，总资产为6998亿元，其中贷款余额为3481亿元。从整体上看，城市商业银行的发展速度很快，经营管理水平有所提高，经济效益明显改善，抵御风险能力有所增强。①

根据《中华人民共和国商业银行法》②第二章第十三条的规定：设立全国性商业银行的注册资本最低限额为十亿元人民币。设立城市商业银行的注册资本最低限额为一亿元人民币，设立农村商业银行的注册资本最低限额为五千万元人民币。注册资本应当是实缴资本。国务院银行业监督管理机构根据审慎监管的要求可以调整注册资本最低限额，但不得少于前款规定的限额。

又据国务院发展研究中心金融研究所“中国城市商业银行研究”课题组(2005)的结论，城市商业银行与一般商业银行相比，有如下特点：

(1) 经营地域受到严格限制。

(2) 由于各城市商业银行由本地所有城市信用社联合组成，因此，它承接了大量城市信用社在不规范经营时期所形成的不良资产。

(3) 贷款集中度过高，风险过于集中。

(4) 城市商业银行基本上由地方政府控股，内部治理结构有很大的改善空间。

---

① 引自 http://www.pbc.gov.cn/detail.asp? col=4717&ID=82。

② 1995年5月10日第八届全国人民代表大会常务委员会第十三次会议通过。根据2003年12月27日第十届全国人民代表大会常务委员会第六次会议《关于修改〈中华人民共和国商业银行法〉的决定》修正。引自 http://www.cbrc.gov.cn/chinese/home/jsp/docView.jsp? docID=2421。

附录D　中华人民共和国商业银行法(修正)

(1995年5月10日第八届全国人民代表大会常务委员会第十三次会议通过,根据2003年12月27日第十届全国人民代表大会常务委员会第六次会议《关于修改〈中华人民共和国商业银行法〉的决定》修正)

第一章　总　　则

第一条　为了保护商业银行、存款人和其他客户的合法权益,规范商业银行的行为,提高信贷资产质量,加强监督管理,保障商业银行的稳健运行,维护金融秩序,促进社会主义市场经济的发展,制定本法。

第二条　本法所称的商业银行是指依照本法和《中华人民共和国公司法》设立的吸收公众存款、发放贷款、办理结算等业务的企业法人。

第三条　商业银行可以经营下列部分或者全部业务:

(一)吸收公众存款;

(二)发放短期、中期和长期贷款;

(三)办理国内外结算;

(四)办理票据承兑与贴现;

(五)发行金融债券;

(六)代理发行、代理兑付、承销政府债券;

(七)买卖政府债券、金融债券;

(八)从事同业拆借;

(九)买卖、代理买卖外汇;

(十)从事银行卡业务;

(十一)提供信用证服务及担保;

(十二)代理收付款项及代理保险业务;

(十三)提供保管箱服务;

（十四）经国务院银行业监督管理机构批准的其他业务。

经营范围由商业银行章程规定，报国务院银行业监督管理机构批准。商业银行经中国人民银行批准，可以经营结汇、售汇业务。

第四条 商业银行以安全性、流动性、效益性为经营原则，实行自主经营，自担风险，自负盈亏，自我约束。

商业银行依法开展业务，不受任何单位和个人的干涉。商业银行以其全部法人财产独立承担民事责任。

第五条 商业银行与客户的业务往来，应当遵循平等、自愿、公平和诚实信用的原则。

第六条 商业银行应当保障存款人的合法权益不受任何单位和个人的侵犯。

第七条 商业银行开展信贷业务，应当严格审查借款人的资信，实行担保，保障按期收回贷款。商业银行依法向借款人收回到期贷款的本金和利息，受法律保护。

第八条 商业银行开展业务，应当遵守法律、行政法规的有关规定，不得损害国家利益、社会公共利益。

第九条 商业银行开展业务，应当遵守公平竞争的原则，不得从事不正当竞争。

第十条 商业银行依法接受国务院银行业监督管理机构的监督管理，但法律规定其有关业务接受其他监督管理部门或者机构监督管理的，依照其规定。

第二章　商业银行的设立和组织机构

第十一条 设立商业银行，应当经国务院银行业监督管理机构审查批准。

未经国务院银行业监督管理机构批准，任何单位和个人不得从事吸收公众存款等商业银行业务，任何单位不得在名称中使用“银行”字样。

第十二条 设立商业银行，应当具备下列条件：

（一）有符合本法和《中华人民共和国公司法》规定的章程；

（二）有符合本法规定的注册资本最低限额；

（三）有具备任职专业知识和业务工作经验的董事、高级管理人员；

（四）有健全的组织机构和管理制度；

（五）有符合要求的营业场所、安全防范措施和与业务有关的其他设施。设立商业银行，还应当符合其他审慎性条件。

第十三条 设立全国性商业银行的注册资本最低限额为十亿元人民币。设立城市商业银行的注册资本最低限额为一亿元人民币，设立农村商业银行的注册资本最低限额为五千万元人民币。注册资本应当是实缴资本。

国务院银行业监督管理机构根据审慎监管的要求可以调整注册资本最低限额，但不得少于前款规定的限额。

第十四条 设立商业银行，申请人应当向国务院银行业监督管理机构提交下列文件、资料：

（一）申请书，申请书应当载明拟设立的商业银行的名称、所在地、注册资本、业务范围等；

（二）可行性研究报告；

（三）国务院银行业监督管理机构规定提交的其他文件、资料。

第十五条 设立商业银行的申请经审查符合本法第十四条规定的，申请人应当填写正式申请表，并提交下列文件、资料：

（一）章程草案；

（二）拟任职的董事、高级管理人员的资格证明；

（三）法定验资机构出具的验资证明；

（四）股东名册及其出资额、股份；

（五）持有注册资本百分之五以上的股东的资信证明和有关资料；

（六）经营方针和计划；

（七）营业场所、安全防范措施和与业务有关的其他设施的资料；

（八）国务院银行业监督管理机构规定的其他文件、资料。

第十六条 经批准设立的商业银行，由国务院银行业监督管理机构颁发经营许可证，并凭该许可证向工商行政管理部门办理登记，领取营业执照。

第十七条 商业银行的组织形式、组织机构适用《中华人民共和国公司法》的规定。

本法施行前设立的商业银行，其组织形式、组织机构不完全符合《中华人民共和国公司法》规定的，可以继续沿用原有的规定，适用前款规定的日期由国务院规定。

第十八条 国有独资商业银行设立监事会。监事会的产生办法由国务院规定。

监事会对国有独资商业银行的信贷资产质量、资产负债比例、国有资产保值增值等情况以及高级管理人员违反法律、行政法规或者章程的行为和损害银行利益的行为进行监督。

第十九条 商业银行根据业务需要可以在中华人民共和国境内外设立分支机构。设立分支机构必须经国务院银行业监督管理机构审查批准。在中华人民共和国境内的分支机构,不按行政区划设立。商业银行在中华人民共和国境内设立分支机构,应当按照规定拨付与其经营规模相适应的营运资金额。拨付各分支机构营运资金额的总和,不得超过总行资本金总额的百分之六十。

第二十条 设立商业银行分支机构,申请人应当向国务院银行业监督管理机构提交下列文件、资料:

(一)申请书,申请书应当载明拟设立的分支机构的名称、营运资金额、业务范围、总行及分支机构所在地等;

(二)申请人最近两年的财务会计报告;

(三)拟任职的高级管理人员的资格证明;

(四)经营方针和计划;

(五)营业场所、安全防范措施和与业务有关的其他设施的资料;

(六)国务院银行业监督管理机构规定的其他文件、资料。

第二十一条 经批准设立的商业银行分支机构,由国务院银行业监督管理机构颁发经营许可证,并凭该许可证向工商行政管理部门办理登记,领取营业执照。

第二十二条 商业银行对其分支机构实行全行统一核算,统一调度资金,分级管理的财务制度。

商业银行分支机构不具有法人资格,在总行授权范围内依法开展业务,其民事责任由总行承担。

第二十三条 经批准设立的商业银行及其分支机构,由国务院银行业监督管理机构予以公告。

商业银行及其分支机构自取得营业执照之日起无正当理由超过六个月未开业的,或者开业后自行停业连续六个月以上的,由国务院银行业监督管理机构吊销其经营许可证,并予以公告。

第二十四条 商业银行有下列变更事项之一的,应当经国务院银行业监督管理机构批准：

（一）变更名称；

（二）变更注册资本；

（三）变更总行或者分支行所在地；

（四）调整业务范围；

（五）变更持有资本总额或者股份总额百分之五以上的股东；

（六）修改章程；

（七）国务院银行业监督管理机构规定的其他变更事项。

更换董事、高级管理人员时，应当报经国务院银行业监督管理机构审查其任职资格。

第二十五条 商业银行的分立、合并，适用《中华人民共和国公司法》的规定。商业银行的分立、合并，应当经国务院银行业监督管理机构审查批准。

第二十六条 商业银行应当依照法律、行政法规的规定使用经营许可证。禁止伪造、变造、转让、出租、出借经营许可证。

第二十七条 有下列情形之一的，不得担任商业银行的董事、高级管理人员：

（一）因犯有贪污、贿赂、侵占财产、挪用财产罪或者破坏社会经济秩序罪，被判处刑罚，或者因犯罪被剥夺政治权利的；

（二）担任因经营不善破产清算的公司、企业的董事或者厂长、经理，并对该公司、企业的破产负有个人责任的；

（三）担任因违法被吊销营业执照的公司、企业的法定代表人，并负有个人责任的；

（四）个人所负数额较大的债务到期未清偿的。

第二十八条 任何单位和个人购买商业银行股份总额百分之五以上的，应当事先经国务院银行业监督管理机构批准。

第三章 对存款人的保护

第二十九条 商业银行办理个人储蓄存款业务，应当遵循存款自愿、取款自由、存款有息、为存款人保密的原则。对个人储蓄存款，商业银行有权拒绝任何单位或者个人查询、冻结、扣划，但法律另有规定的除外。

第三十条 对单位存款，商业银行有权拒绝任何单位或者个人查询，但法律、行政法规另有规定的除外；有权拒绝任何单位或者个人冻结、扣划，但法律另有规定的除外。

第三十一条 商业银行应当按照中国人民银行规定的存款利率的上下限，确定存款利率，并予以公告。

第三十二条 商业银行应当按照中国人民银行的规定，向中国人民银行交存存款准备金，留足备付金。

第三十三条 商业银行应当保证存款本金和利息的支付，不得拖延、拒绝支付存款本金和利息。

第四章 贷款和其他业务的基本规则

第三十四条 商业银行根据国民经济和社会发展的需要，在国家产业政策指导下开展贷款业务。

第三十五条 商业银行贷款，应当对借款人的借款用途、偿还能力、还款方式等情况进行严格审查。商业银行贷款，应当实行审贷分离、分级审批的制度。

第三十六条 商业银行贷款，借款人应当提供担保。商业银行应当对保证人的偿还能力，抵押物、质物的权属和价值以及实现抵押权、质权的可行性进行严格审查。经商业银行审查、评估，确认借款人资信良好，确能偿还贷款的，可以不提供担保。

第三十七条 商业银行贷款，应当与借款人订立书面合同。合同应当约定贷款种类、借款用途、金额、利率、还款期限、还款方式、违约责任和双方认为需要约定的其他事项。

第三十八条 商业银行应当按照中国人民银行规定的贷款利率的上下限，确定贷款利率。

第三十九条 商业银行贷款，应当遵守下列资产负债比例管理的规定：

（一）资本充足率不得低于百分之八；

（二）贷款余额与存款余额的比例不得超过百分之七十五；

（三）流动性资产余额与流动性负债余额的比例不得低于百分之二十五；

（四）对同一借款人的贷款余额与商业银行资本余额的比例不得超过百分之十；

（五）国务院银行业监督管理机构对资产负债比例管理的其他规定。本法施行前设立的商业银行，在本法施行后，其资产负债比例不符合前款规定的，应当在一定的期限内符合前款规定。具体办法由国务院规定。

第四十条 商业银行不得向关系人发放信用贷款；向关系人发放担保贷款的条件不得优于其他借款人同类贷款的条件。前款所称关系人是指：

（一）商业银行的董事、监事、管理人员、信贷业务人员及其近亲属；

（二）前项所列人员投资或者担任高级管理职务的公司、企业和其他经济组织。

第四十一条 任何单位和个人不得强令商业银行发放贷款或者提供担保。商业银行有权拒绝任何单位和个人强令要求其发放贷款或者提供担保。

第四十二条 借款人应当按期归还贷款的本金和利息。借款人到期不归还担保贷款的，商业银行依法享有要求保证人归还贷款本金和利息或者就该担保物优先受偿的权利。商业银行因行使抵押权、质权而取得的不动产或者股权，应当自取得之日起二年内予以处分。借款人到期不归还信用贷款的，应当按照合同约定承担责任。

第四十三条 商业银行在中华人民共和国境内不得从事信托投资和证券经营业务，不得向非自用不动产投资或者向非银行金融机构和企业投资，但国家另有规定的除外。

第四十四条 商业银行办理票据承兑、汇兑、委托收款等结算业务，应当按照规定的期限兑现，收付入账，不得压单、压票或者违反规定退票。有关兑现、收付入账期限的规定应当公布。

第四十五条 商业银行发行金融债券或者到境外借款，应当依照法律、行政法规的规定报经批准。

第四十六条 同业拆借，应当遵守中国人民银行的规定。禁止利用拆入资金发放固定资产贷款或者用于投资。拆出资金限于交足存款准备金、留足备付金和归还中国人民银行到期贷款之后的闲置资金。拆入资金用于弥补票据结算、联行汇差头寸的不足和解决临时性周转资金的需要。

第四十七条 商业银行不得违反规定提高或者降低利率以及采用其他不正当手段，吸收存款，发放贷款。

第四十八条 企业事业单位可以自主选择一家商业银行的营业场所

开立一个办理日常转账结算和现金收付的基本账户,不得开立两个以上基本账户。

任何单位和个人不得将单位的资金以个人名义开立账户存储。

第四十九条 商业银行的营业时间应当方便客户,并予以公告。商业银行应当在公告的营业时间内营业,不得擅自停止营业或者缩短营业时间。

第五十条 商业银行办理业务,提供服务,按照规定收取手续费。收费项目和标准由国务院银行业监督管理机构、中国人民银行根据职责分工,分别会同国务院价格主管部门制定。

第五十一条 商业银行应当按照国家有关规定保存财务会计报表、业务合同以及其他资料。

第五十二条 商业银行的工作人员应当遵守法律、行政法规和其他各项业务管理的规定,不得有下列行为:

(一) 利用职务上的便利,索取、收受贿赂或者违反国家规定收受各种名义的回扣、手续费;

(二) 利用职务上的便利,贪污、挪用、侵占本行或者客户的资金;

(三) 违反规定徇私向亲属、朋友发放贷款或者提供担保;

(四) 在其他经济组织兼职;

(五) 违反法律、行政法规和业务管理规定的其他行为。

第五十三条 商业银行的工作人员不得泄露其在任职期间知悉的国家秘密、商业秘密。

第五章 财务会计

第五十四条 商业银行应当依照法律和国家统一的会计制度以及国务院银行业监督管理机构的有关规定,建立、健全本行的财务、会计制度。

第五十五条 商业银行应当按照国家有关规定,真实记录并全面反映其业务活动和财务状况,编制年度财务会计报告,及时向国务院银行业监督管理机构、中国人民银行和国务院财政部门报送。商业银行不得在法定的会计账册外另立会计账册。

第五十六条 商业银行应当于每一会计年度终了三个月内,按照国务院银行业监督管理机构的规定,公布其上一年度的经营业绩和审计报告。

第五十七条　商业银行应当按照国家有关规定,提取呆账准备金,冲销呆账。

第五十八条　商业银行的会计年度自公历1月1日起至12月31日止。

第六章　监督管理

第五十九条　商业银行应当按照有关规定,制定本行的业务规则,建立、健全本行的风险管理和内部控制制度。

第六十条　商业银行应当建立、健全本行对存款、贷款、结算、呆账等各项情况的稽核、检查制度。

商业银行对分支机构应当进行经常性的稽核和检查监督。

第六十一条　商业银行应当按照规定向国务院银行业监督管理机构、中国人民银行报送资产负债表、利润表以及其他财务会计、统计报表和资料。

第六十二条　国务院银行业监督管理机构有权依照本法第三章、第四章、第五章的规定,随时对商业银行的存款、贷款、结算、呆账等情况进行检查监督。检查监督时,检查监督人员应当出示合法的证件。商业银行应当按照国务院银行业监督管理机构的要求,提供财务会计资料、业务合同和有关经营管理方面的其他信息。

中国人民银行有权依照《中华人民共和国中国人民银行法》第三十二条、第三十四条的规定对商业银行进行检查监督。

第六十三条　商业银行应当依法接受审计机关的审计监督。

第七章　接管和终止

第六十四条　商业银行已经或者可能发生信用危机,严重影响存款人的利益时,国务院银行业监督管理机构可以对该银行实行接管。

接管的目的是对被接管的商业银行采取必要措施,以保护存款人的利益,恢复商业银行的正常经营能力。被接管的商业银行的债权债务关系不因接管而变化。

第六十五条 接管由国务院银行业监督管理机构决定,并组织实施。国务院银行业监督管理机构的接管决定应当载明下列内容:

(一)被接管的商业银行名称;

(二)接管理由;

(三)接管组织;

(四)接管期限。

接管决定由国务院银行业监督管理机构予以公告。

第六十六条 接管自接管决定实施之日起开始。

自接管开始之日起,由接管组织行使商业银行的经营管理权力。

第六十七条 接管期限届满,国务院银行业监督管理机构可以决定延期,但接管期限最长不得超过二年。

第六十八条 有下列情形之一的,接管终止:

(一)接管决定规定的期限届满或者国务院银行业监督管理机构决定的接管延期届满;

(二)接管期限届满前,该商业银行已恢复正常经营能力;

(三)接管期限届满前,该商业银行被合并或者被依法宣告破产。

第六十九条 商业银行因分立、合并或者出现公司章程规定的解散事由需要解散的,应当向国务院银行业监督管理机构提出申请,并附解散的理由和支付存款的本金和利息等债务清偿计划。经国务院银行业监督管理机构批准后解散。

商业银行解散的,应当依法成立清算组,进行清算,按照清偿计划及时偿还存款本金和利息等债务。国务院银行业监督管理机构监督清算过程。

第七十条 商业银行因吊销经营许可证被撤销的,国务院银行业监督管理机构应当依法及时组织成立清算组,进行清算,按照清偿计划及时偿还存款本金和利息等债务。

第七十一条 商业银行不能支付到期债务,经国务院银行业监督管理机构同意,由人民法院依法宣告其破产。商业银行被宣告破产的,由人民法院组织国务院银行业监督管理机构等有关部门和有关人员成立清算组,进行清算。

商业银行破产清算时,在支付清算费用、所欠职工工资和劳动保险费用后,应当优先支付个人储蓄存款的本金和利息。

第七十二条 商业银行因解散、被撤销和被宣告破产而终止。

第八章　法 律 责 任

第七十三条　商业银行有下列情形之一,对存款人或者其他客户造成财产损害的,应当承担支付迟延履行的利息以及其他民事责任:

（一）无故拖延、拒绝支付存款本金和利息的;

（二）违反票据承兑等结算业务规定,不予兑现,不予收付入账,压单、压票或者违反规定退票的;

（三）非法查询、冻结、扣划个人储蓄存款或者单位存款的;

（四）违反本法规定对存款人或者其他客户造成损害的其他行为。

有前款规定情形的,由国务院银行业监督管理机构责令改正,有违法所得的,没收违法所得,违法所得五万元以上的,并处违法所得一倍以上五倍以下罚款;没有违法所得或者违法所得不足五万元的,处五万元以上五十万元以下罚款。

第七十四条　商业银行有下列情形之一,由国务院银行业监督管理机构责令改正,有违法所得的,没收违法所得,违法所得五十万元以上的,并处违法所得一倍以上五倍以下罚款;没有违法所得或者违法所得不足五十万元的,处五十万元以上二百万元以下罚款;情节特别严重或者逾期不改正的,可以责令停业整顿或者吊销其经营许可证;构成犯罪的,依法追究刑事责任:

（一）未经批准设立分支机构的;

（二）未经批准分立、合并或者违反规定对变更事项不报批的;

（三）违反规定提高或者降低利率以及采用其他不正当手段,吸收存款,发放贷款的;

（四）出租、出借经营许可证的;

（五）未经批准买卖、代理买卖外汇的;

（六）未经批准买卖政府债券或者发行、买卖金融债券的;

（七）违反国家规定从事信托投资和证券经营业务、向非自用不动产投资或者向非银行金融机构和企业投资的;

（八）向关系人发放信用贷款或者发放担保贷款的条件优于其他借款人同类贷款的条件的。

第七十五条　商业银行有下列情形之一,由国务院银行业监督管理机构责令改正，并处二十万元以上五十万元以下罚款；情节特别严重或者逾期不改正的，可以责令停业整顿或者吊销其经营许可证；构成犯罪的，依法追究刑事责任：

（一）拒绝或者阻碍国务院银行业监督管理机构检查监督的；

（二）提供虚假的或者隐瞒重要事实的财务会计报告、报表和统计报表的；

（三）未遵守资本充足率、存贷比例、资产流动性比例、同一借款人贷款比例和国务院银行业监督管理机构有关资产负债比例管理的其他规定的。

第七十六条 商业银行有下列情形之一，由中国人民银行责令改正，有违法所得的，没收违法所得，违法所得五十万元以上的，并处违法所得一倍以上五倍以下罚款；没有违法所得或者违法所得不足五十万元的，处五十万元以上二百万元以下罚款；情节特别严重或者逾期不改正的，中国人民银行可以建议国务院银行业监督管理机构责令停业整顿或者吊销其经营许可证；构成犯罪的，依法追究刑事责任：

（一）未经批准办理结汇、售汇的；

（二）未经批准在银行间债券市场发行、买卖金融债券或者到境外借款的；

（三）违反规定同业拆借的。

第七十七条 商业银行有下列情形之一，由中国人民银行责令改正，并处二十万元以上五十万元以下罚款；情节特别严重或者逾期不改正的，中国人民银行可以建议国务院银行业监督管理机构责令停业整顿或者吊销其经营许可证；构成犯罪的，依法追究刑事责任：

（一）拒绝或者阻碍中国人民银行检查监督的；

（二）提供虚假的或者隐瞒重要事实的财务会计报告、报表和统计报表的；

（三）未按照中国人民银行规定的比例交存存款准备金的。

第七十八条 商业银行有本法第七十三条至第七十七条规定情形的，对直接负责的董事、高级管理人员和其他直接责任人员，应当给予纪律处分；构成犯罪的，依法追究刑事责任。

第七十九条 有下列情形之一，由国务院银行业监督管理机构责令改正，有违法所得的，没收违法所得，违法所得五万元以上的，并处违法所得一倍以上五倍以下罚款；没有违法所得或者违法所得不足五万元的，处五万元以上五十万元以下罚款：

（一）未经批准在名称中使用“银行”字样的；

（二）未经批准购买商业银行股份总额百分之五以上的；

（三）将单位的资金以个人名义开立账户存储的。

第八十条 商业银行不按照规定向国务院银行业监督管理机构报送有关文件、资料的，由国务院银行业监督管理机构责令改正，逾期不改正的，处十万元以上三十万元以下罚款。

商业银行不按照规定向中国人民银行报送有关文件、资料的，由中国人民银行责令改正，逾期不改正的，处十万元以上三十万元以下罚款。

第八十一条 未经国务院银行业监督管理机构批准，擅自设立商业银行，或者非法吸收公众存款、变相吸收公众存款，构成犯罪的，依法追究刑事责任；并由国务院银行业监督管理机构予以取缔。

伪造、变造、转让商业银行经营许可证，构成犯罪的，依法追究刑事责任。

第八十二条 借款人采取欺诈手段骗取贷款，构成犯罪的，依法追究刑事责任。

第八十三条 有本法第八十一条、第八十二条规定的行为，尚不构成犯罪的，由国务院银行业监督管理机构没收违法所得，违法所得五十万元以上的，并处违法所得一倍以上五倍以下罚款；没有违法所得或者违法所得不足五十万元的，处五十万元以上二百万元以下罚款。

第八十四条 商业银行工作人员利用职务上的便利，索取、收受贿赂或者违反国家规定收受各种名义的回扣、手续费，构成犯罪的，依法追究刑事责任；尚不构成犯罪的，应当给予纪律处分。

有前款行为，发放贷款或者提供担保造成损失的，应当承担全部或者部分赔偿责任。

第八十五条 商业银行工作人员利用职务上的便利，贪污、挪用、侵占本行或者客户资金，构成犯罪的，依法追究刑事责任；尚不构成犯罪的，应当给予纪律处分。

第八十六条 商业银行工作人员违反本法规定玩忽职守造成损失的，应当给予纪律处分；构成犯罪的，依法追究刑事责任。

违反规定徇私向亲属、朋友发放贷款或者提供担保造成损失的，应当承担全部或者部分赔偿责任。

第八十七条 商业银行工作人员泄露在任职期间知悉的国家秘密、商业秘密的，应当给予纪律处分；构成犯罪的，依法追究刑事责任。

第八十八条 单位或者个人强令商业银行发放贷款或者提供担保的，应当对直接负责的主管人员和其他直接责任人员或者个人给予纪律处分；造成损失的，应当承担全部或者部分赔偿责任。

商业银行的工作人员对单位或者个人强令其发放贷款或者提供担保未予拒绝的，应当给予纪律处分；造成损失的，应当承担相应的赔偿责任。

第八十九条 商业银行违反本法规定的，国务院银行业监督管理机构可以区别不同情形，取消其直接负责的董事、高级管理人员一定期限直至终身的任职资格，禁止直接负责的董事、高级管理人员和其他直接责任人员一定期限直至终身从事银行业工作。

商业银行的行为尚不构成犯罪的，对直接负责的董事、高级管理人员和其他直接责任人员，给予警告，处五万元以上五十万元以下罚款。

第九十条 商业银行及其工作人员对国务院银行业监督管理机构、中国人民银行的处罚决定不服的，可以依照《中华人民共和国行政诉讼法》的规定向人民法院提起诉讼。

第九章　附　　则

第九十一条 本法施行前，按照国务院的规定经批准设立的商业银行不再办理审批手续。

第九十二条 外资商业银行、中外合资商业银行、外国商业银行分行适用本法规定，法律、行政法规另有规定的，依照其规定。

第九十三条 城市信用合作社、农村信用合作社办理存款、贷款和结算等业务，适用本法有关规定。

第九十四条 邮政企业办理商业银行的有关业务，适用本法有关规定。

第九十五条 本法自 1995 年 7 月 1 日起施行。

附录 E　中国人民银行　邮电部关于进一步办好邮政储蓄的通知

（1989 年 11 月 13 日）

邮政储蓄开办三年多来，取得了较大成绩，对积聚资金、增加货币回笼和稳定金融起到了积极作用，通过加强服务、方便群众，受到了广大储户的欢迎。

当前在贯彻治理整顿方针和深化改革中，大力吸收存款，扩大信贷资金来源，支持生产发展，是遏制通货膨胀的重要措施。为了推动邮政储蓄进一步发展，经人民银行和邮电部双方协商，现将改进邮政储蓄办法的有关问题通知如下：

一、邮政储蓄吸收的资金，转存人民银行，列入信贷计划，安排当地人民银行调剂使用。今后每年邮电部与中国人民银行共同商定年度邮政储蓄发展计划和各省分配指标，分别下达各省、自治区、直辖市邮电管理局和人民银行分行，据以考核计划执行情况。各级人民银行要积极支持邮政储蓄业务的发展，协调好邮电部门与专业银行和其他金融机构的关系，促进完成和超额完成邮政储蓄任务。

二、支持邮政储蓄网点的合理发展，充分利用邮政机构点多、面广、营业时间长等优势，发展储蓄业务。凡具备两人以上、有一定业务素质的工作人员和开业条件的邮政机构，均可开办邮政储蓄业务。可由县、市邮电部门提供年度开办邮政储蓄网点计划，报经省、市邮电管理局汇总与人民银行省、市分行商定后组织实施。

三、邮政储蓄业务由邮电部统一管理，贯彻国家的金融方针、政策，执行国家统一规定的利率标准，在业务上接受人民银行的指导。邮电部门内部要建立健全稽核检查制度，确保存款的正常支付和安全。

四、邮政储蓄的业务种类，可比照银行现行的储蓄种类办理，如需增加新的储蓄种类，须由省、自治区、直辖市邮电管理局与当地人民银行分行商定。办理邮政储蓄业务，可以受理支票，但要在人民银行收妥入账后办理转存和起息。

五、为有利于邮政储蓄长期稳定发展和加强人民银行、邮电部门内部的核算与管理，将邮电部门办理邮政储蓄向人民银行缴存存款的业务关系改变为转存款关系，即邮政储蓄由邮电部门自办，邮电部门吸收的储蓄存款（含保值定期储蓄存款）转存人民银行，人民银行对邮电部门支付转存款的利息和保值储蓄贴息，停止支付邮政储蓄手续费和提供备用金；储户的存款利息由邮电部门支付；邮电部门获得的利差即为经营收入（具体办法详见附件）。

邮政储蓄管理办法的改变是一项技术性较强的工作，人民银行和邮电部门都要加强领导，通力协作，做好新办法的组织实施工作，确保新旧办法的交替过程正确无误地有秩序地进行。

六、有关人民银行和邮电部门内部的财务账务处理的成本核算，根据新办法各自另行布置。

七、本通知自一九九〇年一月一日起执行。原人民银行、邮电部《关于开办邮政储蓄的协议》继续有效，但协议中与本通知不一致的，以本通知为准。

附件：

邮政储蓄存款转存办法

开办邮政储蓄是积聚资金，增加货币回笼和稳定金融的一项重要工作。为了保证邮政储蓄业务长期稳定健康地发展，特将原邮电部门吸收的邮政储蓄存款缴存人民银行的办法改为由邮电部门自办吸收的邮政储蓄存款转存人民银行的办法，具体规定如下：

、邮电部门吸收的储蓄存款转存人民银行，分别在人民银行开立活期存款账户和长期存款账户。人民银行会计科目名称改为“0288 邮政储蓄活期存款”和“0287 邮政储蓄长期存款”。

二、为了保证邮政储蓄的支付能力，活期存款账户的余额、在途资金和留存的备用现金，应不少于吸收邮政储蓄存款资额的 10%。活期存款账户可以随时办理收付；长期存款账户一般情况下只收不付，如遇周期性存款到期集中兑付，在活期存款账户余额、在途资金和备用现金不低于

10% 的情况下，允许动用长期存款；应付未付利息可存入长期存款账户。

三、转存款利息按照邮电部门在人民银行存款账户余额的累计积数计算，活期存款账户的存款按活期储蓄存款利率 2.88%，每年六月三十日计付一次；长期存款账户的存款按年利率 13.5% 计息，每季末月的二十日计付一次。如遇国家统一调整利率，邮政储蓄转存款利率亦作相应调整。

四、保值储蓄贴补利息，仍由人民银行按实支付。在邮电部对储户实际支付以后，按旬向人民银行清算。人民银行对保值储蓄应建立开销户登记簿或由邮电部门提供收储清单，进行销账控制。

五、人民银行与邮电部门之间新的开户计息办法，自一九九〇年一月一日起实行。从一月一日起，对储户支付的存款利息（从存入日起至兑付日止），均由邮电部门负责支付。保值贴补利息事后向人民银行清算。

六、截至一九八九年十二月三十一日尚未兑付的邮政储蓄存款应付利息，由各地人民银行会同邮电部门按实际存单、存折计算出自存入日起到一九八九年十二月三十一日止的应付利息，统一按九折计算，提前一次付给邮电部门。鉴于有奖储蓄各地有不同的计奖计息和支付方法，各地可比照以上原则，确定支付利息办法。

在会同计算应付利息时，应检查储蓄存款的合理性，发现有不属于储蓄存款性质的其他款项，不能计付应付利息。

七、人民银行一九八九年十二月三十一日收回邮政储蓄备用金，结平“0327 邮政储蓄备用金”科目余额。截至十二月三十一日应付的邮政储蓄手续费，仍按月累计日平均余额的 2.2% 计付。

八、为简化处理手续，新旧账户余额的结转，可在一九九〇年新年度营业开始后，由邮电部门分别填制邮政储蓄提款、缴款凭证，按第一条规定调整定、活期存款户余额和更改科目名称，0290 邮政缴来保值定期储蓄存款和 0327 邮政储蓄备用金两科目停止使用。今后，邮电部门在人民银行的邮政储蓄活期存款账户和邮政储蓄长期存款账户的存款，与邮政储蓄实际吸收的定、活期存款的含义已不相一致。为便于人民银行统计储蓄存款结构，各级邮政储蓄月报，应抄报当地人民银行备查。

发布部门：信息产业部（含邮电部）/中国人民银行

发布日期：1989 年 11 月 13 日

实施日期：1990 年 01 月 01 日（中央法规）

参考文献

英文文献

[1] Tornell A. and Velasco A. (1992), "The Tragedy of the Commons and Economic Growth: Why Does Capital Flow from Poor to Rich Countries?", *Journal of Political Economy*, Vol. 100, No. 6, 1208—1231.

[2] Krueger A. O. (1968), "Factor Endowments and Per Capita Income Differences Among Countries", *Economic Journal*, September, 78, 641—659.

[3] Guillermo C., Leiderman L. and Reinhart C. (1996), "Inflows of Capital to Developing Countries in the 1990s", *The Journal of Economic Perspectives*, Vol. 10, 123—139.

[4] Reinhart C. M. and Rogoff K. S. (2004), "Serial Default and the 'Paradox' of Rich-to-Poor Capital Flows", *The American Economic Review*, Vol. 94, No. 2, 53—58.

[5] Fernandez-Arias E. (1996), "The New Wave of Private Capital Inflows: Push or Pull?", *Journal of Development Economics*, Vol. 48, No. 2, 389—418.

[6] Cai H. B. and Treisman D. (2005), "Does Competition for Capital Discipline Governments? Decentralization, Globalization and Public Policy", *The American Economic Review*, 817—830.

[7] Boyce J. K. and Ndikumana L. (2001), "Is Africa a Net Creditor? New Estimates of Capital Flight from Severely Indebted Sub-Saharan African Countries, 1970—1996", *Journal of Development Studies*, Vol. 38, No. 2, 27—56.

[8] Alfaro L., Kalemli-Ozcan S. and Volosovych V. (2008), "Why doesn't Capital Flow from Rich to Poor Countries? An Empirical Investigation", *The Review of Economics and Statistics*, Vol. 90, No. 2, 347—368.

[9] Michael P. Dooley (1988), "Capital Flight: A Response to Differences in Financial Risks", *Staff Papers*, International Monetary Fund, Vol. 35, No. 3, pp. 422—436.

[10] Fischbach M. and Scattaglia M. (1997), "Financial Flows to Eastern Europe: Determinants, Volatility and Sustainability Issues", Kluwer Academic Publishers, MOCT-MOST 7, 67—99.

[11] Lucas R. E. Jr. (1990), "Why Doesn't Capital Flow from Rich to Poor Countries?",

The American Economic Review, Vol. 80, No. 2, 92—96.

[12] Angrist, J. D. & Krueger, A. B. (2001), Instrumental Variables and the Search for Identification: From Supply and Demand to Natural Experiments, *Journal of Economic Perspectives*, *49* (4), 431—434.

[13] Bound, J., Jaeger, D. & Baker, R. (1995), "Problems with Instrumental Variables Estimation when the Correlation between the Instruments and the Endogenous Explanatory Variable is Weak", *Journal of the American Statistical Association*, Vol. 90, 443—450.

[14] Berger A. N., & DeYoung, R. (2001), The Effects of Geographic Expansion on Bank Efficiency, *Journal of Financial Services Research*, *19* (2), 163—184.

[15] Berger A. N., Hasan, I. & Zhou, M. (2009), "Bank Ownership and Efficiency in China: What will Happen in the World's Largest Nation?", *Journal of Bank & Finance*, Vol. 33, No. 1, 113—130.

[16] Berger A. N., Klapper, L. F. & Udell, G. F. (2001), "The Ability of Banks to Lend to Informationally Opaque Small Business", *Journal of Banking and Finance*, Vol. 25, 2127—2167.

[17] Berger A. N., Rosen, R. J., & Udell, G. F. (2001), "The Effect of Market Structure on Competition: The Case of Small Business Lending", *Federal Reserve Bank of Chicago Working Paper*, WP 2001—2010.

[18] Berger A. N., Saunders, A., Scalise, J. M., & Udell, G. F. (1998), "The Effect of Bank Mergers and Acquisitions on Small Business Lending", *Journal of Financial Economics*, Vol. 50, 187—229.

[19] Berger A. N., Udell, G. F. (1995), "Relationship Lending and Lines of Credit in Small Firm Finance", *Journal of Business*, Vol. 68, 351—382.

[20] Berger A. N., Udell G. F. (1996), "Universal Banking and the Future of Small Business Lending", in A. Saunders and I. Walter (Eds.), *Financial System Design: The Case for Universal Banking*, Burr Ridge, IL: Irwin Publishing, 559—627.

[21] Berger A. N., Udell, G. F. (2002), "Small Business Credit Availability and Relationship Lending: The Importance of Bank Organizational Structure", *Economic Journal*, *112*, 32—53.

[22] Chernozhukov V., Hansen, C. (2005), "The Reduced form: A Simple Approach to Inference with Weak Instruments", *Available at SSRN*: http://ssrn. com/abstract =937943.

[23] Stijn C. and Laveven L. (2004), "What Drives Bank Competition? Some International evidence", *Journal of Money, Credit, and Banking*, Vol. 36, No. 3, 563—583.

[24] Cole R., Goldberg L., White L. (1999), "Cookie-cutter versus Character: The

Micro Structure of Small Business Lending by Large and Small Banks", in J. Blanton, A. Williams, S. Rhine (Eds.), *Business Access to Capital and Credit*, 362—389.

[25] Dollar, D. (2003), "The Development of Private Enterprise in the People's Republic of China", *Asian Development Bank Report.*

[26] Hasan, I., Wachtel P., & Zhou, M. (2009), Institutional Development, Financial Deeping and Economic Growth, *Journal of Bank & Finance*, Vol. 33, No. 1, 157—170.

[27] Kleibergen, F. (2002), "Pivotal Statistics for Testing Structural Parameters in Instrumental Variables Regression", *Econometrica*, Vol. 70, 1781—1803.

[28] Kleibergen, F. (2005), "Testing Parameters in GMM without Assuming that They are Identified", *Econometrica*, Vol. 73, 1103—1124.

[29] Kleibergen, F. (2007), "Generalizing Weak Instrument Robust IV Statistics towards Multiple Parameters, Unrestricted Covariance Matrices and Identification Statistics", *Journal of Econometrics*, Vol. 139, 181—216.

[30] Nagar, A. L. (1959), "The Bias and Moment Matrix of the General *k*-class Estimators of the Parameters in Simultaneous Equations", *Econometrica*, Vol. 27, 575—595.

[31] Park A., Sehrt K. (2001), "Tests of Financial Intermediation and Banking Reform in China", *Journal of Comparative Economics*, Vol. 29, 608—644.

[32] Peek, J., & Eric S. R. (1996), "Bank Consolidation and Small Business Lending: It's not just Bank Size that Matters", *Journal of Banking and Finance*, Vol. 22, 799—819.

[33] Petersen, M. A. (2004), "Information: Hard and Soft", *Working Paper*, Northwestern University and NBER.

[34] Sawa, T. (1969), "The Exact Sampling Distribution of Ordinary Least Squares and Two-stage Least Squares Estimators", *Journal of the American Statistical Association*, Vol. 64, 923—937.

[35] Stiglitz J., Weiss A. (1981), "Credit Rationing in Markets with Imperfect Information", *American Economic Review*, Vol. 71, 181—214.

[36] Stock J. H., and Wright, J. H. (2000), "GMM with Weak Identification", *Econometrica*, Vol. 68, 1055—1096.

[37] Strahan P. E., Weston J. P. (1996), "Small Business Lending and Bank Consolidation: Is there Cause for Concern?", *Federal Reserve Bank of New York Current Issues, Economic and Finance*, 2, 1—6.

[38] Strahan P. E., Weston, J. P. (1998), "Small Business Lending and the Changing Structure of the Banking Industry", *Journal of Banking and Finance*, Vol. 22, 821—845.

[39] Wooldridge, J. M. (2002), *Econometric Analysis of Cross Section and Panel Data*, Cambridge, MIT Press.

[40] Alhadeff, D. A. (1954), *Monopoly and Competition in Banking*, Berkeley: University of California Press.

[41] Bain, J. S. (1951), "Relation of Profit Rate to Industry Concentration: American Manufacturing 1936—1940", *The Quarterly Journal of Economics*, Vol. 65, 293—324.

[42] Berger, A. N. (1995), "The Profit-Structure Relationship in Banking-Tests of Market-Power and Efficient-Structure Hypotheses", *Journal of Money, Credit, and Banking*, Vol. 27, 404—431.

[43] BergerA. N., Timothy H. H. (1989), "The Price-Concentration Relationship in Banking", *Review of Economics and Statistics*, Vol. 71, 291—299.

[44] Berger, A. N. (1993), "Distribution-Free Estimates of Efficiency in the U. S. Banking Industry and Tests of the Standard Distributional Assumptions", *Journal of Productivity Analysis*, Vol. 4, 201—292.

[45] Berger A. N., Demirguc K., Haubrich, J. (2004), "Bank Concentration and Competition: An Evolution in the Making", *Journal of Money, Credit, and Banking*, Vol. 36, 435—451.

[46] Berger A. N., Leusner, J. H. and Mingo J. J. (1997), "The Efficiency of Bank Branches", *Journal of Monetary Economics*, Vol. 40, 141—162.

[47] Berger A. N., Humphrey D. B. (1991), "The Dominance of Inefficiencies over Scale and Product Mix Economies in Banking", *Journal of Monetary Economics*, Vol. 28, 117—148.

[48] Berger A. N., Hunter W. C. and Timme S. G. (1993), "The Efficiency of Financial Institutions: A Review and Preview of Research Past, Present, and Future", *Journal of Banking and Finance*, Vol. 17, 221—249.

[49] Bell F. W., Murphy N. B. (1968), "Costs in Commercial Banking: A Quantitative Analysis of Bank Behavior and its Relation to Bank Regulation", *Research Report*, 41, Federal Reserve Bank of Boston.

[50] Benston, G. J. (1965), "Branch Banking and Economies of Scale", *Journal of Finance*, Vol. 20, 312—331.

[51] Benston G. J., Hanweck, G. A. and Humphrey, D. B. (1982), "Scale Economies in Banking: A Restructuring and Reassessment", *Journal of Money, Credit, and Banking*, Vol. 4, 435—454.

[52] Benston G. J., Berger A. N., Hanweck G. A., and Humphrey D. B. (1983), "Economies of Scale and Scope in Banking", *Research Papers in Banking and Financial*

Economics, Board of Governors of the Federal Reserve System.

[53] Demsetz, H. (1973), "Industry, Structure, Market Rivalry, and Public Policy", *Journal of Law and Economics*, Vol. 16,1,1—9.

[54] Evanoff D., Fortier, D. (1988), "Reevaluation of the Structure-Conduct-Performance Paradigm in Banking", *Journal of Financial Services Research*, Vol. 1, 277—294.

[55] Ferrier, G. D., Lovell, K. (1990), "Measuring Cost Efficiency in Banking: Econometric and Linear Programming Evidence", *Journal of Econometrics*, Vol. 46, 229—245.

[56] Frame W. S. and Kamerschen D. R. (1997), "The Profit-Structure Relationship in Legally Protected Banking Markets Using Efficiency Mea-sures", *Review of Industrial Organization*, Vol. 12, 9—22.

[57] Hannan, T. (1991), "Bank Commercial Loan Markets and the Role of Market Structure: Evidence from Surveys of Commercial Lending", *Journal of Banking and Finance*, Vol. 15, 133—149.

[58] Hsiao C. (2003), *Analysis of Panel Data*, Cambridge Press.

[59] Hsiao C., Shen Y., and Hiroshi F. (2005), "Aggregate vs. Disaggregate Data Analysis—A Paradox in the Estimation of Money Demand Function of Japan Under the Low Interest Rate Policy", *Journal of Applied Econometrics*, Vol. 20, 579—601.

[60] Peltzman, Sam (1977), "The Gains and Losses from Industrial Concentration", *Journal of Law and Economics*, Vol. 20, No. 3, 229—263.

[61] Rhoades, S. A. (1985), "Market Share as a Source of Market Power: Implications and Some Evidence", *Journal of Economics and Business*, Vol. 37, 343—363.

[62] Schweiger I., Mcgee, J. S. (1961), "Chicago Banking", *Journal of Business*, Vol. 34, 203—366.

[63] Shepherd, W. G. (1982), "Economies of Scale and Monopoly Profits", in J. V. Craven (ed.) *Industrial Organization, Antitrust, and Public Policy*, Nijhoff: Kluwer.

[64] Shepherd, W. G. (1986). "Tobin's q and the Structure-Performance Relationship: Comment", *American Economic Review*, Vol. 76, 1205—1210.

[65] Shen, Y., Shen, M. G., Xu, Z. and Bai, Y. (2009), "Bank Size and SME Lending: Evidences from China", *World Development*, Vol. 37, 800—811.

[66] Smirlock, M., Gilligan, T. and Marshall, W. (1984). "Tobin's q and the Structure-Performance Relationship", *American Economic Review*, Vol. 74, 1051—1060.

[67] Smirlock, M., Gilligan, T., and Marshall, W. (1986). "Tobin's q and the Structure-Performance Relationship: Reply", *American Economic Review*, Vol. 76, 1211—1213.

[68] Stevens, J. L. (1990). "Tobin's q and the Structure-Performance Relationship: Comment", *American Economic Review*, Vol. 80, 618—623.

[69] Agosin, M. and Mayer, R. (2000), "Oreign Direct Investment in Developing Countries: Does it Crowd in Domestic Investment?", *UNCTAD Working Paper Series*, No. 146.

[70] Alfaro, L., Chanda, A., Kalemli-Ozcan, S. and Sayek S. (2004), "FDI and Economic Growth, The Role of Local Financial Markets", *Journal of International Economics*, 64, 113—134.

[71] Allen, F., Qian, J. and Qian, M. (2005), "China's Financial System: Past, Present, and Future", Wharton School, Working Paper.

[72] Caves, Richard E. (1996), *Multinational Enterprise and Economic Analysis*, 2nd ed., UK, Cambridge: Cambridge University Press.

[73] Choong, C. K., Zulkornain Y., and Soo S. C. (2004), "Foreign Direct Investment, Economic Growth, and Financial Sector Development: A Comparative Analysis", *ASEAN Economic Bulltein*, Vol. 21, No. 3, 278—289.

[74] Durham, K. B. (2004). "Absorptive Capacity and the Effects of Foreign Direct Investment and Equity Foreign Portfolio Investment on Economic Growth", *European Economic Review*, Vol. 48, 285—306.

[75] Engerman S., Sokoloff K. (1997), "Factor Endowments, Institutions, and Differential Paths of Growth among New World Economies", in Haber, S. H. (Ed.), *How Latin America Fell Behind*, Stanford University Press, Stanford CA, 260—304.

[76] Fung, K. C, Hitomi I. and Tong S., "Foreign Direct Investment: Policy, Trend and Impact", Conference paper on "China's Economy in the 21st Century", June 24—25, 2002.

[77] Goldsmith, R. W. (1969), *Financial Structure and Development*, New Haven, CT: Yale University Press.

[78] Greenwood J., Jovanovic B. (1990), "Financial Development, Growth and the Distribution of Income", *Journal of Political Economy*, Vol. 98, No. 5, 1076—1107.

[79] Huang, Y. S. (2003), *Selling China-Foreign Direct Investment During the Reform Era*, Cambridge: Cambridge University Press.

[80] Havrylchyk, O. and Poncet, S. (2006), "Foreign Direct Investment in China: Reward or Remedy?", *CEPII Working Paper.*

[81] King R. G., Levine R. (1993a), "Finance and Growth: Schumpeter Might Be Right", *Quarterly Journal of Economics*, Vol. 108, No. 3, 717—738.

[82] King R. G., Levine R. (1993b), "Finance, Entrepreneurship, and Growth: Theory and Evidence", *Journal of Monetary Economics*, Vol. 32, No. 3, 513—542.

[83] La Porta, R., Lopez-de-Silanes, F., Shleifer, A. and Vishny, R. W. (1998), "Law and Finance", *Journal of Political Economy*, Vol. 106, 1113—1155.

[84] Nicholas L. (1998), *China's Unfinished Economic Revolution*, Brookings Institution Press, Washington, D. C..

[85] Levine, R. (1997), "Financial Development and Economic Growth: Views and Agenda", *Journal of Economic Literature*, Vol. 35, No. 2, 688—726.

[86] Levine, R. (2004), "Finance and Growth: Theory and Evidence", *NBER Working Paper*.

[87] Lin, J., Sun, X. and Jiang, Y. (2006), "Research on Theories of Optimal Financial Structure in Economic Development", *China Center for Economic Research Working Paper*, No. C2006013.

[88] Lutkepohl, H. and Kratzig, M. (2004), *Applied Time Series Econometrics*, Cambridge University Press.

[89] McKinnon, R. I. (1973), *Money and Capital in Economic Development*, Washington, DC: Brookings Institution.

[90] North, D. C. (1981), *Structure and Change in Economic History*, New York.

[91] Rajan R. G., Zingales L. (1998), "Financial Dependence and Growth", *American Economic Review*, Vol. 88, No. 3, 559—586.

[92] Robinson, J. (1952), *The Generalization of the General Theory in the Rate of Interest and Other Essays*, London: MacMillan.

[93] Zhang, K. H. L. (2001), "Does Foreign Direct Investment Promote Economic Growth? Evidence from East Asia and Latin America", *Contemporary Economic Policy*, 19, 175—185.

[94] Hsiao C., Shen, Y. (2003), "Foreign Direct Investment and Economic Growth—The Importance of Institutions and Urbanization", *Economic Development and Cultural Change*, Vol. 51, No. 4, 883—896.

中文文献

[1] 邓富辉、吴斌(2006),"对欠发达地区金融资金外流与信贷收缩的思考——贵州省黔南州个案",《区域经济金融》,第 11 期。

[2] 何卫江(2006),"试论建立我国金融支农资金良性循环机制",《福建金融》,第 12 期。

[3] 李治国(2008),"中国区域间资本流动:基于 Feldstein-Horioka 方法的检验",《统计研究》,第 25 卷第 10 期。

[4] 李志辉(2008),"金融资源城乡区域分配问题",载于《中国银行业的发展与变迁》,上海人民出版社。

[5] 罗彩云、傅晓初(2004),“中国银行业市场化对信贷资金区域配置的影响”,《广东金融学院学报》,第6期。
[6] 罗望、胡国文、何乐、秦丽(2007),“金融资源区域配置的失衡性探析——四川与东部部分省市金融增长的比较分析”,《西南金融》,第11期。
[7] 门洪亮、李舒(2004),“资本流动对区域经济发展差距的影响分析”,《南开经济研究》,第2期。
[8] 丘丽华(2008),“金融深化与城乡资金流动问题研究”,《南方金融》,第8期。
[9] 伍艳(2006),“我国信贷资金区域间非均衡流动分析”,《经济纵横》,第11期。
[10] 吴志远(2007),“基于金融生态视角的农村信贷资金外流现象分析”,《湖北社会科学》,第2期。
[11] 夏朝光(2003),“信贷资金跨区域流动问题思考”,《上海金融》,第7期。
[12] 夏勇(2006),“从信贷资金流动、配置效率看西部经济发展战略”,《青海金融》,第2期。
[13] 杨晓丽(2008),“我国区域资金流动的非协调分析”,《西南金融》,第5期。
[14] 中国人民银行涟源市支行课题组(2006),“资金外流与信贷萎缩:欠发达县域经济‘贫血’的实证分析”,《武汉金融》,第2期。
[15] 中国人民银行徐州市中心支行课题组(2007),“信贷资金区域流动能力与有效配置的江苏案例”,《上海金融》,第8期。
[16] 贺春临(2004),“我国银行业的市场结构与绩效研究”,《经济评论》,第6期。
[17] 李华明(2005),“寡头均衡、绩效改善与金融稳定”,《金融研究》,第8期。
[18] 刘志新,刘琛(2004),“基于DFA的中国商业银行效率研究”,《数量经济技术经济研究》,第4期,42—45。
[19] 秦宛顺、欧阳俊(2001),“中国商业银行业市场结构、效率和绩效”,《经济科学》,第4期。
[20] 孙志华、丁一波(2005),“我国商业银行业市场结构与绩效的‘背离’:一个理论误区”,《山东经济》,第3期。
[21] 郑江淮、高玉泽(2000),“中国金融发展与银行绩效的决定因素”,《经济理论与经济管理》,第6期。
[22] 郑鸣、张燕(2004),“中国银行业效率的实证研究”,《厦门大学学报(哲学社会科学版)》,第6期。
[23] 国家统计局综合司、新华财经信息咨询有限公司,《中国区域经济统计年鉴》(2001—2004),海洋出版社。
[24] 赵旭、蒋振声、周军民(2001),“中国银行业市场结构与绩效实证研究”,《金融研究》,第3期。
[25] 曹啸、吴军(2002),“我国金融发展和经济增长关系的格兰杰检验和特征分析”,《财贸经济》,第5期。

[26] 李广众、王美今(2003),"金融中介发展与经济增长:中国案例研究与国际比较",《统计研究》,第1期。

[27] 李广众(2002),"银行、股票市场与长期经济增长:中国的经验研究与国际比较",《世界经济》,第9期。

[28] 谈儒勇(1999),"中国的金融发展与经济增长的实证研究",《经济研究》,第10期。

[29] 王志强、孙刚(2003),"中国金融发展规模、结构、效率与经济增长关系的经验分析",《管理世界》,第7期。

[30] 周立(2004),《中国各地区金融发展与经济增长》,清华大学出版社。

[31] 周立(2002),"中国金融发展的地区差异状况分析:1978—1999",《清华大学学报》,第2期。